***ACCESO GRATIS** a la Lectura en la Nube*

Para visualizar el libro electrónico en la nube de lectura envíe junto a su nombre y apellidos una fotografía del código de barras situado en la contraportada del libro y otra del ticket de compra a la dirección:

ebooktirant@tirant.com

En un máximo de 72 horas laborales le enviaremos el código de acceso con sus instrucciones.

FINANZAS PÚBLICAS

COMITÉ CIENTÍFICO DE LA EDITORIAL TIRANT LO BLANCH

Procedimiento de selección de originales, ver página web:
www.tirant.net/index.php/editorial/procedimiento-de-seleccion-de-originales

FINANZAS PÚBLICAS

Isabel María del Rayo Mendoza González
Rafael Hernández Estrada

tirant lo blanch
Ciudad de México, 2024

En caso de erratas y actualizaciones, la Editorial Tirant lo Blanch publicará la pertinente corrección en la página web www.tirant.com.

© TIRANT LO BLANCH
EDITA: TIRANT LO BLANCH
Av. Tamaulipas 150, Oficina 502
Hipódromo, Cuauhtémoc,
CP 06100, Ciudad de México
Telf: +52 1 55 65502317
infomex@tirant.com
www.tirant.com/mex/
ISBN: 978-84-1197-854-5

Si tiene alguna queja o sugerencia, envíenos un mail a: *atencioncliente@tirant.com*. En caso de no ser atendida su sugerencia, por favor, lea en *www.tirant.net/index.php/empresa/politicas-de-empresa* nuestro procedimiento de quejas.

Responsabilidad Social Corporativa: http://www.tirant.net/Docs/RSCTirant.pdf

Para Rafael
Para las y los alumnos de la materia de Finanzas Públicas

}AGRADECIMIENTOS
A la Escuela Superiro de Economía y a sus docentes.
Al Instituto Politécnico Nacional agradecemos las facilidades para la elaboración de la presente obra.

Índice

Introducción

El plan de este libro cubre todos los temas de las unidades académicas que abordan las Finanzas Públicas en las instituciones de educación superior de México, de modo que será de utilidad para los catedráticos y los estudiantes de dicha materia en las más diversas carreras profesionales. No solo puede ser provechosa para los estudiantes de la licenciatura de Economía, de Administración de Empresas, Contaduría, Derecho u otras carreras humanísticas, pues los ingenieros y los profesionales de cualquier otro perfil curricular podrán obtener conocimientos que requieren en tanto su trabajo profesional se vincule, como muchas veces sucede, al servicio público, a la obra pública o a cualquier tipo de contratación de bienes o servicios con el Sector Público.

Igual esta investigación puede ser de utilidad para los servidores públicos integrantes de la administración gubernamental y para los legisladores y sus cuerpos de asesores, quienes requieren de conocimientos acerca de las Finanzas Públicas en prácticamente todas las áreas del trabajo que desempeñan.

El libro que el lector tiene en sus manos le permitirá un acercamiento del Estado a las Finanzas Públicas con el enfoque del Derecho Financiero.[1] En su desarrollo expositivo combina el punto de vista conceptual y teórico, que toma en cuenta el marco jurídico en el que las Finanzas Públicas se desenvuelven, con un enfoque práctico, enriquecido con información actualizada, lo que sin duda puede coadyuvar al aprendizaje significativo de esta materia y aportar a una visión crítica y constructiva del pasado, presente y futuro de nuestro país.

---

1 El **Derecho Financiero del Estado cuenta con tres partes integrantes, según lo expone María de la Luz Mijangos: a) Derecho tributario o fiscal, b) Derecho presupuestario, y c) Derecho patrimonial** (Mijangos, 1997). Aunque este libro se elaboró con base en los planes académicos de la materia de Finanzas Públicas, es también un desarrollo de las dos primeras partes señaladas, pues aborda el marco jurídico de los ingresos públicos y el gasto, así como la tercera, al interesarse en el sector paraestatal del Sector Público y las adquisiciones gubernamentales, entre otros rubros referidos al patrimonio del Estado.

Por ello, el recorrido arranca con una sencilla disertación sobre el Estado y la forma de gobierno, su definición, la división de poderes y sus funciones, así como la Constitución y las leyes. Ese punto permite elaborar el concepto de Finanzas Públicas y su disección en las ramas mediante las que el Estado participa en la economía: la política económica, la política fiscal y monetaria, así como sus principales herramientas para, a continuación abordar el tema de la Administración Pública, sus funciones y la estructura que adopta en nuestro país, así como los principios que deben orientar su actuación.

También se aborda el tema de la Planeación del Desarrollo, que incluye la revisión de los PND desde 1982 a la fecha, incluido el que es vigente en el presente sexenio. Como una aportación para que los lectores se acerquen a este tema en forma práctica, se aborda la Metodología de la Planeación y sus herramientas.

Una vez que quedaron expuestos los conceptos que están en la base de la materia, se está en mejores condiciones para conocer los Ingresos Públicos, su definición, fuentes y funciones, pasando una revista detallada a los distintos impuestos directos e indirectos, así como a los ingresos no tributarios. El Gasto Público se aborda con los procesos del ciclo presupuestal: elaboración y aprobación del Presupuesto de Egresos de la Federación, su estructura y clasificación, y los de su ejecución y control. Este libro también hace un breve recorrido por las normas y procedimientos de las adquisiciones, arrendamientos y servicios del Sector Público, que son parte importante del ejercicio de la administración pública y que involucran a empresas comercializadoras de todo tipo de bienes, además de contratistas, consultores y asesores que, vía contrato, prestan servicios a las dependencias y entidades públicas.

Nuestra investigación continúa con la Política Fiscal y la Política Monetaria, capítulos en los que se abordan la Banca Central y los instrumentos de que dispone el Estado para promover la inversión y redistribuir el ingreso, así como para mantener la estabilidad económica. Finalmente, se hace una revisión de la distribución de las Potestades Fiscales entre la Federación, Estados y Municipios, la que incluye los impuestos estatales y municipales, así como las aportaciones y participaciones federales a que tienen derecho esos órdenes de gobierno para cubrir su propia hacienda.

Al basarse en la experiencia acumulada de la impartición de estas materias en instituciones de educación superior durante una década, complementada con el conocimiento del marco jurídico aplicable a los procesos de análisis, elaboración y auditorías al que están sometidas las Finanzas Públicas en el México actual, los autores de este texto confían en que su contenido será de utilidad para quienes se interesen en el conocimiento de esta materia.

CAPÍTULO 1. Estado y forma de gobierno

Para introducir el estudio de las Finanzas Públicas es pertinente ofrecer al estudiante de licenciatura y al público en general un panorama del Estado y de la forma de gobierno. Ello es indispensable para una mejor comprensión de este tema, pues el obtener una noción de estos conceptos permitirá al lector interesado enmarcar los conocimientos especializados que van adquiriendo en sus carreras profesionales. Ello seguramente coadyuvará a un aprendizaje significativo, pues la adquisición de algunas nociones que son propias de las ciencias políticas, sociológicas y jurídicas, elevará su comprensión y enriquecerá su reflexión.

Es por ello que, en este Capítulo, se revisan en forma breve y didáctica los temas del Estado y la forma de gobierno.

1.1. El Estado

Desde el punto de vista sociológico,[2] el Estado es un agente, aspecto o institución de la sociedad autorizado y pertrechado para el uso de la fuerza, es decir, para ejercer un control coercitivo. Esta fuerza puede ser ejercida como defensa del orden sobre los propios miembros de la sociedad o contra otros países. Desde esta perspectiva, la voluntad del Estado es la ley y sus agentes son los que hacen la ley e imponen su observancia. Tales agentes constituyen el gobierno en sus distintos órdenes. La sociología previene asimismo sobre la distinción entre los conceptos de Estado y de Gobierno: el primero comprende las tradiciones, los instrumentos políticos como la Constitución, las Declaraciones de Derechos

---

[2] La **Sociología** es la disciplina que estudia la vida social humana, de los grupos y sociedades, que estudia el comportamiento de los seres humanos. Los sociólogos se ocupan principalmente de los seres humanos en su interacción social, pero también estudian los agregados sociales o poblaciones en su organización institucional. Según Anthony Giddens, el ámbito de la Sociología es extremadamente amplio y va desde el análisis de los encuentros efímeros entre individuos en la calle, hasta la investigación de los procesos sociales globales (Giddens, 1998).

y las instituciones relacionadas con la aplicación de la fuerza, en tanto que el Gobierno es un grupo de individuos a quienes se les confiere la responsabilidad de llevar a cabo los fines del Estado, otorgándoles la autoridad necesaria (Pratt Fairchild, H., 1949).

Para Hans Kelsen, uno de los más importantes estudiosos del Derecho,[3] el Estado es un orden jurídico que organiza la coacción social y que ha alcanzado un cierto grado de centralización y especialización. El jurista austriaco identifica al Estado con el Derecho, asignándole a aquél la función de dar vigencia y eficacia al orden jurídico dentro del territorio nacional de que se trate (Kelsen, 1960).[4]

También, desde la perspectiva del Derecho, autores como Georg Jellinek conceptúan al Estado como la organización jurídica de una nación, "en cuanto es ésta una entidad concreta, material, compuesta de personas y de territorio", lo que nos lleva a revisar el tema de los elementos del Estado.[5]

1.2. Elementos del Estado

Los elementos característicos del Estado son el territorio, la población y la soberanía. En su *Diccionario Jurídico. Teórico-práctico*, Rafael Martínez Morales desarrolla y desglosa los elementos fundamentales del Estado a partir del concepto de Jellinek, en los siguientes términos (Martínez, 2008):

- **Población**. Integrada por los individuos que residen o están organizados en torno al Estado.

---

[3] El **Derecho** es la disciplina que estudia las normas jurídicas, por lo que también se le denomina Ciencia Jurídica. También se define como la disciplina que tiene por objeto el estudio, la interpretación, integración y sistematización del ordenamiento jurídico para su justa aplicación.

[4] **Hans Kelsen** (1881-1973). Jurista y filósofo austriaco. Es considerado el jurista con más influencia del siglo XX. Kelsen propuso una visión positivista a la que denominó "Teoría Pura del Derecho".

[5] **Georg Jellinek**. (1851-1911) Jurisconsulto alemán. Publicó varias obras sobre filosofía del derecho y ciencia jurídica, entre las que destaca *Teoría general del Estado*.

- **Territorio**. Espacio vital de la población donde el Estado excluye cualquier otro poder superior o igual al suyo. El territorio es también el ámbito de aplicación de las normas jurídicas expedidas por los órganos competentes para ello.
- **Poder**. Capacidad de imponer las determinaciones soberanas, capacidad que se manifiesta a través de las normas del orden jurídico y las determinaciones de los órganos del Estado competentes en las diferentes materias, así como mediante el uso de la coacción.

1.3. La Constitución y el Estado

En el sistema jurídico de cualquier país, la Constitución es la ley fundamental o la ley fundadora del Estado y del régimen político que está vigente. Su preeminencia sienta las bases o los principios a los que debe sujetarse todo el andamiaje de leyes, reglamentos y normas jurídicas que son de observancia obligatoria para los habitantes de un país y para sus gobernantes.

Los estudiosos de la Teoría del Derecho y los parlamentarios se refieren a la Constitución con las denominaciones de Norma Fundamental, Carta Magna, Norma de Normas, *lex superior*; expresiones que dan cuenta de su ubicación jerárquica respecto de las demás leyes o reglamentos y del papel que juega como columna vertebral de todo el régimen jurídico de un país.

En su artículo sobre la definición de conceptos de Constitución, que forma parte del *Diccionario de Derecho Constitucional* que él mismo coordinó, el jurista mexicano Miguel Carbonell afirma que las constituciones se dedican a determinar la división de poderes y los derechos fundamentales y que estos dos elementos son el contenido mínimo de cualquier Constitución (Carbonell, 2002). Con relación a la división de poderes, anota que hay muchas posibilidades organizativas tales como el presidencialismo o el parlamentarismo y sus formas intermedias, la monarquía o la República, el federalismo o el centralismo, el regionalismo, las autonomías, etc., pero la Constitución debe establecer alguna o algunas de dichas formas en su contenido.

De acuerdo con el ya citado Hans Kelsen, la Constitución cuenta con un aspecto procedimental que consiste en que es la norma que determina la validez del resto de las normas del ordenamiento jurídico, dado que establece las competencias que tienen los distintos poderes para emitirlas, así como los pasos del procedimiento legislativo que se debe llevar a cabo para que sea válida una ley, una reforma a la misma o, incluso, una reforma constitucional.

En el caso de México, la norma fundamental es la *Constitución Política de los Estados Unidos Mexicanos* (CPEUM) que establece los derechos humanos garantizados a toda la población, determina la división de poderes, la forma de gobierno, así como los procedimientos y órganos que intervienen para la expedición de leyes que tengan validez, vigencia y eficacia dentro del territorio nacional (Congreso de la Unión, 2021).

1.4. Jerarquía constitucional y leyes reglamentarias

De lo anterior se desprende que la Constitución tiene una posición jerárquicamente superior dentro del conjunto de leyes, pues determina los órganos que las expiden y la forma en que éstas se pueden aprobar o reformar, además de los principios a que deben sujetarse. A este concepto se le denomina "jerarquía constitucional".

En el marco jurídico, a las leyes corresponde desarrollar con detalle las normas o principios contenidos en la Constitución, así como indicar las dependencias encargadas de su aplicación y observancia. Las leyes no pueden estar por encima de la Constitución ni deben contener normas que la contradigan. Es por esta función y tales características que a las leyes de las diferentes materias se les llama "leyes reglamentarias".

Para ejemplificar lo anterior, se puede recordar que el artículo 3° de la Constitución establece que "Toda persona tiene derecho a la educación", siendo éste un principio constitucional. Para el desarrollo de este principio, el Congreso expidió una serie de leyes reglamentarias, como son la Ley General de Educación, la Ley Reglamentaria del Artículo 3° de la Constitución en Materia de Mejora Continua de la Educación y la Ley General del Sistema para la Carrera de las Maestras y Maestros, entre otras.

1.5. Formas de gobierno

El Estado puede tener diferentes formas de gobierno, cuya clasificación comienza por la fuente de su legitimidad, que puede ir desde el origen divino o dinástico, como en las monarquías, o la soberanía popular como en las Repúblicas. Igualmente, el gobierno puede adquirir la forma unitaria o federal, presidencialista o parlamentaria.

En el caso de México, el artículo 39 de la Constitución señala claramente el origen de la legitimidad del gobierno, al establecer:

> **Artículo 39**. La soberanía nacional reside esencial y originariamente en el pueblo. Todo poder público dimana del pueblo y se instituye para beneficio de éste. El pueblo tiene en todo tiempo el inalienable derecho de alterar o modificar la forma de su gobierno.

El artículo 40 de la norma constitucional, por otra parte, desarrolla las características de la República en sus diferentes aspectos formales al estipular lo siguiente:

> **Artículo 40**. Es voluntad del pueblo mexicano constituirse en una República representativa, democrática, laica y federal, compuesta por Estados libres y soberanos en todo lo concerniente a su régimen interior, y por la Ciudad de México, unidos en una federación establecida según los principios de esta ley fundamental.

El contenido de este artículo se puede desagregar en los siguientes conceptos:

- **República**. Forma de organización política en la que el titular del gobierno emana de la soberanía popular, dicho cargo no es hereditario ni vitalicio.
- **Representativa**. Los gobernantes actúan en nombre del pueblo y por su mandato. El carácter representativo se expresa en las elecciones periódicas y a través de los órganos de representación política como las cámaras del Congreso y los Ayuntamientos.
- **Democrática**. La titularidad del órgano ejecutivo y la integración de los órganos de representación política como el Congreso se renuevan periódicamente mediante el voto popular.
- **Laica**. El Estado es neutral en materia de las opciones espirituales de las personas y no reconoce ni promueve una religión oficial.

- **Federal**. La República está integrada por entidades político-geográficas que tienen autonomía y soberanía en su régimen interior, así como en los asuntos de su competencia. A éstas se les denomina "estados de la República" o "entidades federativas", que son las partes componentes de la Federación.

1.6. Los órdenes de gobierno

Órdenes de gobierno es una locución que se refiere a los niveles de gobierno que tienen distintos ámbitos de soberanía y competencia política y legal. En México los órdenes de gobierno son el gobierno federal, el gobierno estatal y el gobierno municipal. Esta organización estatal está regulada por la Constitución, como se puede ver en el siguiente cuadro:

Cuadro 1.1.

TRES ÓRDENES DE GOBIERNO EN MÉXICO			
Orden o nivel	Ámbito	Fundamento legal	Institución (es)
Gobierno federal	Todo el territorio nacional	Artículos 40, 41, 80 y 90 de la Constitución	Presidencia de la República, sus dependencias y entidades
Gobierno estatal	Territorio de la entidad federativa respectiva	Artículos 116, en el caso de los estados, y el 122 de la Constitución, en el caso de la Ciudad de México	Gobierno del Estado respectivo, Jefatura de Gobierno en el caso de la Ciudad de México
Gobierno municipal	Demarcación de cada municipio o alcaldía	Artículos 115 en lo que hace a los municipios y artículo 122 en lo que hace a las alcaldías de la Ciudad de México	Gobierno municipal o alcaldías

FUENTE: Elaboración propia con base en la CPEUM.

1.7. La división de poderes

Desde el punto de vista teórico, los poderes del Estado en una democracia se dividen para su ejercicio en tres, que son el Poder Legislativo, el Poder Ejecutivo y el Poder Judicial. Desde este punto de vista, tales poderes tienen las siguientes funciones:

- **El Poder Legislativo** es el encargado de elaborar las normas jurídicas, función que consiste en promulgar la Constitución o reformarla y en expedir las leyes o las reformas a las mismas.

- **El Poder Ejecutivo** es el encargado de llevar cabo el gobierno y la administración, para lo que se debe ajustar a la Constitución y a las leyes
- **El Poder Judicial** está a cargo de resolver conforme a la Constitución y a las leyes las controversias que surjan entre los poderes u órdenes de gobierno, entre el Estado y los particulares, y entre particulares

La teoría de la división de poderes fue propuesta en diferentes momentos y condiciones históricas por los pensadores liberales John Locke[6] y Montesquieu[7], entre otros. En su célebre obra *El espíritu de las* leyes, Montesquieu explica que existen tres clases de poder en cada Estado: el Poder Legislativo, encargado de hacer las leyes; el Poder Ejecutivo, con su competencia de hacer la paz o la guerra, enviar o recibir embajadas, establecer la seguridad pública y precaver las invasiones, y el Poder Judicial, cuyas tareas consisten en castigar los delitos y juzgar las diferencias entre particulares (Montesquieu, 2000).

Ambos autores clásicos alertaron sobre los riesgos que para las libertades de las personas implicaba la concentración del poder, por lo que identificaron la necesidad de que las decisiones no se concentren en un solo gobernante, de modo que los órganos del poder se controlen entre sí a través de un sistema de contrapesos y equilibrios.

1.8. Los tres poderes en la Constitución mexicana

El artículo 41 de la Constitución dispone que "El pueblo ejerce su soberanía por medio de los Poderes de la Unión", en tanto que el artículo 49 establece la división de poderes, en los siguientes términos:

---

6 **John Locke** (1632-1704). Filósofo y médico inglés. Es considerado como "el padre del liberalismo clásico". Sus obras más trascendentales fueron *Ensayo sobre el gobierno civil* y *Carta sobre la tolerancia* (Locke, 1997).

7 Charles Louis de Secondat, barón de **Montesquieu** (1689-1755). Filósofo y jurista francés. Teórico de la división de poderes. Su obra más conocida es *El espíritu de las leyes.*

Artículo 49. El Supremo Poder de la Federación se divide para su ejercicio en Legislativo, Ejecutivo y Judicial.

No podrán reunirse dos o más de estos Poderes en una sola persona o corporación, ni depositarse el Legislativo en un individuo, salvo el caso de facultades extraordinarias al Ejecutivo de la Unión, conforme a lo dispuesto en el artículo 29. En ningún otro caso, salvo lo dispuesto en el segundo párrafo del artículo 131, se otorgarán facultades extraordinarias para legislar.

Como queda claro de la lectura del artículo 49 de la Constitución, ésta expresamente establece un sistema de equilibrio y contrapesos entre los poderes, de conformidad con el concepto de división de poderes.

1.7.1. Poder Legislativo

En México el Poder Legislativo es el Congreso de la Unión, que está formado por dos cámaras: la Cámara de Diputados y el Senado de la República. Así está establecido en los artículos 50, 51, 52 y 56 de la Constitución, que dicen lo siguiente:

Artículo 50. El poder legislativo de los Estados Unidos Mexicanos se deposita en un Congreso General, que se dividirá en dos Cámaras, una de diputados y otra de senadores.

Artículo 51. La Cámara de Diputados se compondrá de representantes de la Nación, electos en su totalidad cada tres años. Por cada diputado propietario, se elegirá un suplente.

Artículo 52. La Cámara de Diputados estará integrada por 300 diputadas y diputados electos según el principio de votación mayoritaria relativa, mediante el sistema de distritos electorales uninominales, así como por 200 diputadas y diputados que serán electos según el principio de representación proporcional, mediante el Sistema de Listas Regionales, votadas en circunscripciones plurinominales.

Artículo 56. La Cámara de Senadores se integrará por ciento veintiocho senadoras y senadores, de los cuales, en cada Estado y en la Ciudad de México, dos serán elegidos según el principio de votación mayoritaria relativa y uno será asignado a la primera minoría. Para estos efectos, los partidos políticos deberán registrar una lista con dos fórmulas de candidatos. La senaduría de primera minoría le será asignada a la fórmula de candidaturas que encabece la lista del partido político que, por sí mismo, haya ocupado el segundo lugar en número de votos en la entidad de que se trate.

> Las treinta y dos senadurías restantes serán elegidas según el principio de representación proporcional, mediante el sistema de listas votadas en una sola circunscripción plurinominal nacional, conformadas de acuerdo con el principio de paridad, y encabezadas alternadamente entre mujeres y hombres cada periodo electivo. La ley establecerá las reglas y fórmulas para estos efectos.

En resumen, la Constitución mexicana dispone que la integración del Poder Legislativo sea de la siguiente manera:

- Es bicameral, es decir, integrada por dos cámaras. Esto implica que una cámara es revisora de las leyes que la otra apruebe (salvo las atribuciones exclusivas que se asignan a cada una)
- La Cámara de Diputados se integra con 500 diputados federales, que son electos por voto popular cada tres años.
- 300 diputados son electos por el principio de mayoría relativa en distritos electorales federales
- 200 diputados son electos por el principio de representación proporcional, mediante listas de partido en las cinco circunscripciones en que se divide el territorio nacional
- El Senado de la República se integra con 128 senadores, que son electos por voto popular cada seis años
- 64 senadores son electos por el principio de mayoría relativa en cada entidad federativa (dos por cada una de estas)
- 32 senadores son electos por primera minoría (uno por cada estado)
- 32 senadores son electos con base en el principio de representación proporcional mediante listas nacionales de partido

1.7.2. Poder Ejecutivo

En nuestro país, la Carta Magna dispone que el poder Ejecutivo se deposite en un solo individuo que es el Presidente de la República.

> **Artículo 80**. Se deposita el ejercicio del Supremo Poder Ejecutivo de la Unión en un solo individuo, que se denominará "Presidente de los Estados Unidos Mexicanos".

El Presidente de la República encabeza a la administración pública federal, entendida como la estructura de dependencias y entidades gubernamentales que atienden las diferentes funciones públicas, como se verá en detalle más adelante.

1.7.3. Poder Judicial

El Poder Judicial en México está depositado en una Suprema Corte de Justicia de la Nación, en tribunales y juzgados de distrito, como lo establece el artículo 94 de la Constitución:

> **Artículo 94**. Se deposita el ejercicio del Poder Judicial de la Federación en una Suprema Corte de Justicia, en un Tribunal Electoral, en Plenos Regionales, en Tribunales Colegiados de Circuito, en Tribunales Colegiados de Apelación y en Juzgados de Distrito

1.8. Aprobación de las leyes (proceso legislativo ordinario)

Según los artículos 71 y 72 de la Constitución, el proceso legislativo ordinario, requerido para promulgar una ley federal o reformar una ya existente, es el siguiente:

- El derecho de iniciar leyes compete al Presidente de la República, a los diputados federales y senadores, y a las legislaturas de los estados.
- La fracción IV del mencionado artículo también reconoce el derecho de presentar iniciativas a los ciudadanos, en un número equivalente, por lo menos, al cero punto trece por ciento de la lista nominal de electores. Esto se conoce como Iniciativa Popular.[8]
- Un proyecto de ley o de reformas a una ley existente puede iniciar indistintamente en cualquiera de las dos cámaras.

---

8 La **Iniciativa Popular** es un mecanismo de la democracia directa a través del cual se confiere a los ciudadanos el derecho de hacer propuestas de ley al Poder Legislativo. Esta figura fue incorporada a la Constitución mediante una reforma promulgada el 9 de agosto de 2012.

- Para que se dé por aprobado un proyecto de ley o de reforma legal debe aprobarse por mayoría absoluta en una de las cámaras (es decir, por cuando menos el 50% más uno de los legisladores), turnarse a la otra cámara y aprobarse en esta también por mayoría absoluta.

1.8.1. El constituyente permanente

El proceso de reformas a la Constitución tiene peculiaridades que lo diferencian del proceso legislativo ordinario. Las reformas constitucionales están normadas por el artículo 135 de la Constitución en los términos siguientes:

> **Artículo 135**. La presente Constitución puede ser adicionada o reformada. Para que las adiciones o reformas lleguen a ser parte de la misma, se requiere que el Congreso de la Unión, por el voto de las dos terceras partes de los individuos presentes, acuerden las reformas o adiciones, y que éstas sean aprobadas por la mayoría de las legislaturas de los Estados y de la Ciudad de México.
>
> El Congreso de la Unión o la Comisión Permanente en su caso, harán el cómputo de los votos de las Legislaturas y la declaración de haber sido aprobadas las adiciones o reformas.

Como se ve, para la aprobación de reformas a la Constitución se debe cursar un proceso legislativo similar al ordinario pero, para que una reforma constitucional tenga validez, ambas cámaras del Congreso la deben aprobar por mayoría calificada (más de dos tercios de sus integrantes). Además, debe aprobarse también por la mayoría de los congresos de los estados de la República.

Al proceso legislativo que tiene por objeto la reforma de la propia Constitución se le denomina en México "constituyente permanente". Se le llama permanente porque este mecanismo reformador no requiere que se elija un Congreso Constituyente, pues por mayoría calificada las dos cámaras pueden desahogar tales reformas, si cuentan además con la aprobación de la mayoría de los congresos estatales.

La peculiaridad consistente en el incremento de requisitos para que la reforma sea válida deviene de la jerarquía constitucional, concepto que se abordó en otro apartado. Siendo que la Constitución establece los principios de todo el orden jurídico, principios a los cuales deben sujetarse las leyes y la conducta de los gobernantes y los gobernados, su reforma amerita reglas especiales que deben ser cubiertas para que tales modificaciones tengan validez.

CAPÍTULO 2. Finanzas públicas

Las finanzas en general pueden ser definidas como el conjunto de actividades y técnicas empleadas con el fin de proveer los medios económicos necesarios para el cumplimiento de determinados objetivos.

Esta simple definición, que es válida casi para el financiamiento de cualquier actividad humana, incluye la parte del acopio de los medios económicos requeridos y la parte de la erogación de éstos, que deben emplearse en la consecución de los objetivos de que se trate.

2.1. El concepto de las Finanzas Públicas

Las sociedades modernas enfrentan problemas cada vez más complejos. El crecimiento demográfico hizo necesario que la humanidad incrementara cada vez más los recursos que necesita para subsistir y ello ocurrió, al paso de los siglos y los milenios, mediante las revoluciones de la agricultura, las nuevas técnicas de producción agropecuaria, la explotación de los minerales y los metales, la revolución industrial del siglo XVIII y, actualmente, con la revolución de las nuevas Tecnologías de la Información y la Comunicación (TIC)[9] y la que se ha denominado Cuarta Revolución Industrial.[10]

---

9 Se entiende por las nuevas **Tecnologías de la Información y la Comunicación** (TIC) el reciente desarrollo tecnológico de las comunicaciones unificadas, la integración de las telecomunicaciones (líneas telefónicas y señales inalámbricas) y las computadoras, así como los equipos, programas y aplicaciones que los hacen posible, el almacenamiento y sistemas audiovisuales, que permiten a los usuarios acceder, almacenar, transmitir y manipular información. TIC es un término general que incluye cualquier dispositivo de comunicación, que abarca radio, televisión, teléfonos celulares, computadoras y hardware de red, sistemas satelitales, etc., así como los diversos servicios y dispositivos con ellos, tales como videoconferencias y aprendizaje a distancia.

10 La **Cuarta Revolución Industrial**, también llamada Revolución 4.0, es un proceso en marcha por el cual convergen tecnologías digitales, físicas y biológicas y permite la robotización a gran escala, así como nuevos desarrollos de la mecánica,

En los umbrales de la Humanidad, los grupos nómadas de cazadores y recolectores descubrieron la agricultura y formas primitivas de ganadería, los que los orilló a una vida sedentaria en aldeas que fueron creciendo. Al incrementarse los conglomerados humanos y hacerse más compleja la vida social y productiva las necesidades sociales se volvieron más variadas y apareció la división del trabajo y su especialización. Surgió la necesidad de formular reglas sobre el acopio y la distribución de los recursos producidos, cosa que también hizo necesario el que hubiera personas que se dedicaran a estas actividades.

En este proceso, los grupos humanos se tornaron más complejos e hicieron un largo recorrido desde la ciudad de Uruk, que reunió a un millar de pobladores,[11] hasta las megalópolis actuales con millones de habitantes.

La sociedad moderna conllevó la creación de normas e instituciones que deben procesar la convivencia cada vez más compleja hasta desembocar en el surgimiento del Estado-nación, cuyo concepto y características principales revisamos en el capítulo anterior.

- **El concepto de finanzas públicas**. Las finanzas públicas, entonces, pueden definirse como el conjunto de actividades, principios y técnicas empleadas con el fin de proveer los medios económicos necesarios para el cumplimiento de los fines del Estado, tanto en su parte de ingresos como en la parte del gasto.

---

la mecánica eléctrica, la ingeniería industrial, la ingeniería genética y las neuro tecnologías. En esta idea de evolución del proceso industrial, la primera revolución industrial (mediados del siglo XVIII) consistió en las máquinas de vapor que permitieron el paso de la producción manual a la mecanizada; la segunda revolución industrial fue la electricidad, que posibilitó la producción en masa (mediados del siglo XIX); y la tercera ocurrió a mediados del siglo XX con la incorporación de la electrónica y las computadoras.

11 La **ciudad de Uruk,** cuyo surgimiento se ha datado 4 mil 500 años antes de Cristo en la región entre los ríos Tigris y Éufrates que forma parte del actual territorio de Irak, está identificada con el paso de la vida rural a la era urbana (Gordon Childe, V., 1954).

2.2. Características de las Finanzas Públicas

Una vez expuesto el concepto de finanzas públicas, se pueden abordar las características fundamentales de este campo de estudio, que es multidisciplinario, dinámico y plural:

- **Multidisciplinario**. Las finanzas públicas se encuentran entre los objetos de estudio de diversas ciencias. A continuación, se enlistan las disciplinas que concurren y la forma en que se relacionan con las finanzas públicas están las siguientes:
    - **Ciencias Políticas**. Estudia el ejercicio de las finanzas públicas, que está en manos de actores políticos que se encuentran o inciden en el poder del Estado.
    - **Administración Pública**. Su materia es la integración de las instituciones públicas que recaudan los recursos necesarios y ejecutan las políticas públicas.
    - **Economía**. Tiene como uno de sus objetos de estudio la relación de las finanzas públicas con el entorno socioeconómico.
    - **Derecho**. Comprende entre sus múltiples materias a la normatividad jurídica que regula las finanzas públicas, particularmente el Derecho Financiero en su desagregado tributario, presupuestario y patrimonial.
    - **Finanzas**. Estudia el origen y destino de los recursos de las personas y organizaciones en general y, en particular, los que conforman las finanzas públicas
    - **Contabilidad**. Auxilia en el cálculo, registro, sistematización, análisis y comprobación del patrimonio público
- **Dinámico**. Las finanzas públicas y su manejo, las normas y políticas que las rigen y determinan, se encuentran determinadas por fenómenos políticos, jurídicos, económicos y sociales en constante modificación, lo que hace que su estudio amerite una constante actualización.
- **Plural**. Las decisiones que se adoptan en materia de finanzas públicas en cualquier país u organismo internacional son sujeto de debates constantes, los que muchas veces se dirimen en las elecciones o en votaciones en los parlamentos. A esto se debe añadir que las

disciplinas relacionadas con las finanzas públicas incluyen diferentes escuelas de pensamiento económico, político e ideológico.

2.3. El ciclo económico

Por ciclo económico se entienden los incrementos y disminuciones en el nivel de actividad económica de un país o región en determinado periodo. Con este concepto también se hace referencia al ritmo en que se desenvuelve la actividad económica, representada por el crecimiento o decremento del Producto Interno Bruto (PIB).

El ciclo económico consta de las siguientes fases:

- **Ascenso o expansión**. Es el periodo en el que el PIB crece. Las oportunidades de empleo se incrementan, lo que ocasiona que lo mismo suceda con la demanda de bienes y servicios, ocasionando que los precios tiendan a subir.
- **Auge o cima**. Es el punto más alto de crecimiento del PIB. Las empresas trabajan a toda su capacidad, la fuerza de trabajo está empleada y la inflación es alta.
- **Contracción o recesión**. Es el periodo en el que el PIB decrece. La producción es menor a la que podría generarse con los recursos y la tecnología disponibles. El desempleo aumenta y hay una tendencia a la disminución de los precios.
- **Depresión o fondo**. Es el nivel más bajo de decrecimiento del PIB. El desempleo es alto y cierran empresas. La inflación tiende a decrecer aún más.

Figura 2-A

Tanto especialistas, como instituciones públicas especializadas en la materia, comparten un concepto similar al expuesto. Para el Instituto Nacional de Estadística y Geografía (INEGI), los ciclos económicos son fluctuaciones observadas en la actividad económica agregada. Según dicha institución, los puntos relevantes son los picos (puntos máximos) y los valles (puntos mínimos) porque determinan los periodos de crecimiento o contracción de la economía, señala que los ciclos son recurrentes, pero no periódicos, y que su duración varía desde más de un año hasta diez o doce años. La utilidad que tiene el conocimiento de los ciclos económicos es que permite realizar un diagnóstico de la situación general de la economía y ayudar a la toma de decisiones de política económica (INEGI, 2022).

2.3.1. Reloj de los Ciclos Económicos del INEGI

El INEGI cuenta con una herramienta que apoya al análisis de los ciclos económicos del país. Esta herramienta se denomina Reloj de los Ciclos Económicos y muestra la interacción de indicadores económicos seleccionados por su relevancia en la identificación de los puntos de giro del ciclo.[12]

---

[12] El *Reloj de los Ciclos Económicos del INEGI está disponible en:* http://en.www.inegi.org.mx/app/reloj/

El INEGI seleccionó los indicadores económicos que conforman el Sistema de Indicadores Cíclicos y los agrupó en dos importantes indicadores compuestos:

- **El Indicador Coincidente**. Las variables que componen este indicador son las siguientes:
  - Indicador Global de la Actividad Económica
  - Indicador de la Actividad Industrial
  - Índice de Ingresos por Suministro de Bienes y Servicios al por menor
  - Asegurados Trabajadores Permanentes en el IMSS
  - Tasa de Desocupación Urbana
  - Importaciones Totales.
- **El Indicador Adelantado**. Está compuesto por las siguientes variables:
  - Tendencia del Empleo en las Manufacturas
  - Indicador de Confianza Empresarial: Momento Adecuado para Invertir
  - Índice de Precios y Cotizaciones de la Bolsa Mexicana de Valores en términos reales
  - Tipo de Cambio Real Bilateral México-EUA
  - Tasa de Interés Interbancaria de Equilibrio
  - Índice Standard & Poor´s 500 (índice bursátil de Estados Unidos).

Con la utilización de esta herramienta, los analistas y estudiosos del tema pueden representar estadística y gráficamente la evolución de la actividad económica de México en diferentes periodos, sean éstos anuales o multianuales, observando así los ciclos económicos, la evolución de las recesiones y de los periodos de auge económico del país.

2.4. La política económica

La política económica puede definirse como el conjunto de estrategias e instrumentos con que cuenta el Estado para incidir en la economía y lograr así determinados objetivos.

Para el autor italiano Sergio Ricossa, la política económica es la elección de los medios más adecuados para llegar a fines económicos determinados y la equipara con la programación, esto es, la actividad realizada en forma sistemática mediante la cual se eligen racionalmente, en presencia de alternativas económicas, "adoptando decisiones lógicas que miren a lo lejos y tengan conciencia de la complejidad de los hechos económicos" (Ricossa, 2002).

El autor italiano también señala que son objetivos comunes de la política económica:

> "... ocupación plena y estable, balanza internacional de pagos equilibrada, buena tasa de crecimiento del ingreso nacional, distribución del ingreso bastante igualitaria por familias, clases y regiones, calidad de la producción que no descuide ciertas necesidades colectivas fundamentales, seguridad social, alguna preocupación por las generaciones futuras, y otros por el estilo".

La intervención del Estado en la economía busca afrontar el ciclo económico y tomar las decisiones para incidir en la actividad económica de un país en búsqueda de los siguientes objetivos generales:

- **Procurar el crecimiento de la economía**. El crecimiento económico de un país debe cubrir el incremento poblacional, de manera que mantenga y mejoren las condiciones de bienestar de la población.
- **Mejorar la eficiencia de la economía en su conjunto**. No es suficiente el crecimiento económico, pues se deben mantener equilibrios entre los factores productivos y elevar la productividad para lograr un crecimiento sostenible.
- **Redistribuir el ingreso de manera equitativa**. Aún con un crecimiento sostenido, la actividad económica de libre mercado por sí misma no garantiza una distribución del ingreso equitativa entre los distintos sectores productivos, problema del que no pueden hacerse cargo las empresas en lo particular, sino que es una tarea que responde al interés general.
- **Estabilizar la economía.** La actividad económica, como ya se vio, se desenvuelve en forma cíclica y corresponde al Estado "suavizar el ciclo" para que sus fluctuaciones dañen lo menos posible a las fuerzas productivas.

Sin embargo, no siempre todos estos objetivos son deseables o posibles, pues en determinadas condiciones, cuando los niveles de empleo son altos, los salarios tienden a elevarse, lo mismo que los precios de las mercancías, lo que origina altas tasas de inflación. Esto da pie a las diferencias que sostienen al respecto las distintas escuelas de pensamiento económico, como se verá en los siguientes apartados.

2.5. Papel del Estado en la economía

En el debate doctrinal y en las discusiones que recurrentemente se dan, configuran dos extremos, según la postura que cada una defiende sobre lo que es más sano para el desarrollo económico de un país. Por un lado, el libre mercado, que permite que "la mano invisible" resuelva los desequilibrios del mercado y guíe a los inversionistas privados en la consecución de las mejores oportunidades, lo que redundará no solo en mayores ganancias sino también en más empleos y alzas salariales que beneficiarán a los trabajadores y sus familias.

En el otro extremo, se encuentra la idea de que el Estado debe monopolizar la producción y/o las áreas estratégicas de la economía, de manera que imponga una racionalidad en beneficio de toda la población. En forma extrema, esta postura se expresó en los países del llamado *socialismo realmente existente*, cuyo fracaso económico terminó por derrumbar a ese sistema político.[13] Pero durante las décadas posteriores al *Crack de 1929*,[14] en los países capitalistas también se estableció una

---

13 Se conoce como **socialismo realmente existente** al sistema político y social que inició con la Revolución Rusa de 1917, en donde se instauró la Unión de Repúblicas Soviéticas Socialistas (URSS) y que, luego de la Segunda Guerra Mundial, se extendió a países Europa Oriental. Diversos procesos independentistas fueron sumando naciones a este sistema (en Asia: China, Corea del Norte, Vietnam; en el continente americano, Cuba).

14 Se conoce como "Crack de 1929" o **Gran Depresión** a la crisis económica que inició ese año en Estados Unidos y que se extendió hasta 1933. En ese país el PIB cayó un 15%, el desempleo afectó al 25% de la Población Económicamente Activa y el comercio internacional se redujo a la mitad. La crisis económica afectó a todo el mundo. Keynes adjudicó las causas a una insuficiencia de demanda efectiva que solo el Estado podía solucionar, en tanto que los monetaristas como Friedman la achacaron a la política de la Reserva Federal estadounidense, que permitió una fuerte caída de la oferta monetaria que afectó gravemente los precios, la producción y el consumo.

orientación de tipo estatista bajo la idea del Estado de Bienestar, influida por la escuela de Keynes.[15]

2.5.1. Participación del Estado según las escuelas de pensamiento económico

Las escuelas de pensamiento económicos derivan en posiciones diversas en relación con la participación del Estado en la economía. Una apretada síntesis de éstas se refiere a las siguientes posturas:

- Escuela clásica
- Escuela keynesiana
- Escuela estructuralista
- Escuela neoliberal

Algunas de las principales posturas de las escuelas de pensamiento económico mencionadas se pueden ver en el siguiente cuadro con relación a su concepción del Estado, la participación de este en la economía y las actividades económicas que le asignan.

Las posturas clásica y neoliberal aducen a su favor un fenómeno económico que ha sido estudiado por los economistas y dio lugar a la formulación de la *curva de Phillips*.[16] Con base a ello, las autoridades del Estado están ante la disyuntiva de llevar a cabo una política económica que propicie una tasa alta de desempleo con baja inflación o una alta tasa de ocupación con la inflación al alza.

---

15 **John Maynard Keynes** (1883-1946). Fue un economista británico que es reconocido como uno de los economistas más importantes del siglo XX. Sus argumentos fueron tan relevantes que llegaron a constituir la base de la macroeconomía, teoría económica moderna centrada en explorar las relaciones entre los agregados de la renta nacional.

16 La **curva de Phillips** es la relación inversa entre tasa de desempleo y tasa de aumento de los salarios.

Cuadro 2.1.

PARTICIPACIÓN DEL ESTADO EN LA ECONOMÍA (según las distintas escuelas de pensamiento económico)			
Escuela	*Concepción del Estado*	*Participación del Estado en la economía*	*Actividades del Estado en la economía*
Clásica *Autores: Adam Smith,*[17] *David Ricardo.*[18] Revolución industrial a partir del siglo XVIII	*El Estado debe limitarse a la defensa, a la conservación del orden y a garantizar los derechos individuales y el principio de laisser-faire.*	*Cualquier intervención del Estado redunda en obstáculos al ajuste automático del funcionamiento económico.*	*La intervención del Estado debía apoyar en las siguientes materias: gastos defensa, gastos del ramo de justicia, gastos en obras y establecimientos públicos, particularmente de aquellos destinados a facilitar el comercio, gastos en educación y gastos para sostener la dignidad del Soberano (en el caso de las monarquías) o la preeminencia del gobernante (cuando se trata de repúblicas).* *Además, el Estado debe realizar y mantener algunas obras públicas y ciertas instituciones que no pueden depender de un solo individuo o de un grupo pequeño de individuos.*
Keynesiana *Autor: Maynard Keynes.* *Gran Depresión*	*Atribuye al Estado un papel relevante en la coordinación económica y en la asignación y distribución de recursos.*	*El Estado puede restringir las elecciones individuales egoístas, para favorecer la cooperación que permita que se cree la riqueza, parte de la que surgiría sin la intervención del Estado.*	*Keynes postula mecanismos monetarios para crear dinero y evitar el paro mediante una baja de las tasas de interés, lo cual abarata el crédito y la inversión necesaria para tender al empleo total.* *La inversión pública debe concentrarse en infraestructura y, para que realmente tenga en efecto multiplicador, se deben financiar con fuentes distintas de los impuestos, tales como el endeudamiento o la emisión de moneda.* *El Estado intervencionista de Keynes concibe, entonces, la política de gasto deficitario y la monetaria como elementos centrales de política económica.*

---

17 **Adam Smith** (1723-1790). Economista escocés a quien se considera el padre de la economía moderna, ubicado como parte fundamental de la economía clásica. Su obra más conocida es su Ensayo *sobre la riqueza de las naciones* (publicada en 1776).

18 **David Ricardo** (1772-1823). Economista inglés que es parte fundamental de la economía clásica. Su principal obra es Sobre los principios de la economía política y la fiscalidad (1817).

Estructuralista *Autores: la CEPAL.*[19] América Latina a partir de los años 50s.	*El pensamiento estructuralista concibe al Estado como la palanca de primer orden para lograr la transformación de la estructura productiva, orientar los cambios sociales y mediar conflictos entre las clases sociales.*	*El Estado respeta el mecanismo de mercado, pero será planeador y promotor de la industrialización y del desarrollo.*	*La CEPAL señala que la intervención estatal debe actuar por el lado de la oferta para garantizar la industrialización, puesto que los mecanismos de precios relativos y de demanda efectiva de Keynes no son suficientes para garantizarla.* *Para los estructuralistas, el Estado debe orientar y coordinar la actuación de los diversos agentes económicos, de manera indirecta, con las políticas comerciales, industriales, fiscal y monetaria, para promover la sustitución de importaciones. Pero a la vez, debe invertir en obras de infraestructura y en empresas públicas, para lograr el objetivo de industrializar al país, con justicia social y menos dependencia externa.*
Neoliberal *Autor: Milton Friedman.* *Consenso de Washington a partir de los años 80s.*	*Dado que el mercado no es un acontecimiento natural, debe ser creado y apuntalado por el Estado.* *Lejos de proponer la eliminación del Estado, el neoliberalismo pugna por su transformación e instrumentación en favor del mercado.*	*El Estado debe concentrarse en una sola función: hacer que la oferta monetaria crezca automáticamente (no discrecionalmente), a una tasa constante.*	*En el corto plazo el Estado, por medio de una política monetaria y fiscal expansionista, puede reducir el desempleo y aumentar el crecimiento, pero se genera inflación, ya que los agentes económicos ajustan sus expectativas de largo plazo, provocando la vuelta a la tasa natural de desempleo, pero con mayor inflación.* *Por ello este tipo de intervención del Estado tiene efecto negativo, por lo que su actuación debe concentrarse en las actividades que redunden en el crecimiento automático de la oferta monetaria a través del incremento de la inversión y el crédito privado.*

FUENTE: Elaboración propia.

Lo anterior muestra que la intervención del Estado en la economía no se da en forma estática, sino afrontando diversas situaciones y disyuntivas determinadas por el ciclo económico del mundo, de un país, región o de una rama productiva.

---

[19] **CEPAL.** La Comisión Económica para América Latina es una de las cinco comisiones regionales de la Organización de las Naciones Unidas. Su sede está en Santiago de Chile. Se fundó en 1948 para contribuir al desarrollo económico de América Latina, coordinar las acciones encaminadas a su promoción y reforzar las relaciones económicas de los países entre sí y con las demás naciones del mundo. Posteriormente, su labor se amplió a los países del Caribe y se incorporó el objetivo de promover el desarrollo social.

2.5.2. Políticas económicas en países del capitalismo occidental

En su libro *Historia mínima del neoliberalismo,* el académico mexicano Fernando Escalante, explicó la evolución de las políticas predominantes en el capitalismo occidental en los siguientes términos:

- **Momento liberal** que comienza con la revolución estadounidense, la revolución francesa y las independencias americanas, cuyo auge se presenta a mediados del siglo XIX;
- **Momento keynesiano**, que arranca a fines del XIX, y se impone de manera general tras la crisis de 1929 y llega hasta la década de los setenta;
- **Momento neoliberal**, a partir de 1980, cuyo predominio se prolonga hasta la actualidad.

El momento liberal se inspiró en las ideas de los economistas clásicos como Adam Smith y David Ricardo, para quienes el Estado debía abstenerse de intervenir en la economía ya que, si los hombres actuaban libremente en la búsqueda de su propio interés, había una "mano invisible" que convertía sus esfuerzos en beneficios para todos, como lo dice en su célebre libro conocido como *Ensayo sobre la Riqueza de las Naciones* (Smith, 1996):

> "Pero es sólo por su propio provecho que un hombre emplea su capital en apoyo de la industria; por tanto, siempre se esforzará en usarlo en la industria cuyo producto tienda a ser de mayor valor o en intercambiarlo por la mayor cantidad posible de dinero u otros bienes... En esto está, como en otros muchos casos, **guiado por una mano invisible** para alcanzar un fin que no formaba parte de su intención. Y tampoco es lo peor para la sociedad que esto haya sido así. Al buscar su propio interés, el hombre a menudo favorece el de la sociedad mejor que cuando realmente desea hacerlo."

Los gobiernos influidos por esa escuela de pensamiento económico dejaron hacer a los capitalistas, actuando en muchas ocasiones como un comité facilitador de los negocios privados y despreocupándose por los efectos económicos, sociales y ambientales del crecimiento económico. Ello provocó la resistencia de los trabajadores a través de sus organizaciones sindicales, así como crisis económicas recurrentes cada vez más profundas y extensas.

La recurrencia de los conflictos y las crisis económicas obligaron a un cambio en el sentido de una actividad más determinante del Estado en la economía que, con mayor fuerza después del *Crack de 1929*, se expresó en el programa keynesiano, que propuso regulaciones que debía observar la iniciativa privada, tuteló los derechos de los trabajadores y, sobre todo, adoptó el gasto público como palanca de la actividad económica.

El desgaste de esta orientación de la política económica, ocurrida por el debilitamiento de las finanzas públicas, la Crisis de los Precios del Petróleo de los años 70 y otros fenómenos, ocasionaron el arribo del pensamiento neoliberal.

2.5.3. El neoliberalismo

El neoliberalismo, escuela de pensamiento predominante a partir de la década de los años 80 del siglo anterior, es un programa intelectual y político que se expresa en leyes, arreglos institucionales, criterios de política económica y monetaria, cuyo propósito es frenar y contrarrestar el colectivismo que impulsó el Estado de Bienestar keynesiano. Según Fernando Escalante, el programa neoliberal tiene variaciones en el tiempo y en la geografía, pero cuenta con tres ideas centrales sobre el libre mercado:

- El neoliberalismo postula que el mercado no es un acontecimiento natural, sino que tiene que ser creado y apuntalado por el Estado. Esta idea lo diferencia del liberalismo clásico. Lejos de proponer la eliminación del Estado, los neoliberales pugnan por su transformación e instrumentación en favor del mercado.
- La competencia es lo que permite que los precios se ajusten automáticamente, al tiempo que garantiza el mejor uso posible de los recursos.
- Según la doctrina neoliberal, lo privado es superior técnica y moralmente sobre lo público.

Adicional a lo anterior, el autor citado expuso que las líneas comunes de la política neoliberal se identifican con la privatización de los activos públicos: empresas, tierras, servicios, recursos naturales (como los del subsuelo, el mar y el espacio aéreo); liberalización del comercio internacional, del mercado financiero y del movimiento global de capitales; introducción de mecanismos de comercio o de criterios empresariales como estándar de calidad de los servicios públicos; y el impulso sistemático hacia la reducción de impuestos y del gasto público, del déficit fiscal y de la inflación (Escalante, 2016).

El decálogo del *Consenso de Washington*,[20] que expresa nítidamente el programa neoliberal, consta de los siguientes puntos:

Cuadro 2.2.

DECÁLOGO DEL *CONSENSO DE WASHINGTON*	
	Aspectos centrales
1	*Disciplina fiscal*
2	*Disminución del gasto público*
3	*Mejora de la recaudación impositiva sobre la base de la extensión de los impuestos indirectos, especialmente el IVA*
4	*Liberalización del sistema financiero y de la tasa de interés*
5	*Mantenimiento de un tipo de cambio competitivo*
6	*Liberalización comercial externa, mediante la reducción de las tarifas arancelarias y abolición de trabas existentes a la importación*
7	*Ampliación de facilidades a las inversiones externas*
8	*Realización de una enérgica política de privatizaciones de empresas públicas*
9	*Cumplimiento estricto de la deuda externa*
10	*Derecho a la propiedad, garantizado, asegurado y ampliado por el sistema legal*

FUENTE: Elaboración propia con base en el Diccionario de Economía de Vizcarra (Vizcarra Cifuentes, J.L., 2007).

2.6. La rectoría económica del Estado en la Constitución mexicana

Se ha demostrado que el libre mercado indiscriminado conduce a crisis económicas y a un incremento de la desigualdad social, del mismo modo que la experiencia descartó la versión radical del estatismo, que consistía en la concentración de la propiedad de los medios de producción en el aparato estatal.

La práctica indica la necesidad soluciones intermedias a esa disyuntiva, consistentes en que el Estado sea un ente que regule y vigile que las actividades económicas se desarrollen armónicamente, que sea un árbitro juicioso que

20 El **Consenso de Washington** es un paquete de diez fórmulas que se pusieron como condicionantes del FMI, el Banco Mundial y el Departamento del Tesoro de los Estados Unidos, para el otorgamiento de créditos a los países en desarrollo azotados por las crisis económicas. Se conocen así por ser producto de la reunión ocurrida en esa ciudad estadounidense en 1989.

ofrezca garantías para todos los competidores en el mercado (pues de otra manera la mayoría de estos serían derrotados por los monopolios), que sancione a quienes violen las normas y oriente el crecimiento de la economía con base en una adecuada planeación, de manera que el crecimiento procure el bienestar de la población y erradique o mitigue la pobreza.

Tal postura se puede encontrar en la Constitución mexicana, que en los primeros párrafos del artículo 25 y los párrafos cuarto y quinto del artículo 28, establece lo siguiente:

- Corresponde al Estado la rectoría del desarrollo nacional.
- La competitividad se entenderá como el conjunto de condiciones necesarias para generar un mayor crecimiento económico, promoviendo la inversión y la generación de empleo.
- El Estado velará por la estabilidad de las finanzas públicas y del sistema financiero.
- El Estado planeará, conducirá, coordinará y orientará la actividad económica nacional.
- Al desarrollo económico nacional concurrirán el sector público, el sector social y el sector privado.
- El sector público tendrá a su cargo, de manera exclusiva, las áreas estratégicas.
- Las áreas estratégicas son: el control del sistema eléctrico nacional, y del servicio público de transmisión y distribución de energía eléctrica, así como de la exploración y extracción de petróleo y demás hidrocarburos, así como los servicios de correos, telégrafos y radiotelegrafía; la explotación de minerales radiactivos y la generación de energía nuclear. También son áreas exclusivas del Estado la emisión de moneda y las funciones de la banca central.
- La habilitación de puertos y el establecimiento de aduanas marítimas y fronterizas son facultad del Presidente de la República (artículo 89, fracción XIII).
- El Estado contará con los organismos y empresas que requiera para el eficaz manejo de las áreas estratégicas a su cargo y en las actividades de carácter prioritario donde, de acuerdo con las leyes, participe por sí o en conjunto con los sectores social y privado.

Estos conceptos relativos a la rectoría económica del Estado, que están consignados en la Constitución, guían o deberían guiar a las finanzas públicas, el funcionamiento de la administración pública y la planeación del desarrollo en México.

2.7. Marco jurídico de las Finanzas Públicas

Una de las bases del marco jurídico de las finanzas públicas es la disposición contenida en el artículo 31, fracción IV de la propia Constitución, que dice:

> **Artículo 31**. Son obligaciones de los mexicanos:
>
> **I.** al **III.** ...
>
> **IV.** Contribuir para los gastos públicos, así de la Federación, como de los Estados, de la Ciudad de México y del Municipio en que residan, de la manera proporcional y equitativa que dispongan las leyes.

La importancia de esta norma es que da la base para toda la regulación del pago de impuestos que obliga a todos los mexicanos y a las personas residentes en el país, estableciendo que las contribuciones sean proporcionales y equitativas. En complemento de esta obligación, la Constitución establece que el Congreso tiene facultades para imponer las contribuciones que cubran el Presupuesto (artículo 73, fracción VII).

Las funciones que deben jugar las finanzas públicas se asientan en los ya mencionados artículos 25 y 28 de la Constitución, que reconocen la existencia de la propiedad privada, la propiedad social y la propiedad estatal, así como el papel del Estado en la rectoría de la economía nacional.

También la Constitución establece los procedimientos y principios a que deben apegarse la planeación del desarrollo (artículo 25) y la autorización de la deuda pública (artículo 73, fracción VIII). La elaboración y aprobación del presupuesto público es una facultad exclusiva de la Cámara de Diputados a partir del proyecto que le presente el Poder Ejecutivo (artículo 74, fracción IV).

El manejo de la política monetaria se asigna por la Constitución al Banco Central, que tendrá autonomía (artículo 28, sexto párrafo).

Por otra parte, el artículo 134 de la Constitución establece los principios a que debe sujetarse la administración de los recursos públicos.

Cuadro 2.3.

MARCO JURÍDICO DE LAS FINANZAS PÚBLICAS		
Materia	**Constitución**	**Leyes reglamentarias**
Garantía de legalidad	Artículo 16	Código de Procedimientos Civiles Código de Procedimientos Penales Código de Comercio
Obligación de pagar contribuciones	Artículo 32, fracción IV. Artículo 73, fracción VII.	Código Fiscal. Leyes de impuestos (ISR, IVA, IEPS, etc.) LEY del Servicio de Administración Tributaria
Rectoría económica del Estado	Artículos 25 y 28.	Leyes de empresas productivas del Estado (PEMEX, CFE) Ley de Asociaciones Público Privadas Ley de Expropiación LEY Federal de las Entidades Paraestatales LEY Nacional de Extinción de Dominio Leyes regulatorias de diversos ramos (economía social, competencia económica, hidrocarburos, telecomunicaciones y radiodifusión, comercio, comercio exterior, protección del medio ambiente y los recursos naturales, agrícola, minera, eléctrica, ferroviaria, etc.)
Planeación	Artículo 25	Ley de Planeación
Deuda pública	Artículo 73, fracción VIII	LEY Federal de Deuda Pública
Presupuesto de la Federación	Artículo 74, fracción IV	LEY Federal de Presupuesto y Responsabilidad Hacendaria
Política monetaria	Artículo 28, sexto párrafo	LEY del Banco de México LEY de la Casa de Moneda de México LEY de la Comisión Nacional Bancaria y de Valores LEY de Protección al Ahorro Bancario LEY Monetaria de los Estados Unidos Mexicanos
Administración pública	Artículo 126 Artículo 134	LEY General de Contabilidad Gubernamental LEY Federal de Austeridad Republicana LEY Federal de Remuneraciones de los Servidores Públicos LEY Orgánica de la Administración Pública Federal LEY Federal de Responsabilidades de los Servidores Públicos LEY de Fiscalización y Rendición de Cuentas de la Federación LEY General de Responsabilidades Administrativas LEY General de Responsabilidades Administrativas LEY General del Sistema Nacional Anticorrupción

FUENTE: Elaboración propia con base en Leyes Federales Vigentes, Cámara de Diputados (2022).

Las disposiciones constitucionales se desarrollan y regulan a detalle con diversas leyes reglamentarias, como las que se relacionan en el cuadro anterior.

En conjunto, tanto las disposiciones contenidas en la Constitución como las que se encuentran en las leyes reglamentarias, conforman el marco jurídico de las finanzas públicas.

2.8. Principales instrumentos de las Finanzas Públicas

Las Finanzas Públicas son las actividades que realiza el Estado para incidir en el ciclo económico y ejercer así su rectoría en el sistema económico y productivo de un país.

En México, los principales instrumentos de las finanzas públicas son los siguientes:

- La política fiscal
- La política monetaria
- Las políticas de fomento de las diferentes actividades y agentes económicos
- El Paquete Económico Anual, que está integrado por:
  - Los Criterios Generales de Política Económica
  - La política de ingresos, que se expresa en la legislación impositiva y en la Ley de Ingresos
  - La política de egresos, que se expresa en el Presupuesto de Egresos de la Federación

Figura 2-B.

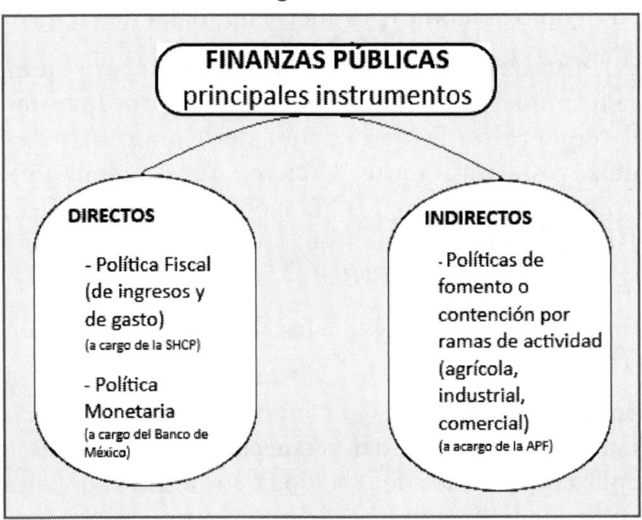

Por su incidencia, los instrumentos de las finanzas públicas pueden ser directos o indirectos.

- **Los instrumentos directos** son la política de ingresos, la de gasto público y la política monetaria.
- **Los instrumentos indirectos** son aquellos que utiliza la administración pública para inducir determinados comportamientos de los actores económicos. Entre ellos están la política agraria, la industrial (que puede ser de fomento o de contención), la política comercial (que se concreta en tratados comerciales internacionales) y la política salarial (de contención o de crecimiento), entre otros.

Procedamos ahora a un recorrido panorámico de los principales instrumentos de las finanzas públicas en el caso de México. Una revisión detallada de los mismos se hará en los capítulos respectivos.

2.8.1. La política fiscal

La política fiscal se conforma por la política de ingresos y la política de gasto público. Son las acciones que el gobierno pone en práctica para influir en la actividad económica mediante la fijación o modificación de los impuestos, así como las compras gubernamentales de bienes y servicios.

Al aplicar esta explicación a México, se podrá ver que, en lo que hace a la determinación de los impuestos y la presupuestación, la política fiscal requiere de la aprobación del Congreso y de la Cámara de Diputados, respectivamente. Una vez que las contribuciones y el presupuesto han sido aprobados,, la ejecución de la política de ingresos y de gasto queda a cargo del Ejecutivo, a través de la Secretaría de Hacienda y Crédito Público (SHCP).

En el sentido práctico, la política fiscal se puede subdividir en política de ingresos y política de gasto:

- **La política de ingresos** es el conjunto de medidas que el gobierno lleva a cabo para recaudar recursos económicos que le permitan cumplir con los fines del Estado ya sea a través de impuestos o de las tarifas de los bienes y servicios que proporciona.
- **La política de gasto** es el conjunto de decisiones presupuestales y de la aplicación y ejercicio de los recursos públicos, lo que tiene qué ver con la prestación de servicios públicos, el pago de la nómina y prestaciones a los trabajadores al servicio del Estado, así como la adquisición, arrendamientos y servicios que el mismo debe contratar para realizar sus fines.

Estos dos conceptos se desarrollarán en detalle en los capítulos correspondientes de este libro.

2.8.2. La política monetaria

La política monetaria es el conjunto de instrumentos y medidas aplicadas por el gobierno para controlar la moneda y el crédito. Tiene el objeto de mantener la estabilidad económica del país y sostener una balanza de pagos favorable.

En México, la política monetaria está asignada al Banco Central, que es un órgano con autonomía constitucional.

Tanto el concepto de política monetaria como las funciones del Banco Central, se desarrollarán en el capítulo correspondiente.

2.8.3. Las políticas de fomento

Las políticas de fomento de las distintas actividades o agentes económicos son aquellas que determina el gobierno para impulsar actividades de determinadas ramas de producción o regiones económicas.

En este sentido, se emprenden por el Estado programas de fomento a la agricultura, la ganadería, la pesca y otros que atienden al sector primario, o de impulso a la industria en general o a ramas particulares de la misma, como pueden ser la manufacturera, metalúrgica, petrolera, eléctrica u otras. Como parte de las políticas de fomento también se impulsan las actividades de servicios como el comercio de determinadas mercancías (el abasto de productos de primera necesidad, por ejemplo), la actividad turística, el transporte, el hospedaje, etc.

Estas políticas se pueden realizar mediante estímulos fiscales, subsidios, créditos, facilidades administrativas o, en el caso de los trabajadores, inversión de infraestructura, mediante la determinación de aumentos generales de salarios.

Por el contrario, se aplica una política de contención, es decir, contraria al impulso, mediante el retiro o disminución de las medidas de fomento y a través de la contención salarial.

2.8.4. El paquete económico anual

El paquete económico anual es el término que en México describe el conjunto de proyectos legislativos que el Poder Ejecutivo presenta cada año a la Cámara de Diputados. El paquete económico se integra de la siguiente manera:

- Criterios Generales de Política Económica
- Proyecto de Ley de Ingresos
- Iniciativa de Miscelánea Fiscal
- Proyecto de Presupuesto de Egresos de la Federación (PPEF)

2.8.4.1. Criterios Generales de Política Económica

El Paquete Económico anual incluye los Criterios Generales de Política Económica, los cuales tienen las previsiones del siguiente ejercicio fiscal en materia del contexto económico mundial y nacional, el crecimiento económico esperado, el tipo de cambio peso-dólar, el precio del barril del petróleo que se estima para el siguiente año, los ingresos tributarios y no tributarios que se esperan recaudar. Toda esta información sirve de base para la formulación de la Iniciativa de Ley de Ingresos y el Proyecto de Presupuesto de Egresos de la Federación correspondientes.

A manera de ejemplo, se transcriben algunos párrafos de los Criterios Generales de Política Económica presentados por la SHCP para el ejercicio 2022:[21]

Paquete Económico 2022: restablecimiento, desarrollo y responsabilidad

Con el Paquete Económico 2022 se inicia la segunda etapa de la administración y la consolidación de las políticas, programas y proyectos de infraestructura estratégicos, que además de ayudar a proteger el bienestar de las familias mexicanas en la coyuntura, abonan a la construcción de una economía con mayor cohesión social y, por tanto, más robusta y estable, así como de un desarrollo sectorial y regional equitativo e incluyente, que asegura el bienestar de largo plazo. En este sentido, los CGPE 2022 parten de la solidez fiscal que México ha preservado y fortalecido para buscar recuperar la actividad económica perdida durante la pandemia global, redoblar esfuerzos en el combate a la enfermedad, continuar reforzando el sector salud, robustecer la red de apoyos sociales para el bienestar, invertir en las fuentes de ingresos y estabilidad de mediano plazo y asegurar el avance y conclusión de la infraestructura estratégica de transporte y seguridad energética. Lo anterior al mismo tiempo que se refrenda la prudencia en el uso del financiamiento y una trayectoria sostenible para la deuda en el mediano plazo. Este documento refuerza los principios de responsabilidad y eficacia en la gestión de las finanzas y la deuda públicas que caracterizan a la administración.

---

[21] Transcripción textual de fragmentos de: SHCP (2021). *Criterios Generales de Política Económica para la Iniciativa de Ley de Ingresos y el Proyecto de Presupuesto de Egresos de la Federación correspondientes al ejercicio fiscal 2022.*
El texto completo se puede consultar en: https://www.finanzaspublicas.hacienda.gob.mx/work/models/Finanzas_Publicas/docs/paquete_economico/cgpe/cgpe_2022.pdf

Además, se propone un robustecimiento de las fuentes de recaudación sin incrementar ni crear nuevos impuestos; eficiencia y austeridad en el ejercicio de los recursos públicos, a fin de que realmente beneficien a la población que los genera; y una gestión innovadora de los activos y los pasivos, orientada tanto a fortalecer la posición financiera del sector público como a desarrollar nuevas opciones para su financiamiento y el privado. Perspectivas económicas para 2022 Se estima que el programa de vacunación, iniciado en diciembre de 2020, finalizará en el primer trimestre de 2022, lo cual será uno de los principales factores que contribuirán a la consolidación de la recuperación económica y el inicio del crecimiento postpandemia el próximo año. La implementación total del programa de vacunación permitirá la reapertura de aquellos sectores caracterizados por una alta proximidad social o que se llevan a cabo en espacios cerrados, así como de otros sectores encadenados a los anteriores. Como resultado de lo anterior, se proyecta que en los primeros meses de 2022 continúe la disminución de la población subocupada y ausente. Además, se espera en especial la recuperación del empleo de las mujeres, que fue uno de los grupos más afectados por la pandemia. Adicionalmente, el avance de los proyectos de inversión estratégicos de la administración, darán soporte a la reactivación y contribuirán a promover el crecimiento regional. Al mismo tiempo, se estima que continuará y repuntará la inversión en sectores dinámicos por el incremento en la demanda de tecnologías de la información y comercio electrónico, semiconductores, equipo electrónico y alimentos procesados. Más aún, los altos precios de materias primas respecto a años anteriores favorecerán la inversión y el crecimiento del sector exportador, así como de la minería petrolera y no petrolera, que juntas representan 5.5% del PIB. En este contexto, se espera que la posición sólida que han mantenido la banca de desarrollo y la privada, con índices de capitalización superiores a estándares internacionales y bajos índices de morosidad, fungirá como un elemento clave para financiar proyectos de alto impacto regional y sectorial, así como para facilitar la inclusión financiera. En cuanto a la demanda externa, el comportamiento y desempeño de la economía de EE.UU. contribuirán positivamente a las exportaciones, a los ingresos por turismo y a las remesas. Además, se espera que el nuevo empuje del Diálogo Económico de Alto Nivel con dicho país ayudará a incrementar los beneficios del T-MEC para detonar la competitividad global del bloque de Norteamérica a través de, entre otras acciones, la reubicación de inversiones hacia México. En este contexto, las estimaciones del marco macroeconómico emplean crecimientos para la economía y producción industrial de EE.UU. de 4.5 y 4.3%, respectivamente. Finalmente, para 2022 se anticipan en general condiciones macroeconómicas y financieras favorables, con una disminución en las presiones inflacionarias a nivel global y estabilidad en los mercados financieros internacionales, debido a la mejoría en las perspectivas económicas mundiales y las medidas monetarias y fiscales extraordinarias de las grandes economías.

Considerando todo lo anterior, así como la revisión realizada a la estimación de la actividad económica para 2021, se proyecta un rango de crecimiento para la economía mexicana en 2022 de 3.6 a 4.6%. Los cálculos de las finanzas públicas consideran una tasa puntual de crecimiento de 4.1%. Las estimaciones también emplean un precio promedio de la MME de 55.1 dpb, en apego a la metodología establecida en el artículo 31 de la LFPRH y su Reglamento. Asimismo, se utiliza una estimación para la plataforma de producción promedio de petróleo de 1,826 mbd (millones de barriles diarios), que toma en cuenta las tendencias observadas, el mayor énfasis en la eficiencia en lugar del volumen por parte de Petróleos Mexicanos y la información enviada por la Secretaría de Energía y la Comisión Nacional de Hidrocarburos, con base en los planes de exploración y de desarrollo de Petróleos Mexicanos y las empresas privadas. Las estimaciones de finanzas públicas utilizan una inflación al cierre de 3.4%, igual a la estimación para el cuarto trimestre presentada por el Banco de México en su segundo informe trimestral. En congruencia con lo anterior, se usan una tasa de interés promedio de 5.0% y un tipo de cambio promedio de 20.3 pesos por dólar.

Principales variables del Marco Macroeconómico		
	Estimado 2021	*Estimado 2022*
*Producto Interno Bruto (crecimiento) */*	*6.3*	*4.1*
Inflación Dic / Dic (%)	*5.7*	*3.4*
Tipo de cambio nominal (pesos por dólar)		
Fin de periodo	*20.2*	*20.4*
Promedio	*20.1*	*20.3*
Tasa de interés (Cetes 28 días, %)		
Nominal fin de periodo	*4.8*	*5.3*
Nominal promedio	*4.3*	*5.0*
Petróleo (canasta mexicana)		
Precio promedio (dólares / barril)	*60.6*	*55.1*
Plataforma de producción crudo total (mbd)	*1,753*	*1,826*
Variables de apoyo:		
Cuenta Corriente (millones de dólares)	*670*	*-6,133*
PIB de EEUU (Crecimiento %)	*6.0*	*4.5*
Producción Industrial de EE.UU.(Crecimiento %)	*5.8*	*4.3*
Inflación de EE.UU. (% promedio)	*3.8*	*2.7*

*/ Corresponde al escenario de crecimiento puntual planteado para las estimaciones de finanzas públicas.

2.8.4.2. Proyecto de Ley de Ingresos de la Federación

El proyecto de la *Ley de Ingresos de la Federación* (LIF) es un proyecto de ley que tiene una vigencia anual. En ella se establece el monto de los ingresos que la Federación tendrá durante el año en el que la mencionada ley estará vigente. Los ingresos federales se calculan con base a lo que se espera recaudar por los siguientes conceptos:

- Impuestos federales
- Ingresos no tributarios como el pago de derechos por los servicios que ofrecen las dependencias federales y por la venta de petróleo
- Contratación de créditos, consistente en la obtención de ingresos mediante empréstitos con cargo a la deuda pública
- Aprovechamientos

Al ser una ley reglamentaria, al proyecto de la LIF se le aplica un proceso legislativo ordinario que implica que, para dotarla de validez jurídica, debe ser aprobada por ambas cámaras de Congreso de la Unión.[22]

2.8.4.3. Iniciativa de Miscelánea Fiscal

En México es costumbre que el Poder Ejecutivo presente cada año, como parte del Paquete Económico, un conjunto variado de reformas a diversas leyes de impuestos, como la ley del IVA, la ley del ISR, IEPS y otras. Con estas iniciativas de reformas se proponen ajustes a las tasas, cuotas y montos de los impuestos, para que sea posible obtener la recaudación esperada en la respectiva Ley de Ingresos.

Dado que las leyes de impuestos son leyes reglamentarias, al paquete de iniciativas de la miscelánea fiscal se le aplica un proceso legislativo ordinario. Para su promulgación, la Miscelánea Fiscal debe ser aprobada por ambas cámaras de Congreso de la Unión.

---

22 En el Capítulo 6 de este libro, dedicado al tema de Ingreso Público, se hace una revisión detallada de la LIF.

2.8.4.4. Proyecto de Presupuesto de Egresos de la Federación

Cada año, el Poder Ejecutivo debe proponer al Legislativo un *Proyecto de Presupuesto de Egresos de la Federación* (PPEF). Este proyecto contiene los gastos que, en los diferentes rubros realizará el gobierno federal a lo largo del siguiente año. Estos gastos se pueden clasificar de la siguiente manera:

- **Gasto corriente**. Integrado por los gastos de nómina y de operación de las dependencias federales
- **Gasto en obras**. Integrado por aquellas erogaciones previstas para financiar las obras públicas, tales como carreteras, obras de infraestructura, etc.
- **Gasto en inversiones**. Integrado por las operaciones financieras que el gobierno federal realizará durante el año

De acuerdo con el artículo 74, fracción IV de la Constitución, el Ejecutivo Federal hará llegar al Cámara de Diputados de la iniciativa de *Ley de Ingresos de la Federación* y el *Proyecto de Presupuesto de Egresos de la Federación* a más tardar el día 8 septiembre de cada año. Como ya se dijo, el proyecto de Ley de Ingresos debe seguir el curso bicameral como cualquier otra ley, es decir, debe ser aprobada por mayoría en la Cámara de Diputados, turnarse al Senado, y ser aprobada en este también por mayoría. En cambio, el Presupuesto es materia exclusiva de la Cámara de Diputados, por lo que para su aprobación no requiere de ser sometido al Senado.

La Cámara de Diputados deberá aprobar el *Presupuesto de Egresos de la Federación* (PEF) a más tardar el día 15 noviembre.[23]

2.4.8.5. Ruta crítica del paquete económico anual

El paquete económico anual tiene la siguiente ruta crítica de aprobación, de acuerdo con la *Ley Federal de Presupuesto y Responsabilidad Hacendaria* (Congreso de la Unión, 2006):

---

[23] En el Capítulo 7 de este libro, en el que se aborda el tema de Gasto Público, se hace una detallada revisión del contenido del PEF.

Cuadro 2.4.

RUTA CRÍTICA DEL PAQUETE ECONÓMICO ANUAL	
FECHA	**ACTIVIDAD**
1 de abril	El Ejecutivo federal envía al Congreso los escenarios económicos para el siguiente año, los principales objetivos y programas prioritarios y sus montos
30 de junio	La SHCP envía la estructura programática e informa sobre los avances físico y financiero de los programas y proyectos
8 de septiembre	Plazo máximo para que el Ejecutivo federal presente los *Criterios Generales de Política Económica*, los proyectos de *Ley de Ingresos de la Federación* (LIF), la Miscelánea Fiscal y el *Proyecto de Presupuesto de Egresos de la Federación* (PPEF)
20 de octubre	Plazo máximo para que la Cámara de Diputados apruebe la LIF y la Miscelánea Fiscal
El 31 de octubre	Plazo máximo para que la Cámara de Senadores tiene como fecha límite para aprobar la LIF
15 de noviembre	Plazo máximo para que la Cámara de Diputados apruebe el PEF del siguiente ejercicio fiscal
Dentro de los 20 días naturales después de aprobados	El Ejecutivo deberá publicar en el *Diario Oficial de la Federación* la LIF y el PEF
Dentro de los 20 días naturales después de publicado el PEF	El Ejecutivo debe entregar a la Cámara de Diputados los Tomos y Anexos del PEF

FUENTE: Elaboración propia con fundamento en lo dispuesto por la Constitución y la LFPRH.

2.4.8.6. Reconducción presupuestal

La **reconducción presupuestal** es una medida transitoria que establece una excepción al principio de anualidad de los ordenamientos que determinan los ingresos y egresos autorizados para el sector público, a través de una prórroga de la vigencia de la Ley de Ingresos de la Federación y del PEF aprobados para el ejercicio fiscal previo. Así, si alguna de estas normas jurídicas o ambas no se aprobasen dentro de los plazos legales establecidos, al inicio del nuevo ejercicio fiscal se aplicarán los que estuvieron vigentes en el ejercicio anterior, de modo que no se detengan la actividad de recaudación tributaria ni el ejercicio del gasto público.

Esta figura jurídica ya existe en diversos países como España (artículo 134 apartado 4o. de su Constitución), Honduras, Uruguay, Panamá, Venezuela, Colombia, pero no está expresamente prevista en la Constitución mexicana, salvo lo que dispone el artículo 126 respecto a los sueldos de los servidores públicos, mismos que seguirán pagándose los autorizados para el año anterior si es que no se aprueban los del ejercicio en curso.

En varias constituciones estatales ya se prevé un mecanismo de reconducción presupuestal. Tal es el caso de Colima (artículo 33 de su Constitución local); Guanajuato (artículos 63, fracciones XIII y XV, y 102 de su Constitución local); Sinaloa (artículo 37 de su Constitución local); Zacatecas (artículo 65, fracción XII de su Constitución local), en tanto que en Chiapas y Jalisco se contempla en la legislación secundaria (artículo 339 del Código de la Hacienda Pública para el Estado de Chiapas y artículo 46 de la Ley de Presupuesto, Contabilidad y Gasto Público del Estado de Jalisco).

En lo que se refiere al ámbito federal, si la LIF del siguiente ejercicio y, más aún, si el PEF no se aprobara por la Cámara de Diputados en los plazos legales indicados, se podría presentar una situación de parálisis de la administración pública que tendría graves consecuencias para la buena marcha del país y de la economía.

Desde hace años se presentaron en las cámaras del Congreso de la Unión diversas iniciativas de reforma constitucional que proponen el establecimiento expreso de la reconducción presupuestal, a través de una modificación al artículo 74 de la Constitución. Sin embargo, dichas iniciativas no han sido dictaminadas por las comisiones respectivas ni sometidas a la aprobación del Pleno.

CAPÍTULO 3. *Administración pública*

La administración es la disciplina científica que tiene por objeto el estudio de las organizaciones en su estructura y en sus funciones de planificación, organización, supervisión, coordinación y evaluación de las actividades, dirección y control de los recursos (humanos, financieros, materiales, tecnológicos, del conocimiento, etc.). Según una clásica definición, "La administración tiene como fin el logro del máximo beneficio posible; sea este social o económico, dependiendo de los fines perseguidos por la organización" (Robbins, S. & Coulter, M., 2009). La administración puede ser empresarial, pública o social.

El concepto de administración contiene los siguientes elementos:

- La existencia de objetivos hacia los cuales está enfocada la administración.
- La administración se da en grupos sociales, entre agrupaciones o colectivos de personas.
- El uso adecuado de recursos para lograr el fin común.
- Las organizaciones requieren de la eficacia, es decir, la consecución de los objetivos establecidos o previstos.
- Las organizaciones necesitan la eficiencia, es decir, el logro de los objetivos con el menor costo y a máxima calidad.
- Las organizaciones requieren productividad, que es la obtención de los máximos resultados con el menor uso de recursos humanos y materiales.

Una vez que se ha abordado el concepto de administración en general, resulta pertinente revisar el concepto de administración pública.

3.1. La administración pública

La administración pública tiene por objeto el estudio de los poderes, dependencias y entidades del Estado en sus funciones de planificación, organización, supervisión, coordinación y evaluación de las actividades, dirección y control de los recursos (humanos, financieros, materiales, tecnológicos, del conocimiento, etc.). La administración pública tiene como fin el logro del máximo beneficio común posible, dependiendo de los fines establecidos en los Planes y programas gubernamentales.

En complemento de la anterior definición, el concepto de administración pública tiene dos acepciones que son la funcional y la estructural las cuales, para algunos autores, se corresponden con el aspecto dinámico y el aspecto estático de la misma, respectivamente.

- **El concepto funcional** de la administración pública se refiere a ésta como el conjunto de actividades o funciones asignadas a las autoridades públicas y a la burocracia estatal en una sociedad, funciones que están normadas por el ordenamiento jurídico y se relacionan con el resguardo del interés general, la gestión de los bienes públicos y los recursos del erario y la dotación a la sociedad de los servicios públicos que necesita para sus actividades económicas, sociales y culturales.

  Esto se corresponde al **aspecto dinámico** del concepto, que consiste en la acción de las autoridades públicas y la burocracia estatal en la toma de decisiones y aplicación de políticas y programas, con el fin de atender el interés general y con fundamento en lo que disponen las leyes.

- **El concepto estructural** de la administración pública se refiere a las estructuras organizativas necesarias para distribuir y coordinar el trabajo administrativo de lo público, así como al personal requerido para conformarlas, incluido el especializado. Desde este punto de vista, comprende al conjunto de organismos, instituciones y entes del sector público, conformado para realizar la tarea de administrar y gestionar las funciones del Estado.

  Esta segunda acepción se corresponde con el **aspecto estático** del concepto, según el cual la administración pública viene a ser la estructura integrada por las instituciones depositarias de la función pública administrativa.

3.2. Principios de la administración pública

La Constitución Política de los Estados Unidos Mexicanos establece los principios a que debe sujetarse la administración pública federal y, en lo que corresponda, la administración que depende de los gobiernos estatales y municipales.

Los principios mencionados se encuentran en el artículo 134, aunque el breve artículo 126 (cuya redacción no se ha modificado desde la promulgación de la Constitución en el año 1917) estatuye un principio administrativo que se debe observar en el manejo de los recursos públicos:

> **Artículo 126.** No podrá hacerse pago alguno que no esté comprendido en el Presupuesto o determinado por la ley posterior.

Con mayor amplitud, el artículo 134 ordena que los recursos económicos de que dispongan la Federación, los gobiernos estatales y municipales se administrarán con eficiencia, eficacia, economía, transparencia y honradez, además de que se destinarán para satisfacer los objetivos que se fijen.

Es crucial el contenido de este artículo para efectos de la administración pública, la planeación del desarrollo, la presupuestación, el Gasto Público y el control del mismo, pues señala la obligación de orientar la utilización de los recursos públicos al cumplimiento de objetivos planeados previamente. Por esto, los servidores públicos deben observar los principios siguientes:

Cuadro 3.1.

PRINCIPIOS CONSTITUCIONALES DE LA ADMINISTRACIÓN PÚBLICA EN MÉXICO	
Eficiencia	*Capacidad para cumplir, con los recursos disponibles, las metas y objetivos establecidos en el lugar, tiempo, calidad y cantidad determinados*
Eficacia	*Capacidad de alcanzar objetivos y metas programadas con el mínimo de recursos y tiempo, logrando con esto la optimización de dichos recursos*
Economía	*Capacidad de realizar ahorros (economías) en el cumplimiento de las tareas sin sacrificar el logro de las metas planteadas.*
Transparencia	*Obligación legal de los servidores públicos de publicitar sus planes, determinaciones y evaluaciones, así como la documentación relativa*
Honradez	*Cualidad y obligación legal* del servidor público que debe obrar y actuar con rectitud, justicia y honestidad en el desempeño de su cargo
Evaluación	*Obligación legal de distintas instancias públicas de realizar evaluaciones periódicas que den cuenta de los resultados obtenidos en su gestión*
Imparcialidad	*Obligación legal de los servidores públicos de aplicar los recursos públicos que tienen a su disposición en virtud de su cargo sin favorecer a partido alguno*

FUENTE: Elaboración propia con base en el artículo 134 de la CPEUM.

Asimismo, el texto constitucional dispone que los resultados del ejercicio de dichos recursos serán evaluados y que los servidores públicos tienen la obligación de aplicar con imparcialidad los recursos públicos que están bajo su responsabilidad, sin influir en la equidad de la competencia entre los partidos políticos.

3.2. Marco jurídico de la administración pública

Para hablar del marco jurídico de la administración pública, se debe hablar en primer lugar del principio de legalidad. Tal principio establece que la autoridad solo puede hacer lo que la ley le permite y que todos sus actos deben estar fundamentados en la ley y debidamente motivados.

Es el principio de legalidad una garantía que la Constitución reconoce en favor de los gobernados, como se puede leer en el artículo 16 de la misma:

> **Artículo 16**. Nadie puede ser molestado en su persona, familia, domicilio, papeles o posesiones, sino en virtud de mandamiento escrito de la autoridad competente, que funde y motive la causa legal del procedimiento.

Lo anterior quiere decir que todo procedimiento, resolución o acto de cualquier autoridad pública debe ser expresión del Derecho y adoptado por el órgano que tiene competencia y atribución legal para hacerlo.

- **Fundamentación**. Todo acto o resolución debe fundamentarse en la ley.

  Si se trata de un acto administrativo, la fundamentación legal implica que la autoridad debe expresar con detalle los preceptos legales en que basa su actuación: la ley (y/o, en su caso, el reglamento), el artículo, la fracción, el inciso respectivo, de manera que el gobernado que sufre una afectación pueda inconformarse por la vía jurídica.

  Si se trata de un acto jurisdiccional (es decir, que sea una resolución o sentencia de un juez), en el análisis que se hace del litigio el juzgador debe invocar con el mismo detalle las normas jurídicas aplicables y su interpretación.

- **Motivación**. La motivación del acto de autoridad es la relación que tienen los hechos concretos del caso con las normas jurídicas señaladas, así como la demostración de que éstas son aplicables al caso particular.

De manera particular, en su fundamentación y motivación del procedimiento, resolución o acto, la autoridad pública debe dejar en claro cuáles son las leyes o reglamentos que le dan atribuciones legales para adoptar en particular las decisiones que adoptó.

Así, para el cobro de un impuesto como el que se aplica a la compra de automóviles nuevos, la autoridad debe fundamentarse en la ley impositiva respectiva, señalando los artículos, fracciones o incisos de la misma que establecen la tasa y los casos en que debe pagarse la contribución, así como aquellos que estipulan que es ella la encargada de cobrar el impuesto (como en el ejemplo es el Sistema de Administración Tributaria).

Además de lo anterior, que servirá de fundamentación de su acto, la autoridad debe motivarlo. Es decir, que debe relacionar la obligación legal que adopta el comprador al adquirir un automóvil nuevo, señalando de manera concreta el vehículo, marca, número de serie, modelo, la fecha de adquisición, así como otros datos que demuestren que se acredita la hipótesis legal.

El *Marco jurídico de las Finanzas Públicas,* que se encuentra en el capítulo 2 de este libro, señala los artículos de la Constitución que regulan a la administración pública en las materias más relevantes, correlacionándolas con las leyes reglamentarias de dichas materias.

3.3. Las funciones de la administración pública

Atendiendo a la división de poderes del Estado, se puede decir que funcionalmente hay tres tipos de administración pública, que son los siguientes:

Cuadro 3.2.

TIPOS DE ADMINISTRACIÓN PÚBLICA POR SU FUNCIÓN		
Poder	**Tipo**	**Función**
Legislativo	Administración pública legislativa	Producción de reformas constitucionales, leyes y decretos del Poder Legislativo
Ejecutivo	Administración pública ejecutiva (gobierno)	Administración presupuestal, operación de programas y acciones de gobierno
Judicial	Administración pública judicial	Administración e impartición de la justicia, resolución de controversias

FUENTE: Elaboración propia con base en la Constitución.

Las tres funciones señaladas en el cuadro anterior están presentes en cada uno de los órdenes de gobierno que, como ya se expuso en el capítulo anterior, son los niveles federal, estatal y municipal.

Se puede decir que las partes legislativa y judicial de la administración pública son estructuras especializadas en las funciones que fueron señaladas en el cuadro anterior, dado que es el Poder Ejecutivo el que concentra las funciones del gobierno propiamente dicho, maneja la mayor cantidad de recursos (pues administra el presupuesto) y se constituye con el más grande número de integrantes de la burocracia. Es debido a ello que muchas veces se entiende por administración pública federal sólo a las funciones ejecutivas del gobierno y a la estructura administrativa que emana de este Poder.

En cierto modo así lo asume el texto constitucional, que en el artículo 90 dice que la administración pública federal, encabezada por el Presidente de la República, se compone de Secretarías de Estado y de otras dependencias.

Desde este punto de vista, que también recogen diversas leyes, particularmente la *Ley Orgánica de la Administración Pública Federal* (LOAPF), la administración pública federal comprende funciones como la gobernanza del país, sus estados y municipios, las relaciones exteriores, la defensa nacional, la seguridad pública, la educación, la salud, así como la atención a la agricultura, al trabajo, el fomento a la economía, la cultura y el turismo, entre otras.

Figura 3-A.

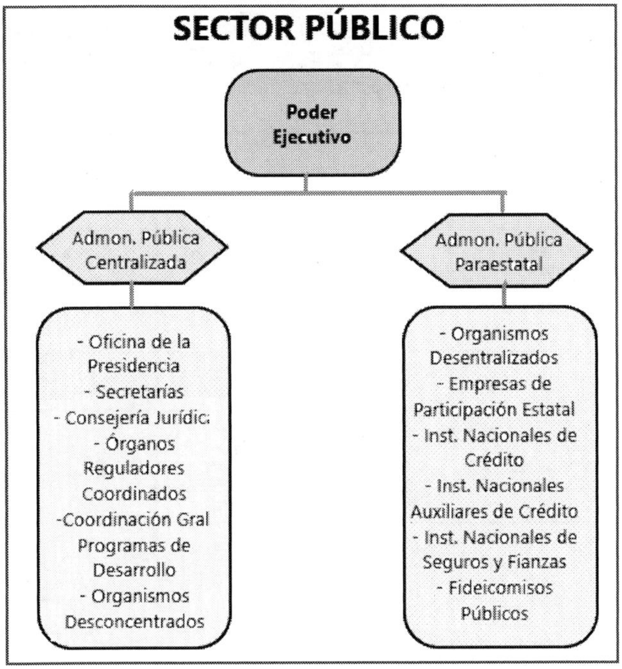

SECTOR PÚBLICO

Poder Ejecutivo

Admon. Pública Centralizada

- Oficina de la Presidencia
- Secretarías
- Consejería Jurídic
- Órganos Reguladores Coordinados
-Coordinación Gral Programas de Desarrollo
- Organismos Desconcentrados

Admon. Pública Paraestatal

- Organismos Desentralizados
- Empresas de Participación Estatal
- Inst. Nacionales de Crédito
- Inst. Nacionales Auxiliares de Crédito
- Inst. Nacionales de Seguros y Fianzas
- Fideicomisos Públicos

3.4. Sector Público. La estructura de la administración pública federal

Tomando en cuenta lo anterior, tenemos que la administración pública federal, en términos del artículo 1 de la LOAPF, se compone de dos conjuntos de dependencias, que son:

- **La administración pública centralizada**, integrada por la Oficina de la Presidencia de la República, las Secretarías de Estado, la Consejería Jurídica del Ejecutivo Federal y los Órganos Reguladores Coordinados. Cabe añadir a la Coordinación General de Programas para el Desarrollo y a los organismos desconcentrados.
- **La administración pública paraestatal**, compuesta por los organismos descentralizados, las empresas de participación estatal, las instituciones nacionales de crédito, las organizaciones auxiliares nacionales de crédito, las instituciones nacionales de seguros y de fianzas y los fideicomisos.

Cuadro 3.3.

ADMINISTRACIÓN PÚBLICA FEDERAL			
	Dependencias o Entidades	*Cantidad de Dependencias o Entidades*	*Fundamento legal*
CENTRALIZADA (dependencias)	*Oficina de la Presidencia*	*Una*	*Artículo 8 de la LOAPF*
	Secretarías de Estado	*19 Secretarías*	*Artículos 90 de la CPEUM y 26 al 42 de la LOAPF*
	Consejería Jurídica	*Una*	*Artículo 43 de la LOAPF*
	Órganos Reguladores Coordinados	*Comisión Nacional de Hidrocarburos* *Comisión Reguladora de Energía*	*Art. 22 de la Ley de los Órganos Reguladores Coordinados en Materia de Energía*
	Coordinación General de Programas para el Desarrollo	*Una*	*Artículo 17-Ter de la LOAPF*
	Organismos desconcentrados	*SAT, IPN, INAH, INBA, Radio Educación, INEHRM, etc.*	*Artículo 17 de la LOAPF y leyes de cada materia*
PARAESTATAL (entidades)[24]	*Organismos descentralizados*	*106 organismos descentralizados* *66 organismos sectorizados* *15 organismos no sectorizados* *13 institutos nacionales de salud* *12 centros públicos de investigación*	*Artículos 45 de la LOAPF y 14 y 15 de la Ley de Entidades Paraestatales*
	Empresas de participación estatal	*Dos empresas productivas del Estado* *43 empresas de participación estatal mayoritaria* *18 centros públicos de investigación* *13 empresas productivas subsidiarias*	*Artículo 46 de la LOAPF y 28 al 39 de la Ley de Entidades Paraestatales*
	Instituciones nacionales de crédito	*6 bancas de desarrollo*	*Leyes de las diferentes materias*
	Organizaciones auxiliares nacionales de crédito	*Cero*	*Leyes de las diferentes materias*
	Instituciones nacionales de seguros y de fianzas	*2 instituciones nacionales de seguros*	*Leyes de las diferentes materias*
	Fideicomisos	*18 fideicomisos públicos* *2 fideicomisos públicos en proceso de desincorporación* *181 fideicomisos públicos sin estructura orgánica*[25]	*Artículos 40 al 45 de la Ley de Entidades Paraestatales*

FUENTES: Elaboración propia con base en la LOAPF, la Ley de los Órganos Reguladores Coordinados en Materia de Energía, la Ley de Entidades Paraestatales y otras.

---

24 El reporte de cantidad de entidades paraestatales del *Cuadro 3.3* se basa en la "Relación de entidades paraestatales de la administración pública federal", publicada en el Diario Oficial de la Federación el 12/08/2022.

25 El número de fideicomisos públicos sin estructura orgánica se redujo de 339 a 181 al cierre del ejercicio 2020. Primero se extinguieron 49 por decreto presidencial del 2 de abril de 2019 y luego fueron extinguidos otros 109 por reformas a diversas leyes que el Congreso de la Unión aprobó en noviembre de 2020.

El conjunto de las dependencias y entidades reciben también la denominación de Sector Público federal.

En el cuadro se puede ver la composición actual de la administración pública federal centralizada y de la paraestatal, las dependencias y entidades de cada una, su cantidad y las disposiciones legales que fundamentan su existencia y funciones.

Las denominaciones y funciones de cada una de las dependencias de la administración pública federal centralizada están desglosadas en la LOAPF. En el caso de las entidades que componen la administración pública paraestatal, sus denominaciones y funciones están normadas por la misma ley, por la Ley de Entidades Paraestatales y la Ley de los Órganos Reguladores Coordinados en Materia de Energía.

3.5. Panorama detallado de la administración pública

Como ya se dijo líneas arriba, la administración pública federal se compone de dos conjuntos de dependencias y entidades, que son la Administración Pública Centralizada y la Administración Pública Paraestatal. Es común que en la literatura especializada y en los documentos oficiales se les denomine Sector Central y Sector Paraestatal, respectivamente.

3.5.1. Sector Central

Como ya se expuso, la administración pública federal centralizada, denominada también Sector Central, se integra con dependencias directas del Presidente de la República.

El artículo 2 de la LOAPF establece que este sector se integra para el ejercicio de las atribuciones y para el despacho de los negocios del orden administrativo encomendados al Poder Ejecutivo de la Unión. Estas dependencias son:

- Oficina de la Presidencia
- Secretarías de Estado
- Consejería Jurídica

- Órganos Reguladores Coordinados
- Coordinación General de Programas para el Desarrollo
- Órganos Desconcentrados

3.5.1.1. Oficina de la Presidencia

La LOAPF establece en su artículo 8 que el titular del Poder Ejecutivo contará con el apoyo directo de la Oficina de la Presidencia de la República para sus tareas y para el seguimiento permanente de las políticas públicas y su evaluación periódica. El objeto de esta dependencia es aportar elementos para la toma de decisiones, sin perjuicio de las atribuciones que ejercen las dependencias y entidades de la administración pública federal en el ámbito de sus respectivas competencias.

El Presidente designa libremente al Jefe de dicha Oficina y dispondrá con las unidades de apoyo técnico y estructura que el Presidente determine, de acuerdo con el presupuesto asignado a dicha Oficina.

Tales unidades pueden estar adscritas de manera directa a la Presidencia o a través de la Oficina referida y desarrollarán, entre otras funciones, las siguientes:

I. Definir las políticas del Gobierno Federal en los temas de informática, tecnologías de la información, comunicación y de gobierno digital, en términos de las disposiciones aplicables

II. Formular y conducir la política de comunicación social del Gobierno Federal con la intervención que corresponda a la Secretaría de Gobernación conforme a la presente ley. Para tal efecto establecerá, mediante disposiciones de carácter general, el modelo organizacional y de operación de las unidades administrativas que realicen actividades en esta materia

III. Difundir y proyectar el derecho a la memoria de la Nación, en coordinación con las dependencias y entidades de la Administración Pública Federal.

3.5.1.2. Secretarías de Estado

Las Secretarías de Estado conforman lo que usualmente se denomina Gabinete Presidencial. Cuando al Gabinete se suman los titulares de las dependencias del Sector Central y de los directores de las entidades paraestatales más importantes, se habla de Gabinete Ampliado.

El fundamento de la existencia de las Secretaría de Estado está en la Constitución, particularmente en el artículo 90 de la misma, que dice:

> **Artículo 90**. La Administración Pública Federal será centralizada y paraestatal conforme a la Ley Orgánica que expida el Congreso, que distribuirá los negocios del orden administrativo de la Federación que estarán a cargo de las Secretarías de Estado y definirá las bases generales de creación de las entidades paraestatales y la intervención del Ejecutivo Federal en su operación.
>
> Las leyes determinarán las relaciones entre las entidades paraestatales y el Ejecutivo Federal, o entre éstas y las Secretarías de Estado.
>
> (...)

Generalmente al inicio de su sexenio, el Presidente de la República reorganiza la estructura de su Gabinete. En la actualidad, las Secretarías de Estado son 19 y están organizadas de conformidad con las funciones de la administración pública, de la siguiente manera (artículo 26 de la LOAPF):

- Secretaría de Gobernación
- Secretaría de Relaciones Exteriores
- Secretaría de Defensa Nacional
- Secretaría de Marina
- Secretaría de Seguridad y Protección Ciudadana
- Secretaría de Hacienda y Crédito Público
- Secretaría de Bienestar
- Secretaría de Medio Ambiente y Recursos Naturales
- Secretaría de Energía
- Secretaría de Economía
- Secretaría de Agricultura y Desarrollo Rural

- Secretaría de Comunicaciones y Transportes
- Secretaría de la Función Pública (contraloría)
- Secretaría de Educación Pública
- Secretaría de Salud
- Secretaría del Trabajo y Previsión Social
- Secretaría de Desarrollo Agrario, Territorial y Urbano
- Secretaría de Cultura
- Secretaría de Turismo

La Constitución establece requisitos mínimos para ocupar la titularidad de las distintas Secretarías de Estado:

> **Artículo 91**. Para ser secretario del Despacho se requiere: ser ciudadano mexicano por nacimiento, estar en ejercicio de sus derechos y tener treinta años cumplidos.

Por su parte, la LOAPF, en sus artículos 10 al 17 establece reglas generales de funcionamiento de las Secretarías de Estado, mismas que se resumen a continuación:

- Al frente de cada Secretaría habrá un Secretario de Estado
- Los titulares de las Secretarías de Estado ejercerán las funciones de su competencia por acuerdo del Presidente de la República.
- Tendrán igual rango y entre ellas no habrá, por lo tanto, preeminencia alguna.
- Sin perjuicio de lo anterior, por acuerdo del Presidente de la República, la Secretaría de Gobernación coordinará las acciones de la Administración Pública Federal para cumplir sus acuerdos y órdenes.
- Cada Secretaría de Estado formulará, respecto de los asuntos de su competencia; los proyectos de leyes, reglamentos, decretos, acuerdos, y órdenes del Presidente de la República.
- Los reglamentos, decretos y acuerdos expedidos por el Presidente de la República deberán, para su validez y observancia constitucionales, ir firmados por el Secretario de Estado respectivo y, cuando

se refieran a asuntos de la competencia de dos o más Secretarías, deberán ser refrendados por todos los titulares de las mismas.

- Para el despacho de los asuntos de su competencia, cada Secretario se auxiliará por los Subsecretarios, Titular de la Unidad de Administración y Finanzas, Jefes de Unidad, Directores, Subdirectores, Jefes de Departamento, y los demás funcionarios, en los términos que establezca el reglamento interior respectivo y otras disposiciones legales.

Las competencias legales específicas de cada Secretaría de Estado están consignadas en los artículos 26 al 42 de la LOAPF.

3.5.1.3. Consejería Jurídica de la Presidencia

La función jurídica de la Presidencia está prevista en el artículo 90 de la Constitución y, de conformidad con el artículo 4 de la LOAPF, estará a cargo de la dependencia denominada Consejería Jurídica del Ejecutivo Federal. Al frente de la Consejería Jurídica habrá un Consejero que dependerá directamente del Presidente de la República y será nombrado y removido libremente por éste.

Para ser Consejero Jurídico se deben cumplir los mismos requisitos que para ser Fiscal General de la República. En el reglamento interior de la Consejería se determinan las atribuciones de las unidades administrativas que integran la misma, así como la forma de cubrir las ausencias y delegar facultades.

3.5.1.4. Órganos Reguladores Coordinados

Los Órganos Reguladores Coordinados que forman parte del Sector Central son los que existen en la materia energética y de hidrocarburos y están regulados por la *Ley de los Órganos Reguladores Coordinados en Materia de Energía* (LORCME). Son los siguientes:

- **Comisión Nacional de Hidrocarburos**. Además de las atribuciones establecidas en la Ley de Hidrocarburos, esta Comisión tiene a su cargo (artículo 38 de la LORCME):

- Regular y supervisar el reconocimiento y la exploración superficial, así como la exploración y la extracción de hidrocarburos, incluyendo su recolección desde los puntos de producción y hasta su integración al sistema de transporte y almacenamiento

- Licitar y suscribir los contratos para la exploración y extracción de hidrocarburos
- Administrar, en materia técnica, las asignaciones y contratos para la exploración y extracción de hidrocarburos

• **Comisión Reguladora de Energía**. Además de las atribuciones que le asignan la Ley de Hidrocarburos y la Ley de la Industria Eléctrica, esta Comisión debe regular y promover el desarrollo eficiente de las siguientes actividades (artículo 40 de la LORCME):

- Las de transporte, almacenamiento, distribución, compresión, licuefacción y regasificación, así como el expendio al público de petróleo, gas natural, gas licuado de petróleo, petrolíferos y petroquímicos
- El transporte por ductos, almacenamiento, distribución y expendio al público de bioenergéticos
- La generación de electricidad, los servicios públicos de transmisión y distribución eléctrica, la transmisión y distribución eléctrica que no forma parte del servicio público y la comercialización de electricidad.

3.5.1.4. Coordinación General de Programas para el Desarrollo

De muy reciente creación (noviembre de 2018), la Coordinación General de Programas para el Desarrollo se concibió como una dependencia directísima de la Presidencia de la República, encargada de coordinar a los Delegados Estatales y a los llamados Servidores de la Nación en sus tareas de levantamiento del "Censo del Bienestar" y la entrega de apoyos a los beneficiarios de los programas sociales del gobierno federal.

El artículo 17-Ter de la LOAPF establece que esta Coordinación intervendrá en la designación de los Delegados Estatales de Programas para el Desarrollo y dirigirá su trabajo.

3.5.1.5. Organismos Desconcentrados

Para la más eficaz atención y eficiente despacho de los asuntos de su competencia, las Secretarías de Estado cuentan con dependencia que les están jerárquicamente subordinadas y tienen facultades específicas para resolver sobre la materia y dentro del ámbito territorial que se determine en cada caso. A estas dependencias se les denomina órganos administrativos desconcentrados.

En algunos casos determinados por las leyes, los titulares de estas dependencias son designados por el Presidente de la República en forma directa o a través de propuestas que somete a las cámaras del Congreso o a los consejos directivos de las mismas. En tales casos, se trata de órganos desconcentrados que son parte de la administración pública centralizada, como es el caso del Sistema de Administración Tributaria (SAT), el Instituto Politécnico Nacional (IPN), el Instituto Nacional de Bellas Artes y otras dependencias.

3.5.2. Sector Paraestatal

El Sector Paraestatal se conforma por las entidades paraestatales que son aquellos organismos o personas morales que cuentan con personalidad jurídica y patrimonio propios y cuyo objetivo es auxiliar al Poder Ejecutivo Federal en el manejo y desarrollo de las áreas que son consideradas por el Estado como estratégicas o prioritarias. [26]

Integran la administración pública federal paraestatal:

- Organismos Descentralizados
- Empresas de Participación Estatal
- Instituciones Nacionales de Crédito
- Organizaciones Nacionales Auxiliares de Crédito
- Instituciones Nacionales de Seguros y Fianzas

[26] La información sobre las entidades del Sector Paraestatal consta en la "Relación de entidades paraestatales de la administración pública federal", publicada en el *Diario Oficial de la Federación* el 12 de agosto de 2022. Es consultable en: https://www.dof.gob.mx/nota_detalle.php?codigo=5661115&fecha=12/08/2022#gsc.tab=0

- Fideicomisos Públicos.

3.5.2.1. Organismos Descentralizados

Al mes de agosto de 2022, existían 106 organismos descentralizados, de los cuales 66 eran sectorizados y 15 no sectorizados; 13 institutos nacionales de salud y 12 centros públicos de investigación.

Los organismos sectorizados se encuentran adscritos a una Secretaría de Estado. Algunos ejemplos de estos son:

- Secretaría de Hacienda y Crédito Público: Casa de Moneda, Instituto de Protección al Ahorro Bancario (IPAB), Comisión Nacional para la Protección y Defensa de los Usuarios de Servicios Financieros (CONDUSEF).
- Secretaría de Bienestar: Instituto Mexicano de la Juventud, Instituto Nacional de las Personas Adultas Mayores, Consejo Nacional de Evaluación de la Política de Desarrollo Social (CONEVAL).
- Secretaría de Economía: Centro Nacional de Metrología, Instituto Mexicano de la Propiedad Industrial (IMPI).
- Secretaría de Comunicaciones y Transportes: Aeropuertos y Servicios Auxiliares (ASA), Agencia Espacial Mexicana, Caminos y Puentes Federales de Ingresos y Servicios Conexos (CAPUFE), Servicio Postal Mexicano (SEPOMEX).
- Secretaría de Educación Pública: Fondo de Cultura Económica (FCE), Instituto Mexicano de la Radio (IMER), Instituto Nacional para la Educación de los Adultos (INEA).

Los organismos descentralizados no sectorizados dependen directamente de la Presidencia de la República, pues no están adscritos a alguna Secretaría. Algunos ejemplos de estos son:

- Consejo Nacional de Ciencia y Tecnología (CONACYT)
- Instituto de Seguridad y Servicios Sociales de los Trabajadores del Estado (ISSSTE)
- Instituto del Fondo Nacional de la Vivienda para los Trabajadores (INFONAVIT)

- Instituto Mexicano del Seguro Social (IMSS)
- Instituto Nacional de las Mujeres (INMUJERES)

3.5.2.2. Empresas de Participación Estatal

Las empresas de participación estatal mayoritaria están definidas por la Ley de la siguiente manera (artículo 46 de la LOAPF):

I. Las sociedades nacionales de crédito constituidas en los términos de su legislación específica

II. Las Sociedades de cualquier otra naturaleza incluyendo las organizaciones auxiliares nacionales de crédito; así como las instituciones nacionales de seguros y fianzas, en que se satisfagan alguno o varios de los siguientes requisitos:

   A. Que el Gobierno Federal o una o más entidades paraestatales, conjunta o separadamente, aporten o sean propietarios de más del 50% del capital social.

   B. Que en la constitución de su capital se hagan figurar títulos representativos de capital social de serie especial que sólo puedan ser suscritas por el Gobierno Federal; o

   C. Que al Gobierno Federal corresponda la facultad de nombrar a la mayoría de los miembros del órgano de gobierno o su equivalente, o bien designar al presidente o director general, o cuando tenga facultades para vetar los acuerdos del propio órgano de gobierno.

La misma Ley equipara con esta definición a las sociedades civiles, así como las asociaciones civiles en las que la mayoría de los asociados sean dependencias o entidades de la Administración Pública Federal o servidores públicos federales que participen en ellas en razón de sus cargos.

En agosto de 2022, se contabilizaban 76 empresas de participación estatal mayoritaria, de las cuales:

- 2 son Empresas Productivas del Estado
- 43 son Empresas de Participación Estatal Mayoritaria
- 18 son Centros Públicos de Investigación

- 13 son Empresas Productivas Subsidiarias

Las Empresas Productivas del Estado son:

- Petróleos Mexicanos (PEMEX)
- Comisión Federal de Electricidad (CFE).

De las 43 Empresas de Participación Estatal, la mayoría están sectorizadas, es decir, están ubicadas como parte de las entidades que dependen de alguna Secretaría de Estado. Como ejemplos podemos mencionar las empresas distribuidoras de leche y abarrotes de bajo costo Diconsa, S.A. de C.V. y Liconsa, S.A. de C.V., ubicadas en la estructura de la Secretaría de Agricultura y Desarrollo Rural; las Administraciones Portuarias Integrales de 14 puertos marítimos, adscritas a la Secretaría de Comunicaciones y Transportes; y la Exportadora de Sal, S.A. de C.V. de la Secretaría de Economía.

Recientemente, se incorporaron a la relación 4 empresas sectorizadas en la Secretaría de Turismo, que son:

- FONATUR Constructora, S.A. de C.V.
- FONATUR Infraestructura, S.A. de C.V.
- FONATUR Solar, S.A. de C.V.
- FONATUR Tren Maya, S.A. de C.V.

Solo una Empresa de Participación Estatal no está sectorizada, es la del Ferrocarril del Istmo de Tehuantepec, S.A. de C.V.

Hay seis Empresas de Participación Estatal que están consideradas bancas de desarrollo, por lo que las relacionaremos en el apartado de Instituciones Nacionales de Crédito.

Otras dos están clasificadas como Instituciones Nacionales de Seguros, por lo que detallaremos cuales son el apartado respectivo.

Finalmente, 18 Empresas de Participación Estatal son Centros Públicos de Investigación, entre ellas:

- Centro de Investigación y Docencia Económicas, A.C.
- El Colegio de la Frontera Norte, A.C.
- El Colegio de Michoacán, A.C.

- El Colegio de San Luis, A.C.

En la publicación de la Relación de Entidades Paraestatales de 2022 se da cuenta de 13 nuevas empresas públicas denominadas Empresas Productivas Subsidiarias, que están relacionadas con la CFE y PEMEX. La relación de éstas es la siguiente:

- CFE Distribución
- CFE Generación I
- CFE Generación II
- CFE Generación III
- CFE Generación IV
- CFE Generación V
- CFE Generación VI
- CFE Suministrador de Servicios Básicos
- CFE Telecomunicaciones e Internet para todos
- CFE Transmisión
- Pemex Exploración y Producción
- Pemex Logística
- Pemex Transformación Industrial

3.5.2.3. Instituciones Nacionales de Crédito

Las Instituciones Nacionales de Crédito que forman parte del Sector Paraestatal son las siguientes:

- Banco del Bienestar, S.N.C.
- Banco Nacional de Comercio Exterior, S.N.C.
- Banco Nacional de Obras y Servicios Públicos, S.N.C.
- Banco Nacional del Ejército, Fuerza Aérea y Armada, S.N.C.
- Nacional Financiera, S.N.C.
- Sociedad Hipotecaria Federal, S.N.C.

3.5.2.4. Organizaciones nacionales auxiliares de crédito

En el corte de ejercicio 2022, no está considerada ninguna Organización Nacional Auxiliar de Crédito en la relación de entidades paraestatales del gobierno federal.

3.5.2.5. Instituciones Nacionales de Seguros y Fianzas

Las Instituciones Nacionales de Seguros y Fianzas que forman parte del Sector Paraestatal de la administración pública federal son Agroasemex, S.A y Seguros de Crédito a la Vivienda SHF, S.A. de C.V.

3.5.2.6. Fideicomisos Públicos

Fideicomisos privados

Antes de entrar en el estudio de los fideicomisos públicos es pertinente referirnos brevemente al fideicomiso privado, figura que no forma parte del sector público pero que es necesario conocer para una mejor comprensión de los fideicomisos públicos. El fideicomiso privado es un contrato entre particulares por virtud del cual una persona física o moral denominada fideicomitente, transmite y destina determinado patrimonio (bienes o derechos) a una institución fiduciaria, encomendándole la realización de fines determinados y lícitos en beneficio de una tercera persona o en su propio beneficio.

Las partes contratantes de un fideicomiso privado son:

- Fideicomitente. Es quien transmite la propiedad fiduciaria de los bienes.
- Fiduciario. Es la persona que recibe los bienes en propiedad fiduciaria y se obliga a realizar con ellos lo establecido en el contrato de fideicomiso. Generalmente es un banco o institución financiera.
- Fideicomisario o Beneficiario. Es la persona que percibe los beneficios estipulados en el fideicomiso.

Las leyes que regulan al fideicomiso privado son: la Ley General de Títulos y Operaciones de Crédito y la Ley General de Instituciones de Crédito.

Fideicomisos públicos

Los fideicomisos públicos son instrumentos jurídicos creados por la administración pública para cumplir con una finalidad lícita y determinada, a efecto de fomentar el desarrollo económico y social a través del manejo de los recursos públicos administrados por una institución fiduciaria.

Las leyes que regulan a los fideicomisos públicos son:

- Ley Orgánica de la Administración Pública Federal
- Ley Federal de Presupuesto y Responsabilidad Hacendaria
- Ley Federal de Entidades Paraestatales

Las funciones que realiza un fideicomiso público consisten en auxiliar al Ejecutivo Federal en las atribuciones del Estado para impulsar las áreas prioritarias del desarrollo.

El fideicomitente de los fideicomisos públicos es la Secretaría de Hacienda y Crédito Público.

Los fideicomisos públicos pueden ser creados por ley del Congreso de la Unión o por decreto del Ejecutivo. En caso de que no tengan estructura orgánica, se requiere de la autorización de la SHCP mediante la celebración de un contrato.

Para aportar recursos a los fideicomisos públicos, las dependencias y entidades deberán:

- Contar con autorización indelegable del titular
- Deberán informar a la SHCP y contar con su autorización
- Establecer las partidas específicas de las cuales saldrán los recursos

Clasificación de los fideicomisos públicos según su fundamento legal:

- Creados por ley del Congreso de la Unión
- Creados por decreto del Ejecutivo federal
- Creados por acuerdo de una Secretaría o dependencia facultada para ello, con la autorización de la SHCP

Clasificación de los fideicomisos públicos por el origen de sus recursos:

- **Federales.** Corresponden a los constituidos o coordinados por las dependencias y entidades de la Administración Pública Federal (APF), o con cargo a cuyos presupuestos se otorgan recursos. Conforme el artículo 9 de la Ley de Presupuesto, Contabilidad y Gasto Público Federal, la SHCP es el fideicomitente único de la Administración Pública Centralizada.
- **Mixtos.** Se refiere a los actos jurídicos constituidos por la Administración Públic Federal en conjunto con las entidades federativas o los particulares, que reciben recursos públicos federales con carácter de subsidios o donativos.

Clasificación de los fideicomisos públicos según su propósito

Otra clasificación de los fideicomisos públicos atiende a los fines para los que fueron creados. En este sentido, pueden tener el siguiente objeto:

- Pensiones.
- Prestaciones laborales.
- Infraestructura pública.
- Subsidios y apoyos.
- Estabilización presupuestaria.
- Apoyos financieros y otros.

3.5.2.6.1. Fideicomisos públicos con estructura orgánica

Los fideicomisos públicos con estructura orgánica son los fideicomisos públicos que cuentan con una estructura orgánica análoga a las otras entidades paraestatales, y que cuentan con un Director General y comités técnicos.

En agosto de 2022 se reportaron 18 fideicomisos públicos con estructura orgánica, de acuerdo con la *Relación de Entidades Paraestatales* publicada en el *Diario Oficial de la Federación.* Son los siguientes, que se presentan por la Secretaría en la que se originaron:

SECRETARÍA DE MARINA

Fideicomiso de Formación y Capacitación para el Personal de la Marina Mercante Nacional

SECRETARÍA DE HACIENDA Y CRÉDITO PÚBLICO

Fondo de Capitalización e Inversión del Sector Rural

SECRETARÍA DE BIENESTAR

Fondo Nacional para el Fomento de las Artesanías

SECRETARÍA DE AGRICULTURA Y DESARROLLO RURAL

Fideicomiso de Riesgo Compartido

SECRETARÍA DE EDUCACIÓN PÚBLICA

Fideicomiso de los Sistemas Normalizado de Competencia Laboral y de Certificación de Competencia Laboral

SECRETARÍA DE DESARROLLO AGRARIO, TERRITORIAL Y URBANO

Fideicomiso Fondo Nacional de Fomento Ejidal

Fideicomiso Fondo Nacional de Habitaciones Populares

SECRETARÍA DE CULTURA

Fideicomiso para la Cineteca Nacional

Fondo Nacional para el Fomento de las Artesanías

SECRETARÍA DE TURISMO

Fondo Nacional de Fomento al Turismo

FIDEICOMISOS PÚBLICOS CONSIDERADOS CENTROS PÚBLICOS DE INVESTIGACIÓN

CONSEJO NACIONAL DE CIENCIA Y TECNOLOGÍA

INFOTEC Centro de Investigación e Innovación en Tecnologías de la Información y Comunicación

Fondo para el Desarrollo de Recursos Humanos

FIDEICOMISOS PÚBLICOS QUE FORMAN PARTE DEL SISTEMA BANCARIO MEXICANO

SECRETARÍA DE HACIENDA Y CRÉDITO PÚBLICO

Fondo de Garantía y Fomento para la Agricultura, Ganadería y Avicultura

Fondo de Garantía y Fomento para las Actividades Pesqueras

Fondo de Operación y Financiamiento Bancario a la Vivienda

Fondo Especial de Asistencia Técnica y Garantía para Créditos Agropecuarios

Fondo Especial para Financiamientos Agropecuarios

SECRETARÍA DE ECONOMÍA

Fideicomiso de Fomento Minero

3.5.2.6.2. Fideicomisos sin estructura orgánica

Los fideicomisos sin estructura orgánica son los fideicomisos públicos que no cuentan con una estructura orgánica análoga a las otras entidades paraestatales y que no cuentan con un director general ni comités técnicos. La administración de estos fideicomisos recae en la estructura orgánica previamente existente en las dependencias o en las Secretarías de Estado que los originaron.

Al 31 de diciembre de 2019, el total de fideicomisos públicos sin estructura orgánica ascendió a 339, con un monto de recursos de 740 mil 572 millones de pesos, de acuerdo con el reporte del Centro de Estudios de Finanzas Públicas de la Cámara de Diputados (CEFP, 2020).

De ellos, 254 eran federales y 85 mixtos (56 estatales y 28 privados).

La clasificación según su propósito de los fideicomisos federales sin estructura orgánica existentes al 31 de diciembre de 2019 era la siguiente:

- Pensiones, 23
- Prestaciones laborales, 33
- Infraestructura pública, 26
- Subsidios y apoyos, 79
- Estabilización presupuestaria, 5
- Apoyos financieros y otros, 88

Como ya se expuso arriba, el número de fideicomisos públicos sin estructura orgánica se redujo de 339 a 181 al cierre del ejercicio 2020. Primero se extinguieron 49, por decreto presidencial del 2 de abril de 2019. Luego, quedaron extintos otros 109 por reformas a diversas leyes que el Congreso de la Unión aprobó en noviembre de 2020, siempre de acuerdo al estudio del CEFP que ya se ha citado.

CAPÍTULO 4. Planeación del desarrollo

En términos generales, la planeación es un proceso anticipatorio de asignación de recursos para el logro de fines determinados. En dicho proceso se hace la reflexión sobre qué hacer para pasar, de un presente conocido, a un futuro deseado.

Refiriéndose a la planeación del desarrollo en México, Tomás Miklos señala que la Constitución establece la facultad del Estado para procurar rumbo, orden y racionalidad al esfuerzo colectivo, dar certidumbre a la sociedad sobre las acciones del gobierno y avanzar hacia el cumplimiento del proyecto nacional (Miklos, 2000).

Otros autores, como José Daniel Souza Olvera y Luis Ignacio Arbesú Verduzco, proponen en su libro *Planificación Gubernamental. Manual para elaborar planes de desarrollo*, la siguiente definición de la planeación gubernamental (Sousa. D. y Arbesú. I., 2015):

> ... reflexión del futuro de una comunidad, a partir del análisis e interpretación de la información de su pasado, para la toma de decisiones públicas de mayor beneficio comunitario en el presente.

Para autores como Luis Aguilar Villanueva, la planeación del desarrollo en México ha sido un intento de superar el llamado "estilo personal de gobernar", característico del presidencialismo fuerte,[27] de manera que el gobierno se guíe conforme a políticas públicas emanadas del Plan Nacional de Desarrollo (PND). Para Aguilar, el PND establece valores como la racionalidad de la gestión pública y la universalidad del consenso, en el sentido de que las metas del desarrollo y sus instrumentos son manifiestas y, sobre todo, colectivamente compartidas (Aguilar Villanueva, L, 1992).

---

27 El **estilo personal de gobernar** es una crítica que se hizo a la forma presidencialista de ejercicio gubernamental en los tiempos en los que había un partido hegemónico casi único. Dicha forma de ejercicio del poder incluyó la arbitrariedad, su carácter unipersonal y la no rendición de cuentas. Para profundizar en el tema, es necesario leer *El estilo personal de gobernar* de Daniel Cosío Villegas (Cosío Villegas, D., 1974).

Podemos concluir con los autores que la planeación del desarrollo es una actividad que ordena las políticas gubernamentales con base en información científica de la realidad y con vistas al largo plazo. Es por ello que debiera limitar o mitigar la discrecionalidad o la arbitrariedad de quienes ocupan los cargos públicos, quienes se deben basar en este ejercicio para fijar los ejes estratégicos de sus planes, sistema de diagnóstico, formulación de objetivos, acciones e indicadores de cumplimiento.

El PND define el contexto de la acción colectiva, encauzando la libre iniciativa de los particulares, al definir políticas macroeconómicas e incentivos selectivos para alcanzar las metas del desarrollo nacional. En lugar de la espontaneidad e improvisación, las políticas públicas deben someterse a la deliberación democrática, la elaboración con base en estudios científicos y a la aprobación de la representación popular.

En el caso de México, una idea similar a la expuesta está en la Constitución y la *Ley de Planeación*, normas que estipulan reglas de elaboración, de contenido obligatorio, aprobación y seguimiento del PND y de los programas que derivan del mismo.

4.1. Enfoques y características de la planeación del desarrollo

Para asimilar un enfoque moderno de lo que es la planeación del desarrollo, conviene tener en cuenta el contenido del artículo 5 de l*a Ley del Sistema de Planeación de la Ciudad de México,*[28] que establece que la misma deberá sustentarse en los siguientes enfoques:

---

[28] PAOT (2019). *Ley del Sistema de Planeación del Desarrollo de la Ciudad de México, publicada en la Gaceta Oficial de la Ciudad de México el 20 de diciembre de 2019. Consultable en:* http://paot.org.mx/centro/leyes/df/pdf/2020/LEY_SIS_PLAN_DESAR_CDMX_20_12_2019.pdf

Cuadro 4.1.

ENFOQUES DE LA PLANEACIÓN DEL DESARROLLO	
Enfoque de derechos	*Conjunto de principios y estándares internacionales en el análisis de los problemas, en la formulación, presupuestación, ejecución, seguimiento y evaluación de políticas, programas y otros instrumentos de cambio social; apunta a la realización progresiva de todos los derechos humanos y considera los resultados en cuanto a su cumplimiento y las formas en que se efectúa el proceso; su propósito es analizar las desigualdades que se encuentran en el centro de los problemas de desarrollo y corregir las prácticas discriminatorias*
Enfoque de desarrollo sustentable	*Conjunto de políticas públicas y acciones identificadas en los instrumentos de planeación que coadyuvarán para lograr el mayor nivel de bienestar social mediante el pleno ejercicio del derecho a un medio ambiente sano dentro de un ecosistema donde se protejan la biodiversidad, la seguridad alimentaria, el agua, la energía y la gobernanza, sin demérito de los recursos naturales, económicos y culturales indispensables para satisfacer las necesidades de la generación actual ni de las generaciones futuras*
Enfoque de resultados	*Conjunto de criterios, objetivos y metas definidas en la planeación, que orientan la acción pública para el cumplimiento de logros basados en niveles esenciales y alcanzados de satisfacción de los derechos, así como los mecanismos de corrección oportuna, capacidad de aprendizaje y sistematización de prácticas y acciones de desarrollo*
Enfoque territorial	*Conjunto de lineamientos que guía el proceso integral de planeación para tener en cuenta el potencial intrínseco del territorio, con el objetivo de maximizar los beneficios sociales, económicos, ambientales y culturales que puedan obtenerse en relación con los elementos inherentes al desarrollo*
Gestión integral de riesgos	*Proceso de planeación, participación, evaluación y toma de decisiones que, basado en el conocimiento de los riesgos y su proceso de construcción, deriva en un modelo de intervención de los órdenes de gobierno y de la sociedad, que implementa políticas, estrategias y acciones, para la previsión, reducción y control permanente del riesgo de desastre*
Participación	*Resultado de la interacción entre el gobierno y la sociedad, a través de procesos, mecanismos y canales adecuados transparentes, accesibles y culturalmente pertinentes para lograr la incidencia efectiva de la ciudadanía en las políticas públicas*
Gobierno abierto (máxima publicidad)	*Acceso inmediato, suficiente y oportuno a la información necesaria para participar en el proceso de planeación, bajo un modelo de gobernanza colaborativa, para conocer el desempeño de los distintos órganos e instancias gubernamentales, con base en datos abiertos y tecnologías de la información a fin de garantizar la transparencia y rendición de cuentas*
Visión integral	*La planeación del desarrollo contará con la integración y cohesión de esfuerzos interinstitucionales para que ayuden a controlar y regular las acciones socioeconómicas y el territorio*
Prospectiva estratégica	*Esfuerzo de hacer probable el futuro más deseable, con una visión sistémica, de anticipación e integración entre los distintos actores y el análisis de variables clave*
Racionalidad	*Los procesos de planeación deberán velar en todo momento por la definición de propósitos y objetivos claros, metas precisas, recursos institucionales suficientes y pertinentes. Deberán identificarse explícitamente los problemas públicos a resolver, definir las relaciones causales e interacciones de los problemas identificados y sustentar los cursos de acción e intervenciones públicas en una teoría del cambio*
Consistencia	*La planeación deberá garantizar la coherencia entre fines y medios, entre objetivos y metas, entre éstos y los recursos y las estrategias de implementación. Asimismo, la jerarquía, complementariedad e interdependencia entre los distintos niveles e instrumentos de la planeación*
Evaluabilidad	*Los instrumentos de planeación considerarán los indicadores que permitan evaluar los resultados obtenidos de acuerdo con los objetivos, metas y alcances establecidos*
Flexibilidad	*La planeación contará con los mecanismos necesarios para llevar a cabo las adecuaciones requeridas de acuerdo con los cambios en el entorno y con los resultados obtenidos de las evaluaciones del proceso*

Integralidad	*La planeación y sus instrumentos se articulará en una perspectiva común, transversal, intersectorial y coherente para dirigir la acción pública hacia el logro de los resultados esperados*
Jerarquía	*La planeación y su funcionamiento como sistema implican la existencia de relaciones de subordinación, complementariedad e interdependencia entre los distintos instrumentos y actores, dentro de un orden lógico de supra-infra dependencia a partir de un Plan General*
Procedimiento iterativo y multiescalas	*La planeación será construida desde distintas escalas, de lo general a lo particular y viceversa, siempre a través de un proceso de renovación y participación que permita su mejora y la optimización de sus resultados*
Retro-alimentación	*La planeación contará con procedimientos explícitos, oportunos y expeditos para la incorporación sistemática de los resultados del monitoreo y la evaluación*
Temporalidad	*Los instrumentos de planeación se formularán con una vigencia determinada en el corto, mediano y largo plazo, de acuerdo con el cumplimiento de objetivos y metas determinadas en periodos específicos*

FUENTE: Elaboración propia con base en la *Ley del Sistema de Planeación del Desarrollo de la Ciudad de México.*

4.2. Antecedentes de la planeación en México

Los primeros antecedentes de la planeación en México se dieron con la celebración del I Congreso Nacional de Planeación, realizado en 1930, y con la expedición de la *Ley sobre Planeación General de la República* promulgada el mismo año. La motivación de esta ley es que la intervención del Estado es necesaria para estimular la actividad económica, darle dirección y reducir sus fluctuaciones cíclicas. Así, la Exposición de Motivos de dicha norma estableció que:

> La planeación de los Estados Unidos Mexicanos tiene por objeto coordinar y encauzar las actividades de las distintas dependencias del Gobierno para conseguir el desarrollo material y constructivo del país, a fin de realizarlo de una manera ordenada y armónica, de acuerdo con su topografía, su clima, su población, su historia y tradición, su vida funcional, social y económica, la defensa nacional, la salubridad pública y las necesidades presentes y futuras. [29]

Esa ley ordena la elaboración del Plan Nacional de México, para lo cual se convoca a los distintos sectores sociales interesados en la materia.

---

[29] Citado por Carlos Tello en su libro *Estado y desarrollo económico. 1920-2006* (Tello, 2007).

Sin embargo, no fue sino hasta mediados de 1933 cuando se nombró a una Comisión de Programa con el propósito de elaborar un programa de gobierno que sería sometido a la aprobación de la Segunda Convención del Partido Nacional Revolucionario (PNR), la organización que antecedió de lo que después sería el Partido de la Revolución Mexicana. Dicho programa se convirtió en la plataforma electoral de la campaña del general Lázaro Cárdenas, quien sería el candidato presidencial del mencionado partido y quien obtendría el triunfo en las elecciones de 1934. Una vez en la Presidencia de la República, este programa se convirtió en el Plan Sexenal 1934-1940.

El plan contenía un conjunto de postulados generales de política económica y social que representaban el pensamiento del ala progresista del PNR. Su estructura respondía a la organización administrativa del gobierno. De hecho, sus diferentes capítulos se corresponden con las secretarías y departamentos gubernamentales de aquellos tiempos.

El Plan Sexenal fue propiamente la primera pieza de planeación del desarrollo que hubo en México. Este documento parte de la necesidad de traducir el contenido social de la Constitución de 1917 en la política pública. Postula la intervención del Estado en el desarrollo, la gestión y la regulación de las actividades económicas y sociales del país, garantizando —al mismo tiempo— el respeto a la propiedad privada y las garantías individuales. Esta participación del Estado se expresaba, según el Plan, en cuatro campos fundamentales: el agrario, el industrial, el sindical y el educativo.

En lo que respecta a la cuestión agraria, se planteó la reforma de la Ley de Dotaciones de Tierras y Aguas con el objeto de consumar una genuina reforma agraria, que sustituyera la paralización del reparto de tierras en los estados.

En lo que respecta al campo de lo industrial, planteó -además de la mencionada intervención, regulación y gestión de las actividades económicas- la creación de diferentes empresas nacionales y la protección de éstas sobre el comercio exterior y las compañías extranjeras, todo ello en favor del interés nacional.

En el campo sindical, sugirió que el gobierno debería contribuir a la organización y fortalecimiento de las organizaciones sindicales y al cumplimiento de los contratos colectivos; sin que ello implicara que se desconociera su autonomía e independencia.

Finalmente, con relación a la cuestión educativa, buscaba continuar con la ampliación de la cobertura educativa mediante la impartición de la educación socialista, entendida ésta como la reivindicación social, económica y cultural del pueblo.

Luego del gobierno de Cárdenas, los esfuerzos de planeación se diluyeron en favor de lo que se ha llamado "el estilo personal de gobernar", salvo en el periodo de gobierno de Adolfo López Mateos (1958-1964), en el cual se confeccionó el Plan Económico Nacional, documento en el que se expuso el sentido general y el espíritu de las políticas públicas que se aplicaron a lo largo de dicha administración.

La planeación del desarrollo no se estableció como función obligatoria del Estado sino hasta 1983, con la reforma que la incluyó en el texto constitucional y con la expedición de la *Ley de Planeación.*

4.3. El marco constitucional de la planeación

El artículo 26 de la Constitución mexicana establece que el Estado organizará un sistema de planeación democrática del desarrollo nacional que imprima solidez, dinamismo, competitividad, permanencia y equidad al crecimiento de la economía para la independencia y la democratización política, social y cultural de la nación.

También es expreso el texto constitucional en el sentido de que los fines del proyecto nacional contenidos en la Constitución determinarán los objetivos de la planeación, que ésta será democrática y deliberativa y que habrá un Plan Nacional de Desarrollo al que se sujetarán obligatoriamente todos los programas de la Administración Pública Federal.

Las reformas constitucionales de 1983 a los artículos 25, 26 y 73, fracción XXIX-D, dieron a la planeación, por primera vez, un rango constitucional. Los mencionados artículos establecen que corresponde al Estado la rectoría del desarrollo nacional conforme a los principios y objetivos de la Constitución, para lo cual se organizará un sistema nacional de planeación democrática a cargo del Poder Ejecutivo.

El texto constitucional que fue vigente a partir de ese año no concibió al PND como un programa de gobierno con carácter de oferta política, ni como propaganda en busca de adhesiones. Como lo dice la Constitución, el Plan debe tener un contenido social y objetivos concretos pero no solo los que sean mejores a juicio de los gobernantes en turno, sino que debe obedecer a un mandato, que se explicitó entonces en el texto constitucional, y que aquí se reitera por su importancia:

> "Los fines del proyecto nacional contenidos en esta Constitución, determinarán los objetivos de la planeación."

Se atribuyó a la Cámara de Diputados, la facultad de expedir leyes reglamentarias sobre planeación democrática del desarrollo económico y social, lo que se concretó en la *Ley de Planeación (LP)*, expedida también durante ese año.

La reforma del año 2014 al artículo 74 constitucional incorporó la aprobación del PND como una de las atribuciones exclusivas de la Cámara de Diputados, facultad que deberá ejecutarse a partir del proyecto que le remita el titular del Poder Ejecutivo.

4.4. Los principios de la planeación del desarrollo en México

El artículo 2 la LP establece los principios a que debe sujetarse la planeación del desarrollo en los términos siguientes (Congreso de la Unión, 1983):

> **Artículo 2o**.- La planeación deberá llevarse a cabo como un medio para el eficaz desempeño de la responsabilidad del Estado sobre el desarrollo equitativo, incluyente, integral, sustentable y sostenible del país, con perspectiva de interculturalidad y de género, y deberá tender a la consecución de los fines y objetivos políticos, sociales, culturales, ambientales y económicos contenidos en la Constitución Política de los Estados Unidos Mexicanos. Para ello, estará basada en los siguientes principios:

I. El fortalecimiento de la soberanía, la independencia y autodeterminación nacionales, en lo político, lo económico y lo cultural;

II. La preservación y el perfeccionamiento del régimen representativo, democrático, laico y federal que la Constitución establece; y la consolidación de la democracia como sistema de vida, fundado en el constante mejoramiento económico, social y cultural del pueblo en un medio ambiente sano;

III. La igualdad de derechos entre las personas, la no discriminación, la atención de las necesidades básicas de la población y la mejoría, en todos los aspectos de la calidad de la vida, para lograr una sociedad más igualitaria, garantizando un ambiente adecuado para el desarrollo de la población;

IV. Las obligaciones del Estado de promover, respetar, proteger y garantizar los derechos humanos reconocidos en la Constitución y en los tratados internacionales de los que el Estado Mexicano sea parte;

V. El fortalecimiento del pacto federal y del Municipio libre, para lograr un desarrollo equilibrado del país, promoviendo la descentralización de la vida nacional;

VI. El equilibrio de los factores de la producción, que proteja y promueva el empleo; en un marco de estabilidad económica y social;

VII. La perspectiva de género, para garantizar la igualdad de oportunidades entre mujeres y hombres, y promover el adelanto de las mujeres mediante el acceso equitativo a los bienes, recursos y beneficios del desarrollo, y

VIII. La factibilidad cultural de las políticas públicas nacionales.

De la lectura de las ocho fracciones del artículo 2 de la LP, se desprenden doce principios que debe observar la planeación del desarrollo, como se puede ver en el siguiente cuadro:

Cuadro 4.2.

PRINCIPIOS DE LA PLANEACIÓN DEL DESARROLLO		
Número	*Principio*	*Definición*
1	*Soberanía nacional*	*Independencia y autodeterminación del país en lo político, lo económico y lo cultural*
2	*Régimen democrático*	*Autoridades y representantes electos mediante voto popular, emanados de elecciones periódicas*
3	*Estado laico*	*Garantía de la libertad de pensamiento y de creencias, neutralidad del Estado respecto a la religión*
4	*No discriminación*	*No discriminación de las personas en razón de sexo, preferencia, raza, religión, edad, condición económica o discapacidad*
5	*Sociedad igualitaria*	*Igualdad de oportunidades para todas las personas, igualdad frente a la ley*
6	*Derechos humanos*	*Promoción, protección y garantía de respeto a los derechos humanos*
7	*Pacto federal*	*Respeto a la soberanía de cada entidad federativa integrante de los Estados Unidos Mexicanos*
8	*Municipio libre*	*Fortalecimiento del primer orden de gobierno y respeto a su autonomía*
9	*Equilibrio de los factores de producción*	*Garantía de los derechos de propiedad privada y social y tutela de los derechos de los trabajadores*
10	*Más empleo*	*Promoción y facilidades para la inversión privada y social y la creación de fuentes de trabajo*
11	*Perspectiva de género*	*Igualdad de oportunidades entre mujeres y hombres, en el acceso equitativo a los bienes, recursos y beneficios del desarrollo*
12	*Perspectiva intercultural*	*Reconocimiento de los idiomas, costumbres y derechos de los pueblos originarios*

FUENTE: Elaboración propia tomando como base el artículo 2 de la Ley de Planeación.

4.5. La Ley de Planeación

Promulgada en 1983 y reformada en 2018, la *Ley de Planeación* (LP) dispone las normas y principios básicos que guían la planeación nacional del desarrollo y establece las bases de un Sistema Nacional de Planeación Democrática. De conformidad con el artículo 2 de esta Ley, la planeación es el medio para el eficaz desempeño de la responsabilidad del Estado sobre el desarrollo equitativo, incluyente, integral, sustentable y sostenible del país, con perspectiva de interculturalidad y de género. La planeación debe tender a la consecución de los fines y objetivos políticos, sociales, culturales, ambientales y económicos contenidos en la Constitución.

El artículo 4 establece que es responsabilidad del Ejecutivo Federal conducir la planeación nacional del desarrollo con la participación democrática de la sociedad.

Asimismo, el artículo 12 de la Ley establece que los aspectos de la Planeación Nacional del Desarrollo que correspondan a las Dependencias y Entidades de la Administración Pública Federal se llevarán a cabo mediante el Sistema Nacional de Planeación Democrática.

4.6. Otras leyes que inciden en la planeación

Otras leyes, además de la LP, tienen incidencia en la planeación del desarrollo en México, entre ellas las siguientes:

- La *Ley para Impulsar el Incremento Sostenido de la Productividad y la Competitividad de la Economía Nacional*, que en su artículo 5 dice que corresponde al Estado la rectoría del desarrollo nacional y que la política nacional de fomento económico contará con un Programa Especial para la Productividad y la Competitividad, el cual se elaborará en términos de lo en la Ley de Planeación y el Plan Nacional de Desarrollo.
- La *Ley Federal de Presupuesto y Responsabilidad Hacendaria* (LFPRH), ley que establece los criterios para la elaboración y aprobación de la Ley de Ingresos y el Presupuesto de Egresos. Esta Ley dispone, en su artículo 16, que estas normas deben elaborarse con base en objetivos y parámetros cuantificables de política económica y tomando en consideración los indicadores de desempeño correspondientes.

Además, deberán ser congruentes con el PND y los programas que se derivan del mismo (Congreso de la Unión, 2006).

4.7. El Plan Nacional de Desarrollo

La planeación nacional del desarrollo es la ordenación racional y sistemática de acciones del Ejecutivo Federal, en ejercicio de sus atribuciones de regulación y promoción de la actividad económica, social, política y cultural (artículo 3 de la LP). Esta tarea se concreta con la elaboración, aprobación y publicación del Plan Nacional de Desarrollo (PND), que es la pieza central del Sistema Nacional de Planeación Democrática.

De acuerdo con el artículo 21 de la LP, el PND precisará los objetivos nacionales, la estrategia y las prioridades del desarrollo integral, equitativo, incluyente, sustentable y sostenible del país. Este dispositivo legal establece, asimismo, que el Plan contendrá previsiones sobre los recursos que serán asignados a tales fines; determinará los instrumentos y responsables de su ejecución, establecerá los lineamientos de política de carácter global, sectorial y regional; sus previsiones se referirán al conjunto de la actividad económica, social, ambiental y cultural, y regirá el contenido de los programas que se generen en el sistema nacional de planeación democrática.

Se dispone así, desde el texto legal, la jerarquía superior del PND con relación al resto de los programas que se generen derivados del mismo y los que elaboren los distintos órdenes de gobierno en función de su competencia.

4.7.1. Elaboración del PND

En cuanto a la elaboración del PND, la LP establece lo siguiente:

- Es responsabilidad del Ejecutivo Federal la elaboración del PND (artículo 4) y de la Secretaría de Hacienda y Crédito Público de elaborar el proyecto para someterlo a consideración del Presidente de la República (artículo 14, fracción II).
- Respecto de la consulta ciudadana, sin mayores precisiones, se establece en la ley la participación y consulta de los diversos grupos sociales para la elaboración, actualización y ejecución del Plan (artículo 20).

- El PND deberá publicarse dentro de un plazo de seis meses contados a partir de la fecha de toma de posesión del Presidente de la República. Su vigencia no excederá el sexenio, aunque podrá contener consideraciones y proyecciones de más largo plazo (artículo 21).

4.7.2. Aprobación del PND

La aprobación del PND corresponde a la Cámara de Diputados (artículo 5 de la LP), para lo cual el Presidente de la República deberá entregar el proyecto a más tardar el último día hábil de febrero del año siguiente a su toma de posesión. La Cámara de Diputados deberá aprobar el PND dentro del plazo de dos meses contado a partir de la recepción del proyecto.

Si la Cámara de Diputados no se pronuncia respecto del PND, se entenderá que el proyecto queda aprobado (artículo 21).

4.7.3. Funciones del PND

La *Ley de Planeación* aborda en diversos artículos las funciones que tiene el PND en relación con las tareas de la administración pública. Entre otras, se pueden mencionar:

- La obligación para el Ejecutivo de dar cuenta a la Cámara de Diputados de la evaluación del PND en sus informes anuales y en los de la Cuenta Pública (artículo 6).
- El PND tiene carácter obligatorio para las Secretarías y todas las dependencias de la Administración Pública Centralizada, las que deberán planear y conducir sus actividades con sujeción al mismo (artículo 9).
- El PND indicará los programas sectoriales, institucionales, regionales y especiales que deberán ser elaborados, la sujeción de éstos al mismo y la obligación de las dependencias que los emitan para que su contenido se adecue a una estructura similar (artículos 22 a 31).
- El Presidente de la República podrá firmar convenios con los gobiernos estatales para la elaboración y evaluación del PND (artículos 33, 34 y 35).

Estas funciones del PND se pueden desglosar como se muestra en el siguiente cuadro:

Cuadro 4.3.

FUNCIONES DEL PND	
Función de planeación	*Los programas de trabajo de las Secretarías y las dependencias de la administración pública federal deberán adecuarse y alinearse al PND*
Función de control	*El Ejecutivo, las Secretarías y dependencias deben informar a la representación popular la evaluación del PND en sus informes anuales y en sus informes de Cuenta Pública*
Función de presupuestación	*Los programas de trabajo de las Secretarías y las dependencias de la administración pública federal deberán presupuestarse en función de los ejes estratégicos, objetivos específicos, estrategias, indicadores de desempeño y las metas del PND*
Función federalista	*El PND trasciende a la administración pública federal y aplica a los gobiernos estatales y municipales, cuya planeación deberá alinearse al mismo, y con los cuales el Ejecutivo puede establecer convenios para ese efecto*

FUENTE: Elaboración propia con base en diversos artículos de la *Ley de Planeación*.

4.7.4. Contenido del PND

En su contenido, el PND debe apegarse a los fines del desarrollo nacional que se expresan en la Constitución y en los principios que establece la LP que fueron referidos en el apartado 4.3 de este libro.

La propia Ley dispone que el PND deberá contener, además de lo anterior, por lo menos, los siguientes aspectos: un diagnóstico general, los ejes generales del impulso del desarrollo nacional, los objetivos específicos, las estrategias para ejecutar las acciones y los indicadores de desempeño y sus metas, que permitan dar seguimiento al logro de los objetivos definidos (artículo 21 Ter).

Para acercarnos a la importancia de lo que en esa parte manda la Ley, se puede observar el cuadro siguiente:

Cuadro 4.4.

CONTENIDO DEL PND	
Diagnóstico general	*Análisis de la situación actual de los temas prioritarios que permitan impulsar el desarrollo nacional, así como la perspectiva de largo plazo respecto de dichos temas*
Ejes generales	*Agrupación de los temas prioritarios referidos, con cuya atención se impulse el desarrollo nacional*
Objetivos específicos	*Objetivos que hagan referencia clara al impacto positivo que se pretende alcanzar para atender los temas prioritarios identificados en el diagnóstico*

Estrategias	*Expresión del sentido general de la actividad de la administración pública para ejecutar las acciones que permitan lograr los objetivos específicos señalados en el Plan*
Indicadores de desempeño	*Expresión cualitativa y/o cuantitativa de las acciones que se emprenderán para alcanzar los objetivos del Plan*
Metas	*Expresión cualitativa y/o cuantitativa que representa el punto que se pretende alcanzar respecto de los temas prioritarios del Plan. Las metas pueden ser semestrales, anuales o referidas al final del periodo de gobierno*

FUENTE: Elaboración propia con base en el artículo 21-Ter de la Ley de Planeación.

Con la reglamentación de estas disposiciones sobre el contenido del PND, se pretendió convertirlo en un ejercicio de planeación traducible en acciones estratégicas de la administración pública, de manera que éstas respondan a una idea de transformación de la realidad y que sus resultados sean medibles en forma cuantitativa y cualitativa.

El guion temático que se expresa en el cuadro anterior implica una metodología que debiera observarse al formularse el PND. Es por ello que, en el capítulo siguiente de este libro, se aborda punto por punto la metodología de la planeación. Pero, antes de ello, se debe concluir el tema de la planeación del desarrollo abordando los temas de programas sectoriales, especiales y regionales que derivan del PND, los planes de desarrollo de los estados de la República y los de los municipios, así como un breve recorrido por los distintos PND, desde el de 1982 hasta el actual.

4.8. Los programas derivados del PND

Dispone el artículo 22 de la LP que el PND indicará los programas sectoriales, institucionales, regionales y especiales que deberán ser elaborados, sin perjuicio o limitación de aquellos cuya elaboración se encuentre prevista en otras leyes o que determine el Presidente de la República. También establece la norma que los programas mencionados observarán congruencia con el PND y que tendrán una duración que no excederá del período constitucional de la gestión gubernamental en que se aprueben, aunque sus previsiones y proyecciones puedan referirse a un plazo mayor.

Figura 4-A.

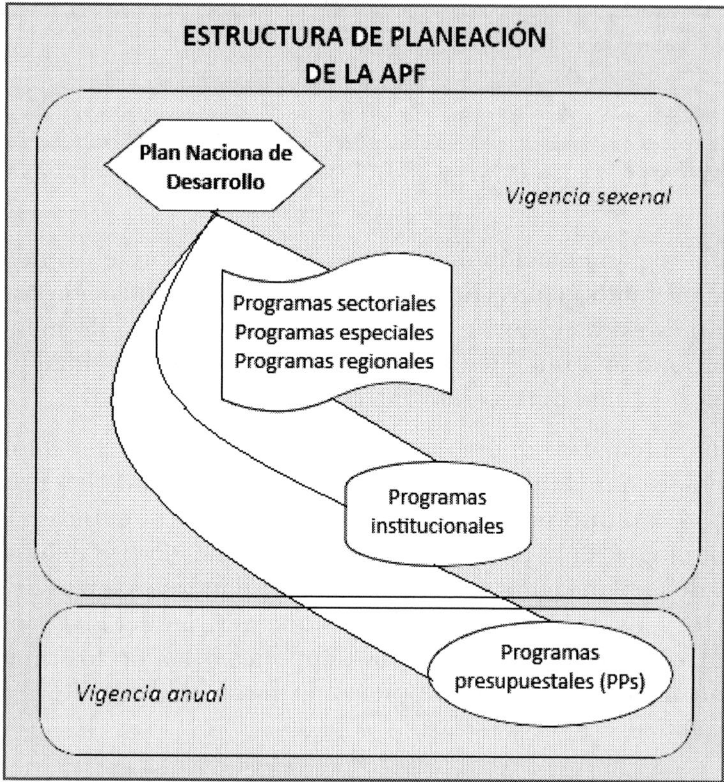

Los artículos 26 Bis y 27 de la LP establecen que los programas derivados del PND deberán contener al menos, los siguientes elementos:

- Un diagnóstico general sobre la problemática a atender por el programa, así como la perspectiva de largo plazo en congruencia con el PND
- Los objetivos específicos del programa alineados a las estrategias del PND
- Las estrategias para ejecutar las acciones que permitan lograr los objetivos específicos del programa
- Las líneas de acción que apoyen la implementación de las estrategias planteadas en cada programa indicando la dependencia o entidad responsable de su ejecución

- Los indicadores estratégicos que permitan dar seguimiento al logro de los objetivos del programa
- Los demás que se establezcan en las disposiciones jurídicas aplicables.

Asimismo, se dispone que, para la ejecución del PND y los programas sectoriales, institucionales, regionales y especiales, las dependencias y entidades elaborarán sus anteproyectos de presupuestos, considerando los aspectos administrativos y de política económica, social, ambiental y cultural correspondientes.

4.8.1. Programas sectoriales

Los programas sectoriales son aquellos que abarcan a un sector completo de la administración pública. Por ejemplo, puede haber un programa sectorial de energía, un programa sectorial de educación, uno de salud, otro de seguridad pública, etcétera.

Estos programas, dice el artículo 23 de la LP, se sujetarán a las previsiones contenidas en el PND y especificarán los objetivos, prioridades y políticas que regirán el desempeño de las actividades del sector administrativo de que se trate. Deberán contener. asimismo, estimaciones de recursos y determinaciones sobre instrumentos y responsables de su ejecución.

Los programas sectoriales sirven para la coordinación de todas las dependencias que integran el respectivo sector, lo que posibilita una mayor eficiencia de la administración, la conjunción de esfuerzos interinstitucionales y un mejor uso de los recursos públicos.

Asimismo, son el marco para que las distintas dependencias elaboren su propio programa institucional.

4.8.2. Programas institucionales

Los programas institucionales son los programas de cada dependencia de la administración pública.

Por ejemplo, en el sector salud existen diversos órganos administrativos desconcentrados y entidades, como el Instituto Mexicano del Seguro Social (IMSS), el Instituto de Seguridad y Servicios Sociales de los Trabajadores del Estado (ISSSTE), el Instituto de Salud para el Bienestar (INSABI), el Sistema nacional Para el Desarrollo Integral de la Familia (DIF), los Institutos Nacionales de Salud y otras dependencias, cada una de las cuales deben formular su propio programa institucional alineado al PND y al Programa Sectorial de Salud.

4.8.3. Programas regionales

La LP también dispone que se pueden formular programas regionales referidos a las regiones que se consideren prioritarias o estratégicas, en función de los objetivos nacionales fijados en el PND. El ámbito regional está referido a una extensión territorial que rebase el ámbito jurisdiccional de una entidad federativa. El Ejecutivo Federal señalará cuáles dependencias de la administración pública federal será responsable de coordinar la elaboración y ejecución de cada uno de estos programas, previendo la participación de los respectivos gobiernos estatales y municipales que comprendan el ámbito de la región definida.

4.8.4. Programas especiales

Los programas especiales se refieren a las prioridades del desarrollo integral del país que fueron determinados en el PND o a las actividades relacionadas con dos o más dependencias coordinadoras de sector. En este caso, el Presidente de la República señalará la dependencia responsable de coordinar la elaboración y ejecución de este tipo de programas.

4.9. Los planes estatales y municipales de desarrollo

Corresponde a cada gobierno estatal y municipal la elaboración del respectivo Plan Estatal o Municipal de Desarrollo, según sea el caso.

La normatividad relativa a la planeación del desarrollo en estos ámbitos se encuentra desarrollada en las diferentes constituciones de los estados y en las leyes estatales de planeación, pero tales planes deberán estar igualmente alineados con el PND.

4.10. Los PND de 1982 a 2018

La revisión de los PND elaborados por los distintos presidentes permite una evaluación de la forma en que cumplen los parámetros constitucionales y legales en materia de planeación. Los rubros que fueron considerados para este análisis son Visión de País, Ejes generales y Objetivos, Se revisaron los siguientes planes:

- Miguel de la Madrid Hurtado, PND 1983-2988
- Carlos Salinas de Gortari, PND 1989-1994
- Ernesto Zedillo Ponce de León, PND 1995-2000
- Vicente Fox Quezada, PND 2001-2006
- Felipe Calderón Hinojosa, PND 2007-2012
- Enrique Peña Nieto, PND 2013-2018

Los cuadros temáticos referidos se basaron en el reporte del Centro de Estudios de las Finanzas Públicas de la Cámara de Diputados (CEFP, Plan Nacional de Desarrollo 2007-2012. Escenarios, Programas e Indicadores. México, 2007) y en el PND 2013-2018 (Presidencia de la República, 2013).

Esta revisión nos permite evaluar el apego de cada uno de los planes a los principios contenidos en el artículo 2 de la *Ley de Planeación*. Así, tenemos lo siguiente:

Cuadro 4.5.

PRINCIPIOS DE LA PLANEACIÓN EN LOS PND 1983-2013							
Art. 2 de la LP	Principio	1983 MMH	1989 CSG	1995 EZPL	2001 VFQ	2007 FCH	2013 EPN
Fracción I	Soberanía nacional						
Fracción II	Régimen democrático	✓	✓	✓	✓	✓	✓
	Estado laico	✓	✓	✓		✓	
Fracción III	No discriminación					✓	✓
	Sociedad igualitaria		✓	✓	✓	✓	✓
Fracción IV	Derechos humanos						✓

Fracción V	*Pacto federal*						
	Municipio libre						
Fracción VI	*Equilibrio factores de producción*						
	Más empleo		✔		✔	✔	
Fracción VII	*Perspectiva de género*						✔
Fracción VIII	*Perspectiva intercultural*						

FUENTE: Elaboración propia con base en *Plan Nacional de Desarrollo 2007-2012. Escenarios, programas e indicadores* (CEFP, Plan Nacional de Desarrollo 2007-2012. Escenarios, Programas e Indicadores. México. ., 2007) y los *PND* de 1983 a 2013.

Al observar de conjunto los PND, se aprecian graves carencias de formulación y un desapego reiterado a los principios de la planeación del desarrollo nacional que ordenan tanto la Constitución, como la *Ley de Planeación*. Hay cinco principios de la planeación que han quedado reiteradamente en el olvido en los PND de los sexenios mencionados:[30]

- *La perspectiva intercultural*, referente al carácter multiétnico de la sociedad mexicana
- *El Estado laico*, que es la piedra angular de la libertad de pensamiento
- *El pacto federal*, imprescindible de tomar en cuenta al planear el desarrollo nacional y el desarrollo regional
- *El municipio libre*, tan ineludible como el anterior
- *El equilibrio de los factores de la producción*, noción requerida para cualquier planteamiento del desarrollo económico y social

Dos principios más, que solo fueron retomados en uno de los PND, son:

- *La perspectiva de género*, respecto de la cual Peña Nieto, en su Visión de País, hizo referencia a la igualdad sustantiva entre mujeres y hombres

---

[30] En esta parte nos referimos solo a los principios expresamente mencionados en los apartados 1) Visión de País, 2) Ejes generales y 3) Objetivos, de cada uno de los PND analizados.

- *Los derechos humanos,* cuya promoción y defensa es una labor esencial del Estado

Vale señalar que el principio de *Soberanía nacional* no aparece en el PND de Vicente Fox, tampoco en el de Peña Nieto.

El régimen democrático y su fortalecimiento se reiteran en cada uno de los PND, en tanto que la aspiración a una *Sociedad igualitaria* y a la generación de *Más empleos* se ratifica en casi todos los Planes del periodo estudiado.

4.11. El PND 2019-2024

El *Plan Nacional de Desarrollo 2019-2024* fue aprobado por la Cámara de Diputados el 30 de abril de 2019 y se publicó en el Diario Oficial de la Federación el 12 de julio de ese mismo año. En la Bibliografía de este libro se puede leer la ficha bibliográfica, incluida la liga de Internet en donde se puede conocer su versión íntegra y obtener una copia (Presidencia de la República, 2019).

La extensión del PND 2019-2024 es de 63 páginas y consta de los siguientes apartados:

Introducción

I. Política y gobierno

II. Política social

III. Economía

Epílogo: Visión de 2024.

Según el análisis de la Secretaría de Hacienda y Crédito Público, el PND 2019-2024 está conformado por 12 Principios Rectores, tres Ejes Generales y la Visión hacia 2024, los cuales definen las prioridades del desarrollo integral, equitativo, incluyente, sustentable y sostenible que persigue el país, y los logros que se tendrán en 2024.

De acuerdo con la valoración de la actual administración, el PND 2019-2024 tiene como objetivo superior "el bienestar general de la población". Este objetivo se busca alcanzar "a través de la construcción de un modelo viable de desarrollo económico, de ordenamiento político y de convivencia entre los sectores sociales, que garantice un progreso con justicia y un crecimiento con bienestar".

Los 12 Principios Rectores que postula el PND 2019-2024 son los siguientes:

1. Honradez y honestidad
2. No al gobierno rico con pueblo pobre
3. Al margen de la ley, nada; por encima de la ley, nadie
4. Economía para el bienestar
5. El mercado no sustituye al Estado
6. Por el bien de todos, primero los pobres
7. No dejar a nadie atrás, no dejar a nadie fuera
8. No puede haber paz sin justicia
9. El respeto al derecho ajeno es la paz
10. No más migración por hambre o por violencia
11. Democracia significa el poder del pueblo
12. Ética, libertad, confianza

Como ya se dijo, el PND 2019-2024 está dividido en tres capítulos, a los cuales la SHCP denomina "ejes generales". El contenido del PND se desagrega de la siguiente manera:

Cuadro 4.6.

"EJES GENERALES" Y CONTENIDO DEL PND 2019-2024	
EJE GENERAL 1. POLÍTICA Y GOBIERNO	*Erradicar la corrupción, el dispendio y la frivolidad* *Recuperar el estado de derecho* *Separar el poder político del poder económico* *Cambio de paradigma en seguridad* *Erradicar la corrupción y reactivar la procuración de justicia* *Garantizar empleo, educación, salud y bienestar* *Pleno respeto a los derechos humanos* *Regeneración ética de las instituciones y de la sociedad* *Reformular el combate a las drogas* *Emprender la construcción de la paz* *Recuperación y dignificación de las cárceles* *Articular la seguridad nacional, la seguridad pública y la paz* *Repensar la seguridad nacional y reorientar las Fuerzas Armadas* *Establecer la Guardia Nacional* *Coordinaciones nacionales, estatales y regionales* *Estrategias específicas* *Hacia una democracia participativa* *Revocación del mandato* *Consulta popular* *Mandar obedeciendo* *Política exterior: recuperación de los principios* *Migración: soluciones de raíz* *Libertad e Igualdad*
EJE GENERAL 2. POLÍTICA SOCIAL	*Construir un país con bienestar* *Desarrollo sostenible* *Programas:* *El programa para el Bienestar de las Personas Adultas Mayores* *Programa Pensión para el Bienestar de las Personas con Discapacidad* *Programa Nacional de Becas para el Bienestar Benito Juárez* *Jóvenes Construyendo el Futuro* *Jóvenes Escribiendo el Futuro* *Sembrando Vida* *Programa Nacional de Reconstrucción* *Desarrollo Urbano y Vivienda* *Tandas para el Bienestar* *Derecho a la Educación* *Instituto Nacional de Salud para el Bienestar* *Cultura para la paz, para el bienestar y para todos*
EJE GENERAL 3. ECONOMÍA	*Detonar el crecimiento* *Mantener finanzas sanas* *No más incrementos impositivos* *Respeto a los contratos existentes y aliento a la inversión privada* *Rescate del sector energético* *Impulsar la reactivación económica, el mercado interno y el empleo* *Creación del Banco del Bienestar* *Construcción de caminos rurales* *Cobertura de Internet para todo el país* *Proyectos regionales* *Aeropuerto Internacional Felipe Ángeles en Santa Lucía* *Autosuficiencia alimentaria y rescate del campo* *Ciencia y tecnología* *El deporte es salud, cohesión social y orgullo nacional*

FUENTE: Elaboración propia con base en el *PND 2019-2024.*

Material adjunto al Capítulo 4. Análisis del PND 2019-2024

Toda vez que en este Capítulo se han estudiado los principios constitucionales a que debe atenerse la planeación democrática del desarrollo, la definición y funciones del PND, así como los procedimientos y reglas de contenido que el mismo debe observar, conviene al lector de este libro, trátese de un estudiante o de cualquier interesado, el realizar un ejercicio de análisis del PND 2019-2024.

A manera de sugerencia, se puede seguir el siguiente cuestionario para que cada uno de los lectores haga su propio ejercicio.

Cuadro 4.7.

TEST PARA EL ANÁLISIS DEL PND 2019-2024
¿Contiene un diagnóstico de la situación del país, mediante el que se identifiquen los temas prioritarios para su implementación?
¿Formula los ejes estratégicos que permiten agrupar para su atención los temas prioritarios identificados?
¿Qué principios constitucionales de la planeación del desarrollo se incluyeron en el PND 2019-2024?
¿Señala los objetivos específicos tendientes a resolver los problemas nacionales en cada uno de los rubros señalados en el diagnóstico?
¿Establece las estrategias que permitan el diseño de las políticas públicas y las acciones que implementará la administración pública federal?
¿Cuál es la evaluación de la manera en que están formulados los indicadores de desempeño y las metas del PND?
¿Qué tan útil puede resultar el PND 2019-2024 en la elaboración de los programas sectoriales y demás programas derivados del mismo?
Igualmente, ¿qué tan posible es la traducción del PND 2019-2024 a la expresión de sus orientaciones en los presupuestos anuales?
Finalmente, ¿qué grado de utilidad tiene el PND 2019-2024 para efectos del control y evaluación de los resultados del desempeño de la administración pública federal?

FUENTE: Elaboración propia con base en la aplicación de diversos artículos de la *Ley de Planeación*.

CAPÍTULO 5. Metodología de la planeación

En este capítulo sobre la metodología de la planeación del desarrollo no se pretende hacer un estudio profundo de dicho instrumental, para lo que sería necesaria la elaboración de un libro completo. Se busca sí, ofrecer al lector y al estudiante de nivel universitario un panorama general sobre los puntos más importantes de dicha metodología.

La pretensión es que éste pueda ser un punto de partida para una investigación especializada, a la vez que sea un aporte inmediato para el conocimiento de las herramientas para la comprensión crítica de un Plan de Desarrollo o un programa derivado del mismo, así como de su proceso de elaboración desde el punto de vista técnico.

5.1. Basarse en la información científica

Un error recurrente en la tarea de planeación del desarrollo consiste en que los temas prioritarios del Plan o programa se definen a partir de ideas preconcebidas, emanadas unilateralmente de la experiencia, conocimientos y bagaje cultural del gobernante en turno y no del análisis de la realidad sobre la que éste debe actuar para lograr las transformaciones que pretende.

La determinación de los temas prioritarios del PND es un ejercicio que, a pesar de que está vinculado con la orientación programática del gobernante, la que a su vez parte del enfoque ideológico y político que éste tiene, debe alimentarse de los estudios científicos de los grandes problemas nacionales del país, del sector o del territorio en el que el Plan o programa se va a aplicar.

En México hay una gran tradición en estudios de este tipo, comenzando por la célebre y muchas veces ignorada obra de Andrés Molina Enríquez,[31] *Los grandes problemas nacionales* (Molina Enríquez, A., 2016).

---

31 **Andrés Molina Enríquez** (1868-1940). Abogado y sociólogo mexicano, estudioso de los grandes problemas nacionales, particularmente de la situación del campo. Colaboró en la elaboración de la Ley Agraria de 1915 y en la redacción del artículo 27 de la Constitución de 1917..

Publicado originalmente en 1909, el primer capítulo de este libro está dedicado al estudio de los datos que ofrece el territorio nacional. Al respecto, dice el maestro:

> "El estudio, pues, de los principales problemas de nuestro país requiere el de los datos que ofrezca el territorio nacional."

Esta orientación debe entenderse no sólo en el sentido de la información del territorio, sino de las relaciones sociales, económicas, políticas y culturales que se desarrollan sobre el mismo. A partir del estudio de la realidad nacional, influido por el positivismo en boga en aquellos lejanos años, el autor identificó los que a su juicio eran los problemas prioritarios de esa época:

- **El problema de la propiedad de la tierra**. Identificó a la hacienda porfirista como un "feudalismo rural" y como causa del atraso que afectaba a las tierras de los pueblos indígenas
- **El problema del crédito territorial**. La propiedad de la tierra no estaba titulada, lo que implicaba la ausencia de las tres condiciones fundamentales que la propiedad debe tener como base del crédito: perfecta identidad, completa seguridad y absoluta igualdad de condición.
- **El problema de la irrigación**. La producción agrícola no contaba en su mayoría con sistemas de irrigación, lo que limitaba su producción a las cosechas de temporal.
- **El problema de la población**. La población se distribuía en forma irregular sobre el territorio nacional, atendiendo y reproduciendo desigualdades sociales, alimentarias y de ingresos.
- **El problema político**. En el que reivindicó al mestizo como el elemento dominante que aseguraba el desarrollo nacional.

Si bien muchas de las conclusiones de Molina Enríquez están rebasadas porque corresponden a un México muy distinto del actual y porque algunas de sus conclusiones son discutibles (como su reivindicación racial del mestizaje, la que, sin embargo, era innovadora en el México de aquella época), es de rescatarse el enfoque histórico, objetivo, racional y totalizante de su trabajo.

Los datos de actualidad, que cuentan con una metodología más avanzada, se encuentran en los Censos Nacionales de Población y Vivienda, que se realizan cada diez años. De aunarse a su información el seguimiento especializado de determinados rubros con base en estudios de investigadores de distintas instituciones públicas y privadas, educativas y de investigación, así como los que arrojan sus estudios regionales, estatales o sectoriales.

En el ámbito nacional sobresalen las obras de las instituciones siguientes:

- **El Colegio de México**, que publicó en 2010 *Los grandes problemas de México, que* es una colección de 16 volúmenes, en la cual se analizan los grandes problemas de México en el inicio del siglo XXI y se sugieren algunas ideas acerca de las probables tendencias de su desarrollo en el futuro cercano. Los problemas que se abordan en la colección son los relativos a la población, el desarrollo urbano y regional, las migraciones internacionales, el medio ambiente, la desigualdad social, los movimientos sociales, la educación, el género, la economía, las relaciones internacionales, las políticas públicas, las instituciones y los procesos políticos, la seguridad nacional y la seguridad interior, y las culturas y las identidades. En 2012 fue publicada una edición abreviada en cuatro tomos (El Colegio de México, 2012).
- **El Programa Universitario de Estudios del Desarrollo (PUED)**, que es un programa institucional multidisciplinario de la Universidad Nacional Autónoma de México (UNAM). En 2016 este programa publicó el *Informe del desarrollo en México 2015*, en el cual se hace el estudio del desarrollo en forma multifacética mediante la convergencia de las disciplinas económicas, políticas y sociales, antropológicas y las humanidades, con enfoques cualitativos y cuantitativos (Cordera, R. y Provencio, M. (coord.), 2016)).

En otra obra colectiva, este Programa de la UNAM publicó en 2018 el libro *Propuestas estratégicas para el desarrollo 2019 – 2024*, en el cual se compendian contribuciones de especialistas sobre las alternativas que México tiene para superar sus rezagos sociales, económicos, ambientales, institucionales y territoriales (Cordera, 2018).

Los Centros de Estudios o Colegios que existen en muchos estados de la República, por su parte, realizan periódicamente estudios de comprensión de la realidad de cada entidad federativa, de las regiones y de sectores locales.

Por otro lado, las tareas de planeación del desarrollo deben alimentarse obligadamente de los datos que ofrece el Instituto Nacional de Estadística y Geografía (INEGI), comenzando por los Censos Nacionales de Población y Vivienda, las Encuestas Intercensales y los múltiples productos que ofrece en materia económica, laboral, educativa, de salud, etcétera.

Cuadro 5.1.

INFORMACIÓN ESTADÍSTICA GENERADA POR EL INEGI			
CENSOS	ENCUESTAS		REGISTROS ADMINISTRATIVOS
	EN HOGARES	EN ESTABLECIMIENTOS	
POBLACIÓN Y VIVIENDA ECONÓMICOS AGRÍCOLA, GANADERO Y FORESTAL GOBIERNO	REGULARES: Encuesta Nacional de Calidad e Impacto Gubernamental (ENCIG). Encuesta Nacional de Ingresos y Gastos en los Hogares (ENIGH). Encuesta Nacional de la Dinámica Demográfica (ENADID). Encuesta Nacional de los Hogares (ENH). Encuesta Nacional de Ocupación y Empleo (ENOE). Encuesta Nacional de Seguridad Pública Urbana (ENSU). Encuesta Nacional de Victimización y Percepción sobre Seguridad Pública (ENVIPE). Encuesta Nacional sobre Confianza del Consumidor (ENCO). Encuesta Nacional sobre Disponibilidad y Uso de Tecnologías de la Información en los Hogares (ENDUTIH). Encuesta Nacional sobre la Dinámica de las Relaciones en los Hogares (ENDIREH). ESPECIALES: Encuesta Intercensal. Encuesta de Cohesión Social para la Prevención de la Violencia y la Delincuencia (ECOPRED). Encuesta Nacional de Acceso a la Información Pública y Protección de Datos Personales (ENAID). Encuesta Nacional de Gastos de los Hogares (ENGASTO). Encuesta Nacional sobre Consumo de Energéticos en Viviendas Particulares (ENCEVI). Encuesta Nacional sobre Uso del Tiempo (ENUT). Encuesta sobre la Percepción Pública de la Ciencia y la Tecnología (ENPECYT).	MENSUALES: Encuesta Mensual sobre Empresas Comerciales (EMEC). Encuesta Mensual de la Industria Manufacturera (EMIM). Encuesta Mensual de Opinión Empresarial (EMOE). Encuesta Mensual de Servicios (EMS). Encuesta Nacional de Empresas Constructoras (ENEC). ANUALES: Encuesta Anual del Comercio (EAC). Encuesta Anual para Empresas Constructoras (EAEC). Encuesta Anual de la Industria Manufacturera (EAIM). Encuesta Anual de Servicios Privados no Financieros (EASPNF). Encuesta Anual de Transportes (EAT). ESPECIALES: Encuesta Nacional de Financiamiento de las Empresas (ENAFIN). Encuesta Sobre Investigación y Desarrollo Tecnológico (ESIDET). Encuesta Nacional de Calidad Regulatoria e Impacto Gubernamental en Empresas (ENCRIGE). Encuesta Nacional de Victimización de Empresas (ENVE). Encuesta sobre Tecnologías de Información y las Comunicaciones (ENTIC). Encuesta Nacional sobre Productividad y Competitividad de las Micro, Pequeñas y Medianas Empresas (ENAPROCE).	VITALES: Mortalidad general y fetal, defunciones por homicidio, natalidad, matrimonios y divorcios. SOCIALES: Cultura (museos), Relaciones Laborales de Jurisdicción Local y Salud en establecimientos particulares. ECONÓMICAS: Accidentes de Tránsito Terrestre en Zonas Urbanas y Suburbanas, Balanza Comercial de Mercancías de México, Exportaciones por Entidad Federativa, Finanzas Públicas Estatales y Municipales, Industria Minero metalúrgica, Perfil de las Empresas Manufactureras de Exportación, Programa de la Industria Manufacturera, Maquiladora y de Servicios de Exportación (IMMEX), Sacrificio de Ganado en Rastros Municipales, Transporte Urbano de Pasajeros, así como Vehículos de Motor Registrados en Circulación. SEGURIDAD PÚBLICA Y JUSTICIA: Impartición de Justicia en Materia Penal y Organismos Públicos de Derechos Humanos.

FUENTE: Elaboración propia con base en INEGI (2022). ¿Quiénes somos? Consultado en: https://www.inegi.org.mx/inegi/contenido/infoest.html

5.2. La Metodología de Marco Lógico

La Metodología de Marco Lógico (MML) se desprende de un moderno enfoque de la administración pública que se entiende como una Gestión para Resultados, también conocido por sus siglas como GpR, mismo que abordaremos con detalle más adelante.

De acuerdo con diversos autores y la *Guía* que la SHCP publicó al respecto, la MML es una herramienta que facilita el proceso de conceptualización, diseño, ejecución, monitoreo y evaluación de programas y proyectos (SHCP, 2012).

Su uso permite presentar de forma sistemática y lógica los objetivos de un programa y sus relaciones de causalidad, identificar y definir los factores externos al programa que pueden influir en el cumplimiento de los objetivos y evaluar el avance en la consecución de los objetivos, así como examinar el desempeño del programa en todas sus etapas. De acuerdo con esto, las principales ventajas de la MML se pueden apreciar en el siguiente Cuadro:

Cuadro 5.2.

VENTAJAS DE LA METODOLOGÍA DE MARCO LÓGICO (MML)
Propicia una expresión clara y sencilla de la lógica interna de los programas, proyectos y de los resultados esperados con su ejercicio, y con ello, el destino del gasto público asignado a dichos programas y proyectos
Propicia que los involucrados en la ejecución del programa trabajen de manera coordinada para establecer los objetivos, indicadores, metas y riesgos del programa
Facilita la alineación de los objetivos de los programas o proyectos entre sí, y con la planeación nacional.
Estandariza el diseño y sistematización de los Programas presupuestarios, por ejemplo, una terminología homogénea que facilita la comunicación
Genera información necesaria para la ejecución, monitoreo y evaluación del Programa presupuestario, así como para la rendición de cuentas
Proporciona una estructura para sintetizar, en un solo cuadro, la información más importante sobre un programa o proyecto

FUENTE: Elaboración propia con base en Guía de la SHCP (SHCP, 2012).

Para la adecuada aplicación de la MML deben seguirse las siguientes etapas:

1. Definición del problema
2. Análisis del problema
3. Definición del objetivo

4. Selección de alternativa
5. Definición de la Estructura
6. Elaboración de la Matriz de Indicadores para Resultados (MIR)

Figura 5-A.

En los siguientes apartados veremos en detalle cada uno de los pasos de la MML.

5.3. Definición del problema (o de los temas prioritarios)

La definición de los temas prioritarios, en el caso del PND y los planes de desarrollo de cualquier otro ámbito territorial, o de los problemas en el caso de los programas sectoriales, especiales o regionales derivados de aquél, posibilita establecer de manera clara, objetiva y concreta, cuáles son los asuntos de mayor importancia o cual es el problema que origina o motiva la necesidad de la intervención gubernamental.

Como ya se explicó antes, siguiendo la metodología propuesta por la autoridad hacendaria, la definición de cuáles son los temas prioritarios o los problemas a atender se debe basar en el estudio objetivo de la realidad. Incidirán en tal determinación las ideas políticas y los planteamientos ideológicos, pero no debe quedar sujeta solo a las ideas preconcebidas u ocurrencias de los actores políticos. Para ello, se deben seguir los siguientes pasos:

i. La necesidad a satisfacer

ii. El problema principal a solventar

iii. El problema potencial

iv. La oportunidad por aprovechar

v. La amenaza por superar

vi. Establecer cuál es la población o área de enfoque que enfrenta el problema o necesidad y en qué magnitud lo hace

Esta metodología es útil para orientar la acción gubernamental a resultados específicos y concretos, que entreguen más y mejores bienes y servicios a la población o área de enfoque, y que aprovechen de mejor manera las oportunidades de bienestar y progreso.

5.4. Análisis del problema

A partir de la identificación de los temas prioritarios o problemas, se debe realizar el diagnóstico general, que se orienta al conocimiento del estado actual del problema, sus causas de raíz y consecuencias, analizando la existencia de brechas de desigualdad, rezagos o afectaciones entre personas o territorios. Este análisis debe asimismo reconocer que los problemas son multifactoriales y que, por tanto, requieren soluciones multisectoriales e integrales.

Para llevar a cabo el diagnóstico general, los encargados de la planeación pueden utilizar la construcción de árboles de problemas y de objetivos, de acuerdo a la MML, o alguna otra estrategia de conceptualización de los problemas públicos, tal como la que ofrece el pensamiento sistémico. Tal ejercicio permitirá mostrar de manera sintética las relaciones que guarda el problema con sus causas y sus efectos.

La formulación de los Ejes Generales implica, por otro lado, la agrupación de los problemas prioritarios, tomando en cuenta su materia y contenido, para su debida atención en el Plan o programa y en la ejecución del mismo.

5.4.1. El Árbol del Problema

La *Guía* de la SHCP expone el método del árbol del problema que permite identificar el origen, comportamiento y consecuencias del problema definido, con el objeto de establecer las diversas causas que lo originaron y los efectos que genera.

Figura 5-B.

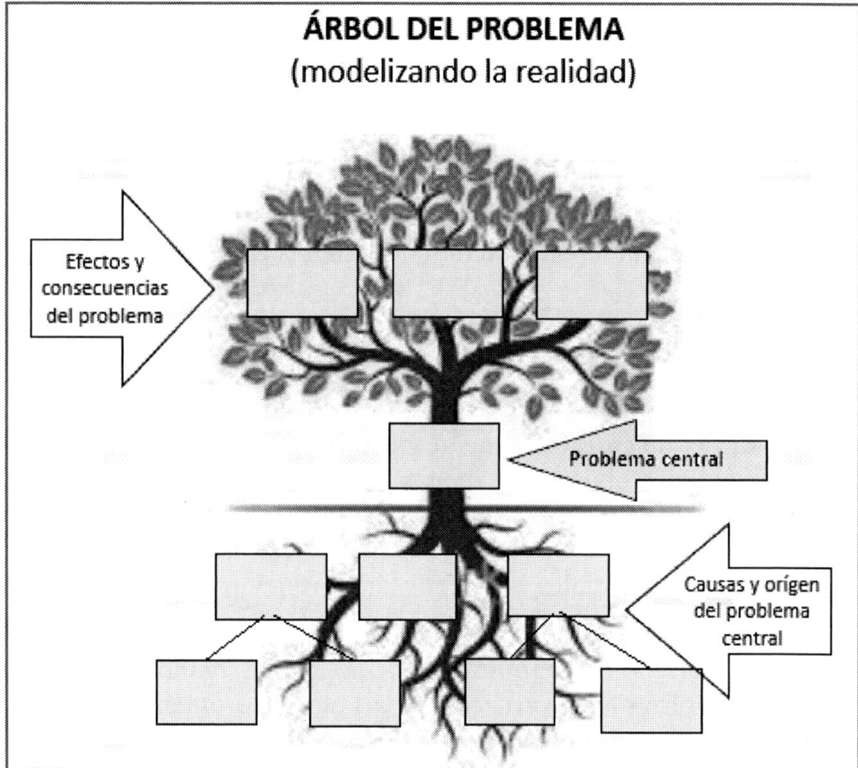

El árbol del problema se utiliza para conocer la naturaleza y el entorno del problema, lo que permitirá resolverlo, es decir, establecer las acciones para solventar cada una de las causas que lo originan. Para ello, se realiza lo siguiente:

- El problema definido se ubica en el tronco del árbol.
- Las causas se ubican del tronco hacia abajo, es decir, son las raíces del árbol.
- Los efectos se desprenden del tronco hacia arriba, es decir, son las ramas o la copa del árbol.

5.3. Definición del objetivo (formulación de los objetivos específicos)

De acuerdo con la *Guía* de la SHCP que hemos citado, la formulación de los objetivos específicos del PND o de un programa debe expresar la situación futura a lograr, en la cual hipotéticamente se solventará la necesidad o los problemas identificados en la etapa de análisis del problema.

Esta formulación consiste en la traducción de las causas-efectos para transformarlos en medios-fines. Se trata de convertir el análisis de los temas prioritarios o problemas en la definición de objetivos a alcanzar. Para ello, los temas prioritarios o problemas que se identificaron como situaciones negativas o deficitarias se deben expresar en condiciones positivas de futuro o estados a alcanzar.

Este paso metodológico se emplea para identificar y enunciar los medios de solución a la problemática detectada, identificando los impactos que se alcanzarán si se logra el objetivo. Esto permite ordenar la secuencia de estrategias y acciones que estructuren la intervención gubernamental para conseguir el logro de la meta fijada.

No se debe olvidar que el objetivo expresa la solución del problema que se identificó en el inicio del trabajo de planeación, pues enuncia el resultado esperado del Plan o programa. Es por ello que se dice que el objetivo es la razón de ser del programa.

Un objetivo se define para lo siguiente:

- Fijar claramente el resultado esperado o la solución precisa a la que se debe llegar;
- Movilizar y hacer converger los diversos esfuerzos hacia dicho resultado esperado; y

- Servir de referencia para monitorear los avances y evaluar el logro alcanzado.

Los elementos mínimos que se deben establecer en la expresión del objetivo son los siguientes:

1. Población o área de enfoque.
2. Descripción del resultado esperado o de la solución precisa del problema a la cual se debe llegar.
3. Magnitud de la nueva situación: meta

5.3.1. El Árbol del Objetivo

El análisis del objetivo se realiza con base en el diseño de un árbol del objetivo, método que nos permite describir la situación que se alcanzará cuando se solucionen los problemas detectados en el árbol del problema.

Figura 5-C.

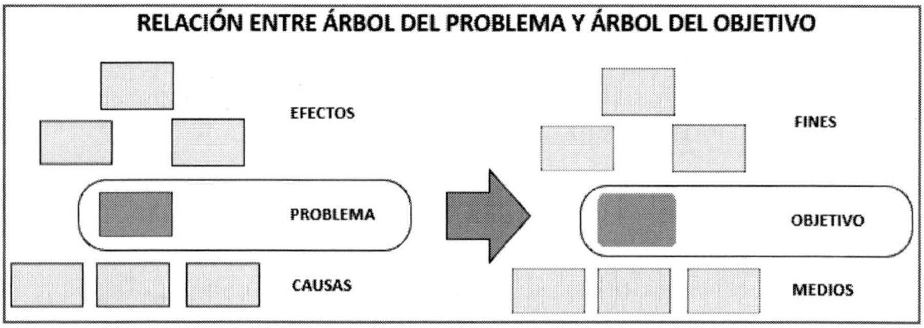

Para aclarar la relación que debe haber entre el árbol del problema y el árbol del objetivo, se puede revisar la imagen, que nos muestra lo siguiente:

- Árbol del problema: en el tronco se ubica el problema, en las raíces sus causas y en la copa los efectos.
- Árbol del objetivo: en el tronco se ubica el objetivo, en las raíces los medios para alcanzarlo y en la copa del árbol se ubican los fines.

5.4. Selección alternativa (formulación de las estrategias)

Una vez que se ha estudiado el problema y determinado el objetivo, la planeación debe efectuar el trabajo de selección de alternativas, el cual consiste en identificar la cadena de medios-objetivo–fines que puede tener mayor incidencia sobre las causas–problema–efecto que se pretende superar o resolver, evaluando la aceptación social o consenso entre los sectores involucrados y seleccionando las que estén dentro del área de jurisdicción o competencia legal del gobierno o la dependencia que elabora el Plan o programa.

Una vez definidas las alternativas de solución, se analizará en forma preliminar la factibilidad de cada una. Para ello se deben considerar, entre otros, los siguientes aspectos:

- Cumplimiento con la normatividad
- Viabilidad técnica de construirla o implementarla
- Aceptabilidad de la alternativa por la comunidad
- Financiamiento requerido comparado con los recursos disponibles
- Capacidad institucional para ejecutar y administrar la alternativa de programa
- Impacto ambiental

De las alternativas identificadas se seleccionará la o las que cuenten con mayor pertinencia, eficiencia y eficacia.

5.5. Definición de la estructura (la EAPp)

Cuando se cuenta con la definición del problema, el objetivo y se ha realizado la selección de alternativas, se debe proceder a la definición de la estructura. Para ello, según lo expone la *Guía* de la SHCP, se debe considerar que la Estructura Analítica del Programa presupuestario (EAPp) es la herramienta que explica la razón de ser de un programa, mediante la descripción de la coherencia entre el problema identificado (incluyendo sus causas y efectos) y los objetivos y medios para su solución, así como la secuencia lógica (vertical) entre los mismos.

La EAPp se elabora con base en el árbol del problema y el árbol de objetivos. Una vez concluidos los árboles del problema y del objetivo, y se ha seleccionado una alternativa viable que puede constituirse en un programa, se conforma la EAPp, la cual compara la cadena de medios-objetivo-fines seleccionada, con la cadena de causas-problema-efectos que le corresponde. Esto se desarrolla en el capítulo de este libro sobre el Gasto Público.

La EAPp permitirá a los elaboradores del Plan o programa lo siguiente:

- Asegurar que el objetivo equivale a la solución del problema que origina la acción pública
- Constatar que los medios son precisos tanto para la solución de cada una de las causas del problema como para el logro del objetivo
- Perfilar el Fin, el Propósito, los Componentes y las Actividades de la MIR
- Definir la línea base del programa y el horizonte de los resultados esperados durante la vida útil del mismo
- Construir los indicadores, que son la expresión de lo que se pretende evaluar de los resultados esperados

A partir de la EAPp, se perfilan los niveles del resumen narrativo de la MIR.

5.6. Formulación de las metas y de los indicadores de desempeño

Diversos estudiosos coinciden en la importancia que tiene el establecer indicadores de desempeño y metas para la elaboración y puesta en marcha del PND y los programas que derivan del mismo. El matemático inglés William Thomson, quien hizo grandes aportaciones tanto en la ciencia en que se especializó como en la filosofía natural y en las teorías de administración, escribió en cierta ocasión:

> "Lo que no se define no se puede medir. Lo que no se mide no se puede mejorar. Lo que no se mejora, se degrada siempre".

La definición de indicadores de desempeño y de metas es consustancial a la planeación, pues éstos son las herramientas que permiten que los planes y programas dejen de ser solamente discursos políticos y se transformen en los instrumentos que orientan las políticas públicas, su puesta en marcha y su ejecución, además de evaluar el avance en el cumplimiento de los ejes estratégicos y los objetivos planteados.

Por su importancia para el conjunto de la planeación, haremos un breve repaso acerca de la formulación de los indicadores de desempeño y de las metas.

5.6.1. Las metas

Las metas son la manifestación cuantitativa. basada en la realidad presente, de los objetivos específicos del Plan. Los elementos que se deben observar para formular las metas deben ser las siguientes:

- **Línea base**. Es la expresión cuantitativa de lo que se puede llamar el "estado actual de la cuestión". Por ejemplo, si el objetivo específico se refiere a la erradicación del analfabetismo en México, la línea base cuantificará el número de personas mayores de 15 años en condición de analfabetismo existentes en el momento de emprender el Plan.
- **Meta**. Es la expresión cuantitativa del objetivo específico planteado. Para seguir con el ejemplo anterior, la meta establecerá cuánto se reducirá el analfabetismo, es decir, cuántas personas analfabetas cambiarán esa condición al aprender a leer y escribir.

5.6.2. Los indicadores de desempeño

Los indicadores de desempeño son las herramientas de medición que se utilizan para medir, verificar o dimensionar el resultado parcial o final de las acciones tendientes al cumplimiento de las metas. Su utilidad consiste en que permiten, a través de variables cuantitativas y/o cualitativas, hacer el monitoreo y evaluación de los resultados en el cumplimiento de los objetivos y metas del Plan.

Los indicadores de desempeño deben contar con los siguientes elementos:

- **Sentido del indicador**. Dependiendo de su naturaleza, el indicador puede tener un sentido ascendente o descendente. Es ascendente si lo que se busca es ampliar positivamente una situación o a una población beneficiaria. En el ejemplo que estamos utilizando, el sentido del indicador sería ascendente, pues la reducción del analfabetismo se puede expresar en el número de personas alfabetizadas.

- **Unidad de medida**. Es la expresión numérica de los indicadores que servirán para medir la evolución, a partir de la Línea base, hacia la meta.
- **Frecuencia de medición**. Es la periodización de las mediciones de la evolución de los indicadores.
- **Tipo de forma de cálculo**. Expresión mediante una fórmula de la relación entre la suma de los indicadores y la meta, para calcular el avance en el cumplimiento de ésta en un determinado lapso.

En el siguiente cuadro se desarrollan los indicadores de desempeño y la meta en un caso hipotético:

Cuadro 5.3.

OBJETIVO ESPECÍFICO: PLENA ALFABETIZACIÓN DE MÉXICO (caso hipotético)	
Línea base	*4.7 millones de personas que no saben leer y escribir, más el acumulado anual* *(Que representan el 5.5% de la población mayor de 15 años, México 2020)*
Meta	*2024 = Alfabetización plena de toda la población mayor de 15 años en México* *(Erradicación total del analfabetismo existente en el año 2020)*
Sentido del indicador	*Ascendente*
Unidad de medida	*n* *(número de personas alfabetizadas)*
Frecuencia de la medición	*Anual* *(cuatro mediciones anuales y la final)*
Tipo de forma de cálculo	*En donde:* *n = número de personas alfabetizadas en el periodo dado, de entre la población mayor de 15 años* *T = total de personas analfabetas entre la población mayor de 15 años de México en 2020* *t = número de personas analfabetas entre la población mayor de 15 años de México que se acumulen anualmente* *A = porcentaje de avance en el cumplimiento de la meta*

FUENTE: Elaboración propia.

Es recomendable que la formulación de los indicadores de desempeño sea muy cuidadosa. Algunos especialistas recomiendan observar los siguientes aspectos en esa tarea, de manera que cada indicador tenga las siguientes características:

- **Claro**: El indicador debe ser entendible por cualquier persona, sea o no parte del programa.
- **Relevante**: El indicador debe de medir aspectos importantes del objetivo.
- **Económico**: El seguimiento y la evaluación del indicador debe de estar disponible a un costo económico o razonable.
- **Medible**: El indicador debe de poder medirse en cualquier otra evaluación, sea institucional o independiente.
- **Adecuado**: El indicador debe de ofrecer las bases suficientes para estimar el desempeño y evaluar los resultados.
- **Aportación marginal**: En caso de que exista otro indicador similar para medir el desempeño, el indicador debe de considerar información adicional en comparación con los otros indicadores.

5.7. La Matriz de Indicadores de Resultados (MIR)

La Matriz de Indicadores de Resultados (MIR) es una metodología para resumir el plan de manera que los fines, propósitos, componentes y actividades cuenten cada uno con un resumen narrativo, los indicadores objetivamente verificables y los medios de verificación, así como los supuestos de los resultados (SHCP, Guía para el diseño de la matriz de indicadores para resultados, 2012).

Gráficamente, la MIR se debe mostrar de la siguiente manera:

Cuadro 5.4.

MATRIZ DE INDICADORES DE RESULTADOS (MIR)				
	Resumen narrativo	Indicadores objetivamente verificables	Medios de verificación	Supuestos
Fin	*Expresión del objetivo*	*Señala el o los tipos de datos que se tomarán para la verificación*	*La fuente de la que se tomarán los datos de verificación*	*La población participa en la solución del problema*
Propósito	*Expresión del Fin en términos del objetivo u objetivos planteados*	*Variación de los datos adoptados para la verificación*	*Estadísticas de la fuente de datos que se adoptó*	*Acceso a los datos de la fuente señalada*
Componentes	*Acciones requeridas, tales como acuerdos institucionales, convenios, convocatorias para la inscripción, diseño de talleres, financiamiento*	*Acuerdos y convenios suscritos, número de personas inscritas, de talleres realizados, porcentaje de financiamiento distribuido*	*Registros del programa, padrón de beneficiarios, registros de las actividades de capacitación, registro del financiamiento entregado*	*Participación de las instituciones comprometidas, personas que responden a la convocatoria, asistencia a los talleres, registro de propuestas para el programa*
Actividades	*Suscripción de convenios, emisión de convocatorias, campañas de difusión, elaboración de padrones, impartición de talleres, ejecución del programa*	*Recursos*	*Costos*	*Voluntad institucional para emprender el programa, participación ciudadana en el mismo, cumplimiento de los requisitos de los solicitantes, asistencia a los talleres de capacitación, entrega de los apoyos*

A manera de ejemplo, adjunto a este Capítulo se podrá revisar una MIR desarrollada con base en un programa hipotético.

Material adjunto al Capítulo 5. MIR de un caso hipotético de programa social.[32]

[32] La exposición de este caso hipotéticos solo tiene fines ilustrativos.

Cuadro 5.5.

MIR DEL PROGRAMA "TABLET PARA TI"				
	Resumen narrativo	**Indicadores objetivamente verificables**	**Medios de verificación**	**Supuestos**
Fin	*Contribuir a que los estudiantes de educación secundaria pública del municipio _____ accedan a las nuevas TIC*	*Marginación de los estudiantes de educación secundaria pública en el municipio de _____ en cuanto al acceso a las nuevas TIC*	*Estadísticas del INEGI y la SEP*	*Participación de la población marginada, de sus familias y de las autoridades de las escuelas secundarias públicas del municipio de _____*
Propósito	*Impulsar el acceso de los estudiantes de educación secundaria pública del municipio _____ a las nuevas TIC para tengan mejores condiciones de estudio y obtención de información y conocimientos*	*Variación de porcentaje de estudiantes de educación secundaria pública del municipio _____ que tienen acceso a las nuevas TIC*	*Estadísticas del INEGI y la SEP en compulsa con los avances del programa*	*Los estudiantes de educación secundaria pública del municipio _____, sus familias y las autoridades de las escuelas respectivas*
Componentes	*1. Convenios con las autoridades de las escuelas secundarias públicas del municipio de _____*	*Número de convenios suscritos por escuela*	*Convenios registrados*	*Escuelas que firmaron el convenio*
	2. Matrícula actualizada de las escuelas secundarias públicas del municipio de ___	*Matrícula actualizada de cada escuela de educación secundaria pública*	*Matrículas validadas*	*Matrículas validadas por escuela*
	3. Estudio socioeconómico aplicado a los estudiantes de las escuelas secundarias públicas del municipio de ___	*Número encuestas socioeconómicas aplicadas a los estudiantes matriculados*	*Encuestas aplicadas*	*Estudiantes que respondieron la encuesta socioeconómica*
	4. Integración del padrón de beneficiarios	*Número de padrones de beneficiarios por escuela*	*Padrones y número de beneficiarios*	*Validación de los padrones de beneficiarios*
	5. Financiamiento del programa	*Número de proyectos financiados*	*Entrega-recepción de los apoyos a los beneficiarios*	*Participación de los beneficiarios, directivos y padres de familia*
Actividades	*1. Suscripción de los convenios*	*Documentos suscritos*	*Documentos suscritos*	*Directivos de las escuelas*
	2. Obtención de la matrícula actualizada de cada escuela	*Documentos obtenidos*	*Documentos obtenidos*	*Directivos de las escuelas*
	3. Aplicación de las encuestas socioeconómicas	*Encuestas llenadas*	*Encuestas llenadas*	*Estudiantes de educación secundaria pública*
	4. Elaboración de los padrones de beneficiarios	*Padrones validados*	*Padrones validados*	*Servidor público a cargo del programa*
	5. Adquisición de los bienes a entregar	*Facturas*	*Facturas*	*Proveedor/ servidor público a cargo del programa*
	6. Entrega-recepción de las tabletas a cada beneficiario	*Actas o minutas*	*Actas o minutas*	*Directivos de las escuelas/ servidor público a cargo del programa*

CAPÍTULO 6. Ingresos públicos

Ingresos públicos son los recursos financieros que obtiene el sector público por concepto de impuestos, derechos, productos y aprovechamientos, además de los que se obtienen por financiamiento. Estos ingresos engrosan los recursos económicos necesarios para que la administración pública funcione y lleve a cabo las atribuciones que la Constitución y las leyes le confieren.

En general, la administración del Estado requiere de los ingresos públicos para financiar el cumplimiento de sus funciones, entre ellas cuidar la soberanía del país e imponer el orden público, desarrollar la infraestructura y prestar los servicios a la población. En determinados países, los ingresos públicos también se destinan a impulsar el desarrollo nacional, regional o de determinados sectores productivos, así como para redistribuir los ingresos entre los sectores sociales más pobres, como lo hizo notar el maestro Anguiano Equihua en su obra sobre las finanzas públicas en México (Anguiano, 1968).

6.1. Fuentes de los ingresos públicos

Para comprender mejor el concepto de ingresos públicos, que en forma breve se propuso arriba, se deben desglosar sus fuentes. A continuación, se hace este desglose con base en lo que disponen el *Código Fiscal de la Federación* (CFF) y la *Ley Federal de Deuda Pública* (LFDP):

Cuadro 6.1.

FUENTES DE LOS INGRESOS PÚBLICOS	
Fuente	**Descripción**
Impuestos	Los impuestos son las contribuciones que deben pagar al Estado las personas físicas y morales, de acuerdo con su situación jurídica, que sean distintas a las *aportaciones de seguridad social, contribuciones de mejoras y derechos (artículo 2, fracción I del CFF).*
Aportaciones de seguridad social	*Las aportaciones de seguridad social son las contribuciones establecidas en ley a cargo de personas que son sustituidas por el Estado en el cumplimiento de obligaciones fijadas por la ley en materia de seguridad social o a las personas que se beneficien en forma especial por servicios de seguridad social proporcionados por el mismo Estado (artículo 2, fracción II del CFF).*
Contribuciones de mejoras	*Las contribuciones de mejoras son las establecidas en Ley a cargo de las personas físicas y morales que se beneficien de manera directa por obras públicas (artículo 2, fracción III del CFF).*
Derechos	*Los derechos son las contribuciones establecidas en Ley por el uso o aprovechamiento de los bienes del dominio público de la Nación, así como por recibir servicios que presta el Estado en sus funciones de derecho público. También son derechos las contribuciones a cargo de los organismos públicos descentralizados por prestar servicios exclusivos del Estado (artículo 2, fracción IV del CFF).* *Ejemplos:* la extracción de hidrocarburos, el uso del espacio radioeléctrico, entre otros.

Productos	*Son productos las contraprestaciones por los servicios que preste el Estado en sus funciones de derecho privado, así como por el uso, aprovechamiento o enajenación de bienes del dominio privado (artículo 3 del CFF).* *Ejemplos:* pago de servicios federales como la expedición de pasaportes o permisos de importación, así como la venta de los bienes producidos por las empresas públicas y la privatización de las mismas.
Aprovechamientos	*Son aprovechamientos los ingresos que percibe el Estado por funciones de derecho público distintos de las contribuciones, de los ingresos derivados de financiamientos y de los que obtengan los organismos descentralizados y las empresas de participación estatal (artículo 3 del CFF).* Ejemplos: multas aplicadas a infractores de la normatividad de distintas materias (medio ambiente, comunicaciones y transportes, salud, etc.), las impuestas por infracciones a las disposiciones legales o reglamentarias, así como los recargos, las sanciones, los gastos de ejecución y la indemnización que se apliquen en relación con esos aprovechamientos.
Financiamiento	*El financiamiento es la contratación dentro o fuera del país, de créditos, empréstitos o préstamos con cargo al erario (artículo 2 de la LFDP).* Ejemplos: el financiamiento como ingreso público puede adquirir la forma de títulos de crédito o cualquier otro documento pagadero a plazo y la adquisición o contratación de bienes, obras o servicios cuyo pago se pacte a plazos.

FUENTE: Elaboración propia con base en el Código Fiscal de la Federación (Congreso de la Unión, 1981) y la Ley Federal de Deuda Pública (Congreso de la Unión, 1976), vigentes a la fecha de esta edición.

6.2. Clasificación de los ingresos públicos

Hay varias formas de clasificar los ingresos públicos, formas que permiten analizar su composición, debilidades y fortalezas, así como las áreas de oportunidad para su fortalecimiento. Las más importantes de tales clasificaciones son las siguientes:

- Ingresos corrientes e ingresos de capital
- Ingresos petroleros e ingresos no petroleros
- Ingresos tributarios y no tributarios

A continuación, se revisan estas formas de clasificación de los ingresos públicos.

6.2.1. Ingresos ordinarios y extraordinarios

Una forma de clasificar los ingresos públicos es referente a la secuencia que tienen. Con este criterio, los ingresos se clasifican como ordinarios o extraordinarios.

- **Ingresos ordinarios**. Son los ingresos recurrentes en forma periódica, como el pago de impuestos sujetos al ejercicio fiscal determinado.
- **Ingresos extraordinarios**. También denominados ingresos no recurrentes, son captaciones de recursos que no tienen una continuidad periódica, como de los obtenidos por la venta o privatización de activos públicos.

6.2.2. Ingresos corrientes e ingresos de capital

Una segunda forma de clasificar los ingresos públicos es la que los divide entre ingresos corrientes y los ingresos de capital.

Los ingresos corrientes son aquellos que derivan de los impuestos al ingreso, de los impuestos al gasto, los impuestos a la propiedad y otros. Por ingresos de capital se entienden aquellos que el Estado obtiene a partir de la renta obtenida por las empresas de participación estatal mayoritaria y las empresas productivas del Estado, el cobro de derechos, productos y aprovechamientos, y la deuda pública. Esta clasificación se muestra en el siguiente cuadro:

Cuadro 6.2.

INGRESOS PÚBLICOS (corrientes y de capital)	
Clasificación	*Fuente*
Ingreso corriente	*Impuestos al ingreso de las personas y las empresas (impuesto sobre la renta), a la exportación e importación y contribuciones de seguridad social.* *Impuestos al gasto de las personas (impuestos al valor agregado, especiales sobre producción y servicios, entre otros).* *Impuestos a la propiedad (como el impuesto predial o la que cobra la tenencia de automóviles).* *Otros ingresos por impuestos provenientes de servicios, uso y explotación de bienes públicos y aprovechamientos como multas, recargos y otros.*
Ingreso de capital	*Contribuciones de mejoras por beneficio directo de obras públicas como* alumbrado eléctrico, desagües cloacales, alcantarillado, restauración de obras públicas, etc. *Derechos cuyo pago se produce por* el uso o aprovechamiento de los bienes del dominio público de la Nación (espacio radioeléctrico, hidrocarburos, etc.), así como por recibir servicios que presta el Estado en sus funciones de derecho público (expedición de pasaportes, de permisos de importación y exportación, etc.) *Productos que son ingresos por la venta de bienes y servicios producidos por el Estado o por empresas de participación estatal como CFE, PEMEX y otras.* *Aprovechamientos por* el otorgamiento de concesiones para la utilización de zonas y bienes federales (como la extracción o descargas de aguas nacionales, explotación de vías de comunicación y transporte, aeropuertos, puertos marítimos, utilización de vías férreas, etc.), además de *los recargos, sanciones, gastos de ejecución y la indemnización que se originen por los aprovechamientos.*

FUENTE: Elaboración propia con base en *Las finanzas del sector público en México* de Anguiano Equihua (Anguiano, 1968).

6.2.3. Ingresos petroleros y no petroleros

En el caso de México, las autoridades hacendarias emplean en sus informes otra clasificación de los ingresos públicos que se refiere a su origen con relación a la industria del petróleo, lo que se explica por la dependencia que las finanzas públicas han tenido respecto de la producción y comercialización del petróleo durante gran parte del siglo pasado y hasta la fecha. Se puede ver a detalle en el siguiente cuadro:

Cuadro 6.3.

INGRESOS PÚBLICOS (petroleros y no petroleros)	
Clasificación	*Fuente*
Petroleros	**Fondo Mexicano del Petróleo**. *Se constituye con los recursos derivados de la exploración y extracción de hidrocarburos.* **ISR contratistas y asignatarios**. *Recursos provenientes del pago del ISR por las personas físicas y morales de la rama del petróleo, así como por el pago de derechos de contratistas y concesionarios.* *(Vale señalar que, antes de la reforma constitucional en materia energética de 2013, si bien el capítulo de Ingresos Presupuestarios consignaba los ingresos petroleros, éstos se desglosaban de manera distinta. En aquél entonces su desglose era el siguiente:* *Gobierno Federal: Derechos, Producción y servicios y Otros.* *PEMEX: Venta de bienes y Otros ingresos)*
No petroleros	**Ingresos tributarios**. *Provienen de los impuestos federales (ISR, IVA, IEPS, etc.)* **Ingresos no tributarios**. *Derechos, Productos, Aprovechamientos, Contribuciones para Mejoras.*

FUENTE: Elaboración propia con base en Las finanzas del sector público en México de Anguiano Equihua (Anguiano, 1968) y los Informes de la Cuenta Pública de la SHCP entre 1999 y 2020.

Esta clasificación cobra relevancia porque la utiliza la SHCP, en primera instancia, al presentar sus informes al Congreso.

6.2.4. Ingresos tributarios y no tributarios

Otro criterio de clasificación de los ingresos públicos, también utilizada por la autoridad hacendaria de México en sus informes de la Cuenta Pública, se refiere al origen de los recursos. Esta los divide entre tributarios y no tributarios.

Cuadro 6.4.

INGRESOS PÚBLICOS (tributarios y no tributarios)	
Clasificación	*Fuente*
Tributarios	Los ingresos tributarios son las percepciones económicas que obtiene el Estado por las contribuciones que se hacen por concepto de impuestos federales. *Se desglosan en:* *Impuesto Sobre la Renta (ISR)* *Impuesto al Valor Agregado (IVA)* *Impuesto Sobre Producción y Servicios (IEPS)* *Impuestos a la Exportación e Importación* *Impuesto Sobre Automóviles Nuevos (ISAN)* *Impuesto por la Actividad de Exploración y Extracción de Hidrocarburos (IAEEH)*

No tributarios	*Los ingresos no tributarios son las percepciones económicas que obtiene el Estado por conceptos distintos de los impuestos federales.* *Derechos* *Productos* *Aprovechamientos* *Financiamiento*

FUENTE: Elaboración propia con base en *Las finanzas del sector público en México* (Anguiano, 1968) y los Informes de la Cuenta Pública de la SHCP entre 1999 y 2020.

6.3. Los impuestos

Los impuestos son las contribuciones que los habitantes del país están obligados a hacer para contribuir a los gastos del Estado. Puesto que se trata de contribuciones obligatorias, se puede decir que es una aportación coercitiva que los particulares hacen a la administración pública.

Se entiende que, a cambio del pago de sus impuestos, los particulares obtendrán servicios públicos pero, salvo algunas excepciones, este pago se hace sin una especificación concreta de las contraprestaciones que se deberán recibir. Es decir, los impuestos son dinero que los particulares otorgan para financiar el gasto público sin especificar las formas concretas en que los recursos regresarán al contribuyente en forma de bienes o servicios.

6.3.1. Fundamento legal de los impuestos

Para que el Estado pueda demandar a las personas el pago de un impuesto, tal requerimiento debe tener un fundamento legal. Es decir, para que una persona quede obligada a pagar un impuesto, éste debe tener existencia legal, sin la cual las autoridades están imposibilitadas de exigir el cobro. Esto tiene qué ver con principios jurídicos a los que ya se hizo referencia y que son el principio de legalidad y el de obligatoriedad.

A este respecto, se debe tener presente que a los mencionados principios se debe añadir el de certeza, que consiste en que la ley debe contener con precisión los elementos de los impuestos, de modo que los contribuyentes conozcan qué tipo de actividades les imponen la obligación de contribuir, la tasa impositiva, en qué montos, cómo se calcula y en qué plazos debe liquidarlos a la autoridad recaudadora.

6.3.2. Principios que rigen a los impuestos en México

El artículo 31 de la Constitución enlista las obligaciones de los mexicanos, entre las que se encuentran su deber de educar y cuidad el bienestar y desarrollo de sus hijos, prestar el servicio militar y alistarse y servir en los cuerpos de reserva. Estas obligaciones incluyen la de hacer contribuciones, en los siguientes términos:

> **Artículo 31**. Son obligaciones de los mexicanos:
>
> **IV**. Contribuir para los gastos públicos, así de la Federación, como de los Estados, de la Ciudad de México y del Municipio en que residan, de la manera proporcional y equitativa que dispongan las leyes.

El texto citado estipula cuatro principios que rigen a los impuestos en México y que se pueden enunciar de la siguiente manera:

Cuadro 6.5.

PRINCIPIOS DE LOS IMPUESTOS EN MÉXICO (artículo 31, fracción IV, de la Constitución)	
Principio	**Descripción**
Obligatoriedad	Los mexicanos están obligados a contribuir para los gastos públicos tanto de la Federación como de los Estados y Municipios. El pago de contribuciones no es optativo sino imperativo.
Proporcionalidad	*Los impuestos deben ser proporcionales a la condición económica y nivel de ingresos de los diferentes contribuyentes. Este principio se expresa en la frase de "quien tiene más, aporta más".*
Equidad	La obligación de contribuir a los gastos del Estado abarca a todas y cada una de las personas sin excepción y, a la vez, atiende a los niveles de desigualdad social de los integrantes de la población.
Legalidad	La autoridad tributaria no puede exigir el pago de un impuesto que no esté contenido en una ley vigente aprobada por el Congreso de la Unión y promulgada debidamente.

FUENTE: Elaboración propia con base en el artículo 31 de la Constitución.

6.3.3. Progresividad y regresividad de los impuestos

Progresividad fiscal

La progresividad fiscal es un criterio que debe guiar tanto el diseño legal de los impuestos como las acciones de gobierno. La progresividad tiene propósitos redistributivos al gravar con mayor porcentaje a las personas que tienen ingresos más altos. Autores como Anguiano Equihua elevan este criterio a la calidad de principio y le asignan una función extrafiscal, consistente en redistribuir el ingreso nacional, de manera que los impuestos en su conjunto deberán ser en función de la capacidad económica de las personas. Esto se puede resumir con la frase "paga más quien más tiene".

Regresividad fiscal

En sentido contrario al anterior, se encuentra el concepto de regresividad de los impuestos, que consiste en la imposición de tasas o cuotas menores mientras más alta sea la base gravable.

6.3.4. Impuestos directos e indirectos

Por la forma en que se generan y el mecanismo mediante el cual se recaudan, los impuestos se clasifican como impuestos directos e impuestos indirectos.

- **Impuesto directo**. Es la contribución que afecta en forma directa las percepciones de la persona provenientes del trabajo personal o del capital, o de la combinación de ambos, y de la enajenación del patrimonio del causante. Este tipo de impuesto no se traslada a terceras personas y los contribuyentes lo pagan directamente al sistema tributario gubernamental. Ejemplo de este tipo de impuestos: ISR.
- **Impuesto indirecto**. Es la contribución que afecta a la producción, compra o uso de bienes y servicios y recae al precio de venta de éstos. Este tipo de impuestos es trasladado al consumidor por el comercializador de bienes o el proveedor de servicios, quien tiene la obligación fiscal de retener su pago para enterarlo al sistema tributario gubernamental en sus declaraciones periódicas. Ejemplos: IVA, IEPS.

6.3.5. Clasificación de los impuestos según orden de gobierno

Los impuestos se clasifican de acuerdo al ámbito territorial de su vigencia, lo que está relacionado con el orden de gobierno que tiene facultades legales para recaudar las contribuciones.

De acuerdo a este criterio, en México los impuestos se clasifican de la siguiente manera:

- **Impuestos federales**. Su ámbito de vigencia es nacional o federal. La atribución de recaudar este tipo de impuestos corresponde al gobierno federal a través del SAT. Ejemplos: ISR, IVA, IEPS.

- **Impuestos locales o estatales**. Tienen vigencia circunscrita a una entidad federativa. La facultad para su cobro es del gobierno estatal respectivo a través de sus dependencias tributarias. Ejemplos: impuesto a la nómina, impuesto al hospedaje.
- **Impuestos municipales**. Están vigentes solo en el municipio respectivo y son cobrados por el Ayuntamiento a través de su Tesorería Municipal. Ejemplo: impuesto predial.

6.3.6. Elementos de los impuestos

Los impuestos tienen en común cuatro elementos los que, como ya se dijo, deben estar determinados por las leyes que los regulan. Los elementos de los impuestos son: sujeto (activo y pasivo), objeto, base gravable y la cuota o tasa, como se puede ver en el siguiente cuadro:

Cuadro 6.6.

ELEMENTOS DE LOS IMPUESTOS	
Elemento	Descripción
Sujeto	**El sujeto activo** es aquel que tiene el derecho de exigir el pago del impuesto tributos. En México los sujetos activos son: la Federación, los estados y los municipios. **El sujeto pasivo** es toda persona física o moral que tiene la obligación de pagar impuestos en los términos establecidos por las leyes.
Objeto	El objeto es la actividad o cosa que la Ley señala como el motivo del gravamen, de tal manera que se considera como el hecho generador del impuesto.
Base gravable	La base del impuesto es el monto gravable sobre el cual se determina la cuantía del impuesto. Por ejemplo: el monto de la renta percibida, número de litros producidos, el ingreso anual de un contribuyente.
Cuota o tasa	El monto de dinero que el contribuyente debe pagar a la administración pública se determina aplicando una cuota o tasa a la base gravable. **Cuota**. Se fija en cantidades absolutas cuando el monto de dinero se fija por unidad tributaria (que puede ser un litro, un determinado monto de dinero, etc.). **Tasa**. Se fija como porcentaje del monto de los ingresos, en el caso de los impuestos directos, o del precio de los bienes y servicios, en el caso de los impuestos indirectos.

FUENTE: Elaboración propia.

En atención a los principios de legalidad, obligatoriedad y certeza, estos cuatro elementos de los impuestos deben estar precisados en las leyes que los regulan. A los mismos se debe añadir el periodo en que los ingresos u operaciones gravables causan el impuesto y el plazo dentro del cual el contribuyente debe liquidarlo o enterarlo.

6.4. Los impuestos federales

Por lo expuesto ha quedado claro que los impuestos federales son aquellos que han sido aprobados por el Congreso de la Unión mediante el proceso legislativo ordinario y que entran en vigor al día siguiente de su publicación en el *Diario Oficial de la Federación.*

La estructura tributaria de México se compone en la actualidad de siete impuestos federales. La LIF vigente clasifica las normas tributarias de la siguiente manera:

- Impuesto sobre los ingresos: ISR
- Impuestos sobre la producción, el consumo y las transacciones: IVA, IEPS e ISAN
- Impuestos al comercio exterior: los Impuestos a la Exportación y a la Importación
- Otros impuestos: el Impuesto por la Actividad de Exploración y Extracción de Hidrocarburos (IAEEH)

En años recientes estuvieron vigentes algunos impuestos han sido derogados. Son los casos del el Impuesto a Depósitos en Efectivo (IDE) y el Impuesto Empresarial a Tasa Única (IETU), ambos de 2010 a 2013; y el Impuesto a los Rendimientos Petroleros, del 2010 a 2014.

En el caso de los impuestos más significativos (ISR, IVA y IEPS), se podrá encontrar en el respectivo subapartado un cuadro con los elementos del impuesto que se estipulan en la Ley respectiva. Sería conveniente que el lector hiciera el ejercicio de identificar los elementos de los restantes impuestos, a partir de la lectura de su respectiva normatividad jurídica, la que está referida en cada caso.

Asimismo, en el caso de los más importantes, el lector podrá encontrar el respectivo cuadro analítico de cada ley, en el que se relacionan los artículos que refieren las actividades que causan el impuesto.

6.4.1. Impuesto Sobre la Renta

El Impuesto Sobre la Renta (ISR) es un impuesto directo sobre la ganancia obtenida; es decir, por la diferencia entre el ingreso de las personas físicas y morales en el ejercicio fiscal anual y las deducciones autorizadas (aunque el contribuyente está obligado a presentar declaraciones provisionales mensuales).

En el siguiente cuadro se pueden ver con detalle los elementos del impuesto, señalando en cada caso los artículos de la *Ley del Impuesto Sobre la Renta* (LISR) en que están consignados, con vigencia al cierre de edición de este libro (Congreso de la Unión, 2013).

Cuadro 6.7.

IMPUESTO SOBRE LA RENTA (ISR) Elementos				
Sujeto activo	**Sujeto pasivo**	**Objeto**	**Base gravable**	**Tasa**
Federación a través del Servicio de Administración Tributaria. (artículo 1 de la LISR)	Personas físicas y morales residentes en México o residentes en el extranjero que tengan ingresos producidos en el país. (artículo 1 de la LISR)	Los residentes en México, respecto de todos sus ingresos. Los residentes en el extranjero, respecto de los ingresos atribuibles a establecimientos permanentes en el país y respecto de ingresos procedentes de fuentes de riqueza situados en territorio nacional. (artículo 1, fracciones I, II y III, de la LISR)	Personas físicas: todos los ingresos que obtengan son acumulables, salvo las deducciones autorizadas por la Ley. (artículo 90 de la LISR) Personas morales: a la totalidad de los ingresos acumulables obtenidos en el ejercicio se restarán las deducciones autorizadas y la participación de los trabajadores, así como las pérdidas fiscales pendientes de aplicar de ejercicios anteriores. (artículo 9 de la LISR)	*Personas físicas: tabla de la "Tarifa mensual". (artículo 96 de la LISR) Personas morales: tasa del 30% de los ingresos menos deducciones autorizadas por Ley. (artículo 9 de las LISR)*

FUENTE: Elaboración propia con base en las disposiciones vigentes de la LISR con las últimas reformas.

En el cuadro siguiente, se podrán observan el desglose de la Ley en las diversas fuentes de generación de ingresos de las personas físicas y morales que causan el impuesto. Se agrupan los conceptos en ingresos por salarios, por renta de la propiedad, por actividades empresariales y profesionales, e ingresos por intereses. En cada caso se señala puntualmente el concepto y el fundamento legal desglosado.

Cuadro 6.8.

IMPUESTO SOBRE LA RENTA (ISR) Desglose	
Concepto	Fundamento legal 2018
Ingresos por salarios	
Sueldos, salarios o jornal	LISR (Art. 94, 96, 97, 150, 152)
Destajo	LISR (Art. 94, 96, 97, 150, 152) y RLISR (Art. 175)
Comisiones y propinas	LISR (Art. 94, 96, 97, 150, 152)
Bono, percepción adicional o sobresueldo	LISR (Art. 94, 96, 97, 150, 152)

EXENCIONES	
Horas extras	LISR (Art. 93 f. I) y LFT (Art. 66)
Incentivos, gratificaciones o premios	LISR (Art. 93 f. XIV y XV) y RLISR (Art. 174)
Primas vacacionales y otras prestaciones en dinero	LISR (Art. 93 f. VIII, IX, XIV, XV y penúltimo párrafo) y RLISR (Art. 174)
PTU	LISR (Art. 93 f. XIV y XV) y RLISR (Art. 174)
Ingresos por renta de la propiedad	
Alquiler de tierras y terrenos	LISR (Art. 114, 150, 152
Alquiler de casas, edificios, locales y otros inmuebles	LISR (Art. 114, 150, 152)
Alquiler de marcas, patentes y derechos de autor LISR	(Art. 93 f. XXIX, 100, 101 f. VIII, 109, 152)
Ingresos por actividades empresariales y profesionales	
Actividad industrial	LISR (Art. 100, 101, 109, 111, 152)
Actividad comercial	LISR (Art. 100, 101, 109, 111, 152)
Prestadores de servicios	LISR (Art. 100, 101, 109, 111, 152)
Actividades agrícolas	LISR (Art. 74, 106, 109, 152)
Actividades de cría y explotación de animales	LISR (Art. 74, 106, 109, 152)
Actividades de recolección, reforestación y tala de árboles	LISR (Art. 74, 106, 109, 152)
Actividades de pesca, caza y captura de animales	LISR (Art. 74, 106, 109, 152)
Ingresos por intereses	
Intereses provenientes de inversiones a plazo fijo	LISR (Art. 8, 93 f. XX, 133, 134, 150, 152)
Intereses provenientes de cuentas de ahorro	LISR (Art. 8, 93 f. XX, 133, 134, 150, 152)
Intereses provenientes de préstamos a terceros	LISR (Art. 8, 93 f. XX, 133, 134, 150, 152)
Rendimientos provenientes de bonos o cédulas	LISR (Art. 8, 93 f. XX, 133, 134, 150, 152)
Tasa	
Personas físicas	
Personas morales	

FUENTES: Elaboración propia con base en reporte de la SHCP (SHCP, Distribución del pago de impuestos. Resultdos para 2018, 2019); Ley del Impuesto sobre la Renta, LISR; Reglamento de la Ley del Impuesto sobre la Renta, RLISR; Ley Federal del Trabajo, LFT.

6.4.2. Impuesto al Valor Agregado

El Impuesto al Valor Agregado (IVA) es un impuesto indirecto que para su pago se traslada al consumidor de bienes o servicios por la persona física o moral que los proporcione. Ésta retiene el impuesto para su entrega a la administración tributaria junto con su declaración.

El fundamento del IVA está en la Ley del Impuesto al Valor Agregado (LIVA) y los elementos de este impuesto están detallados en el cuadro siguiente, siempre atendiendo al texto legal vigente (Congreso de la Unión, 1978).

Cuadro 6.9.

IMPUESTO AL VALOR AGREGADO (IVA) Elementos				
Sujeto activo	**Sujeto pasivo**	**Objeto**	**Base gravable**	**Tasa**
Contribuyente retenedor que traslada el impuesto. (artículo 1-A de la LIVA)	Las personas físicas y morales que realicen las siguientes actividades: enajenen bienes, presten servicios independientes, otorguen el uso o goce temporal de bienes, e importen bienes o servicios. (artículo 1, fracciones I a IV de la LIVA)	Transacciones comerciales o de servicios que realicen las personas físicas o morales en el territorio nacional. *(artículo 1 de la LIVA)*	*Precio nominal de los bienes o servicios que fueron sujetos de las transacciones.* *(artículo 1 de la LIVA, segundo párrafo)*	*16% del precio nominal de los bienes o servicios que fueron sujetos de las transacciones.* *(artículo 1 de la LIVA, segundo párrafo)*

FUENTE: Elaboración propia con base en las disposiciones vigentes de la LIVA con las últimas reformas.

El IVA establece una tasa general del 16%, en la que están clasificados la mayoría de los bienes de consumo y servicios. La tasa cero abarca los productos alimenticios no industrializados, las medicinas y el agua potable de consumo doméstico. Las exenciones dispuestas en la ley incluyen el trasporte público de personas por la vía terrestre, así como los libros, revistas y periódicos, entre otros.

En el cuadro siguiente se encuentra el desglose de la Ley en las diversas acciones que causan el impuesto. Se agrupan los conceptos en la tasa general al 16%, la tasa 0 y las exenciones. En cada caso se señala puntualmente el concepto y el fundamento legal desglosado.

Cuadro 6.10.

IMPUESTO AL VALOR AGREGADO (IVA) Desglose	
Concepto	**Fundamento legal 2018**
Tasa general (16%)	
Productos destinados a la alimentación (excepto tasa cero) *Perros, gatos y pequeñas especies utilizadas como mascotas en el hogar, así como alimentos procesados para consumo de estos Alimentos preparados para su consumo en el lugar o establecimiento en que se enajenen, para llevar o para entrega a domicilio* *Bebidas no alcohólicas, excepto agua y jugos* *Bebidas alcohólicas* *Tabaco* *Chicles o gomas de mascar.* *Servicios de alimentación consumidos fuera del hogar* *Otros transportes públicos no exentos Artículos de limpieza y cuidados de la casa Artículos para el cuidado personal* *Servicios de educación no exentos* *Artículos e imprevistos educativos* *Artículos de cultura y recreación no exentos* *Servicios de recreación no exentos* *Comunicaciones* *Combustibles, mantenimiento y servicios para vehículos* *Alquiler de terrenos* *Servicios de conservación y combustibles* *Último recibo pagado de los servicios para la vivienda* *Prendas de vestir, calzado y accesorios* *Cristalería, blancos y utensilios domésticos* *Cuidados de la salud (excepto tasa cero y exentos)* *Enseres domésticos, muebles y mantenimiento de la vivienda* *Artículos de esparcimiento* *Servicios de transporte y adquisición y mantenimiento de vehículos particulares* *Transporte público terrestre foráneo de personas* *Gastos diversos, transferencias y regalos a personas ajenas al hogar*	*LIVA (Art. 1 f. I y 2-A f. I inciso b) numeral 3) y Decretos DOF (29/08/1980 y 09/09/1980)* *LIVA (Art. 1 f. I y 2-A f. I incisos a) y b) numeral 6).* *LIVA (Art. 1 f. I y 2-A f. I último párrafo)* *LIVA (Art. 1 f. I, 2-A f. I inciso b) numerales 1 y 2 e inciso c).* *LIVA (Art.1 f. I y 2-A f. I inciso b) numeral 1).* LIVA (Art. 1 f. I). LIVA (Art. 1 f. I y 2-A f. I inciso b) numeral 5). *LIVA (Art. 1 f. I y 2-A f. I último párrafo).* LIVA (Art. 1 f. I y 15 f. V). LIVA (Art. 1 f. I). LIVA (Art. 1 f. I). *LIVA (Art. 1 f. II y 15 f. IV).* LIVA (Art. 1 f. I y II). LIVA (Art. 1 f. I). LIVA (Art.1 f. I y II y 15 f. XIII). LIVA (Art. 1 f. I y II). LIVA (Art. 1 f. I, II y III). LIVA (Art. 1 f. III). LIVA (Art. 1 f. I y II). LIVA (Art. 1 f. I y II). LIVA (Art. 1 f. I). LIVA (Art. 1 f. I). LIVA (Art. 1 f. I y II, 2-A f. I inciso b), 14 f. I y 15 f. XIV y XV), RLIVA (Art. 7) y REF-CRM LIVA (Art. 1 f. I y II). LIVA (Art. 1 f. I). LIVA (Art. 1 f. I, II y III y 15 f. V). *LIVA (Art.1 f. II y 15 f. V).* *LIVA (Art. 1 f. I).*
Tasa cero (0%)	
Productos destinados a la alimentación (incluye agua y jugos, excluye alimento procesado para mascotas) y animales y vegetales no industrializados (salvo el hule, perros, gatos y pequeñas especies utilizadas como mascotas en el hogar). *Medicinas de patente* *Suministro de agua para uso doméstico*	*LIVA (Art. 2-A f. I incisos a), b), c) y d)), RLIVA (Art. 6), CN-SAT (11/IVA/N), Decretos DOF (29/08/1980, 09/09/1980, 19/07/2006 y 26/12/2013, Art. 2.1.).* *LIVA (Art. 2-A f. I inciso b), RLIVA (Art. 7), CN-SAT (9/IVA/N), LGS (Art. 221 y 271) y CB y CM Edición 2018, (DOF 23/11/2018).* LIVA (Art. 2-A f. II inciso h)
Exenciones	
Transporte público terrestre de personas, que se preste exclusivamente en áreas urbanas, suburbanas o áreas metropolitanas. *Servicios de enseñanza* *Libros, periódicos y revistas* *Seguros de vida* *Espectáculos públicos, excepto teatro, circo y cine* *Loterías, rifas, sorteos o juegos con apuestas y concursos* *Uso o goce de inmuebles destinados a casa habitación* *Servicios gratuitos* *Servicios profesionales de medicina*	LIVA (Art.15 f. V). LIVA (Art. 15 f. IV). LIVA (Art. 9 f. III). LIVA (Art. 15 f. IX). LIVA (Art. 15 f. XIII). LIVA (Art. 9 f. V) y RMF 2018 (Regla 4.2.2.). LIVA (Art. 20 f. II) y RLIVA (Art. 45). LIVA (Art. 15 f. III). *LIVA (Art. 15 f. XIV y XV) y RLIVA (Art. 41).*

FUENTES: Elaboración propia con base en reporte de la SHCP (SHCP, Distribución del pago de impuestos. Resultdos para 2018, 2019); Ley del Impuesto al Valor Agregado (LIVA); Reglamento de la Ley del Impuesto Agregado (RLIVA); Resolución Miscelánea Fiscal (RMF); Criterios Normativos del SAT (CN-SAT); Reglamento para la emisión de facturas de la Cruz Roja Mexicana (REF-CRM); Ley General de Salud (LGS).

6.4.3. Impuesto Especial sobre Producción y Servicios

El Impuesto Especial sobre Producción y Servicios (IEPS) es impuesto indirecto que se paga por la producción y venta o importación de gasolinas, alcoholes, cerveza y tabacos, entre otros bienes. Según lo que dispone la Ley del Impuesto Especial Sobre Producción y Servicios (LIEPS) opera en forma similar al IVA, como se puede ver en el siguiente cuadro (Congreso de la Unión, 1980).

Cuadro 6.11.

IMPUESTO ESPECIAL SOBRE PRODUCCIÓN Y SERVICIOS (IEPS) Elementos				
Sujeto activo	**Sujeto pasivo**	**Objeto**	**Base gravable**	**Tasa o cuota**
Contribuyente retenedor que trasladará el impuesto. (artículos 2, fracciones I, II y III; y artículo 2-A de la LIEPS)	*Las personas físicas y morales que realicen las siguientes actividades: La enajenación en territorio nacional o, en su caso, la importación de los bienes señalados en la LIEPS La prestación de los servicios señalados en esta LIEPS. (artículo 1, 5, 5A, 5B, 5C, 5D y 6 de la LIEPS)*	*Transacciones comerciales o de servicios que realicen las personas físicas o morales en el territorio nacional de bienes o servicios contemplados en la LIEPS. (artículo 1 de la LIEPS)*	*Monto de las transacciones comerciales o de servicios que realicen las personas físicas o morales en el territorio nacional de bienes o servicios contemplados en la LIEPS.*	*La tasa o cuotas es variable según el bien o servicio de que se trate. Las más importantes son: Bebidas con contenido alcohólico y cerveza: del 26.5% al 53% Tabacos labrados: del 30.4 al 160% Gasolina menor a 91 octanos cuota de 5.1148 pesos por litro Gasolina mayor o igual a 91 octanos cuota de 4.3192 pesos por litro Diésel cuota de 5.6212 pesos por litro Bebidas energetizantes: 26% Alimentos no básicos: 8% Juegos con apuestas y sorteo: 30% (artículo 2 de la LIEPS)*

FUENTE: Elaboración propia con base en las disposiciones vigentes de la LIEPS con las últimas reformas.

El IEPS incluye una variedad de bienes y servicios que son objeto del impuesto, a los cuales corresponde una variedad de cuotas y tasas que atienden a la naturaleza y características disímbolas de los objetos de la contribución tributaria. El cuadro anterior refiere algunos ejemplos de las cuotas y tasas que deben aplicarse a los distintos bienes y servicios.

En el cuadro siguiente se encuentra el desglose de la Ley con relación a los bienes y servicios por lo que el IEPS se debe pagar, además de las normas de exención, organizados en los siguientes rubros:

- Enajenación e importación de bienes
- Prestación de servicios
- Exenciones

En cada caso, como se ha hecho en otros impuestos, están señalados con puntualidad el concepto y el fundamento legal desglosado. Para conocer la tasa o cuota y la base gravable aplicable a cada bien o servicio se deberá consultar la LIEPS vigente, en el artículo respectivo señalado en el cuadro.

Cuadro 6.12.

IMPUESTO ESPECIAL SOBRE PRODUCCIÓN Y SERVICIOS (IEPS) Desglose	
Concepto	Fundamento legal 2018
Enajenación o, en su caso, importación de los bienes siguientes:	
Bebidas alcohólicas de hasta 14°G.L. *Bebidas alcohólicas de 14°–20°G.L.* *Bebidas alcohólicas de más de 20°G.L. Cervezas de hasta 14°G.L.* *Cervezas de 14°–20°G.L.* *Cervezas de más de 20°G.L.* *Alcohol, alcohol desnaturalizado y mieles incristalizables.* *Puros y otros tabacos labrados.* *Gasolinas y Diésel (Magna, Premium y Diésel)* *Bebidas energizantes, concentrados, polvos y jarabes para preparar bebidas energizantes.* *Bebidas saborizadas, concentrados, polvos, jarabes, esencias o extractos de sabores que al diluirse permitan obtener bebidas saborizadas.* *Combustibles Fósiles* *Propano* *Butano* *Gasolinas y gas avión.* *Turbosina y otros kerosenos.* *Diésel.* *Combustóleo.* *Coque de petróleo.* *Coque de carbón.* *Carbón mineral.* *Otros combustibles fósiles.* *Plaguicidas. Según el grado de toxicidad en cuatro categorías.* *Alimentos con densidad calórica de 275 Kcal o mayor por cada 100 g.: Botanas, confitería, chocolate y productos derivados del cacao, flanes y pudines, dulces de frutas y hortalizas, cremas de cacahuate y avellanas, dulces de leche, alimentos preparados a base de cereales, helados, nieves y paletas de hielo.*	LIEPS (Art. 2 f. I inciso A numeral 1). LIEPS (Art. 2 f. I inciso A numeral 2). LIEPS (Art. 2 f. I inciso A numeral 3). LIEPS (Art. 2 f. I inciso A numeral 1 y 2-C). LIEPS (Art. 2 f. I inciso A numeral 2 y 2-C). LIEPS (Art. 2 f. I inciso A numeral 3 y 2-C). *LIEPS (Art. 2 f. I inciso C numeral 1 y segundo párrafo).* *LIEPS (Art. 2 f. I inciso C numerales 2 y 3, y segundo y tercer párrafo).* LIEPS (Art. 2 f. I inciso D, 2-A y Art. *Cuarto del Acuerdo 136/2017).* *LIEPS (Art. 2 f. I inciso F y G).* LIEPS (Art. 2 f. I inciso G). LIEPS (Art. 2 f. I inciso H numeral 1 y Art. *Tercero del Acuerdo 136/2017).* *LIEPS (Art. 2 f. I inciso H numeral 2 y Art. Tercero del Acuerdo 136/2017), respectivamente.* *LIEPS (Art. 2 f. I inciso H numeral 3 y Art. Tercero del Acuerdo 136/2017).* *LIEPS (Art. 2 f. I inciso H numeral 4 y Art. Tercero del Acuerdo 136/2017).* *LIEPS (Art. 2 f. I inciso H numeral 5 y Art. Tercero del Acuerdo 136/2017).* *LIEPS (Art. 2 f. I inciso H numeral 6 y Art. Tercero del Acuerdo 136/2017).* *LIEPS (Art. 2 f. I inciso H numeral 7 y Art. Tercero del Acuerdo 136/2017).* *LIEPS (Art. 2 f. I inciso H numeral 8 y Art. Tercero del Acuerdo 136/2017).* *LIEPS (Art. 2 f. I inciso H numeral 9 y Art. Tercero del Acuerdo 136/2017).* *LIEPS (Art. 2 f. I inciso H numeral 10 y Art. Tercero del Acuerdo 136/2017).* *LIEPS (Art. 2 f. I inciso I).* LIEPS (Art. 2 f. I inciso J).
Prestación de servicios	
Juegos con apuestas y sorteos. *Redes públicas de telecomunicaciones.*	LIEPS (Art. 2 f. II inciso B). LIEPS (Art. 2 f. II inciso C).
Exenciones	
I. Por las enajenaciones siguientes:	

Aguamiel y productos derivados de su fermentación. *Por personas diferentes a los fabricantes, productores o importadores de tabacos labrados, gasolinas, diésel, bebidas saborizadas y combustibles fósiles.* *De cerveza, bebidas refrescantes, puros y otros tabacos labrados, bebidas energizantes, concentrados, polvos y jarabes para preparar bebidas energizantes efectuadas al público en general.* *De alcohol, alcohol desnaturalizado y mieles incristalizables, al público en general.* *De bebidas saborizadas en restaurantes y bares, bebidas saborizadas que cuenten con registro sanitario como medicamentos, leche en cualquier presentación y sueros orales.* *De plaguicidas de Categoría 5.* *De petróleo crudo y gas natural.*	LIEPS (Art. 8 f. I inciso b). LIEPS (Art. 8 f. I inciso c). LIEPS (Art. 8 f. I inciso d). LIEPS (Art. 8 f. I inciso e y 19 f. I, II, VI, VII, X, XII y XIV). LIEPS (Art. 8 f. I inciso f) y CN-SAT (5/IEPS/N). LIEPS (Art. 8 f. I inciso h). LIEPS (Art. 8 f. I inciso i).
II. Por las exportaciones siguientes:	
Por la exportación de bienes a los que se refiere la LIEPS.	LIEPS (Art. 8 f. II y 19.f. XI)
III. Juegos con apuestas y sorteos	
Por personas morales sin fines de lucro autorizadas para recibir donativos deducibles para los efectos de la LISR. *Tratándose de sorteos, cuando todos los participantes obtengan dicha calidad sin sujetarse a pago, a la adquisición de un bien o a la contratación de un servicio.* *Tratándose de sorteos, cuando todos los participantes obtengan dicha calidad a título gratuito por el solo hecho de adquirir un bien o contratar un servicio.*	LIEPS (Art. 8 f. III inciso a) y LISR (Art. 79 f. VI, X y XVII). LIEPS (Art. 8 f. III inciso b) y RLFJS (Art. 3 f. XXIII). LIEPS (Art. 8, f. III, inciso c), LFJS (Art. 2 al 8) y RLFJS (Art. 3 f. XXIII).
IV. Servicios de telecomunicaciones	
De telefonía fija rural (Población menor a 5,000 habitantes). *De telefonía pública.* *De interconexión.* *De acceso a internet, a través de una red fija o móvil.*	LIEPS (Art. 8 f. IV inciso a). LIEPS (Art. 8 f. IV inciso b). LIEPS (Art. 8 f. IV inciso c). LIEPS (Art. 8 f. IV inciso d)
V. Importaciones	
Las que en los términos de la Ley Aduanera (LA) no lleguen a consumarse, sean temporales o sean objeto de tránsito o transbordo. *Las efectuadas por pasajeros en los términos de la LA.* *Las de aguamiel y productos derivados de su fermentación.* *De alcohol, alcohol desnaturalizado y mieles incristalizables.* *De bebidas saborizadas que cuenten con registro sanitario como medicamentos, leche y sueros orales.* *De plaguicidas de Categoría 5.* *De petróleo crudo y gas natural.*	LIEPS (Art. 13 f. I). LIEPS (Art. 13 f. II). LIEPS (Art. 13 f. III). LIEPS (Art. 13 f. V y 19 f. I, VI, VIII, XI, XIV y XIX). LIEPS (Art. 13 f. VII). LIEPS (Art. 13 f. VIII). *LIEPS (Art. 13 f. IX).*

FUENTES: Elaboración propia con base en reporte de la SHCP (SHCP, Distribución del pago de impuestos. Resultdos para 2018, 2019); Ley del Impuesto Especial sobre Producción y Servicios (LIEPS); Criterios Normativos del SAT (CN-SAT); Ley del Impuesto sobre la Renta (LISR); Ley Federal de Juegos y Sorteos (LFJS); Reglamento de la Ley Federal de Juegos y Sorteos (RLFJS); Ley Aduanera (LA); Acuerdo por el que se actualizan las cuotas que se especifican en materia del impuesto especial sobre producción y servicios (Acuerdo 136/2017).

6.4.4. Impuesto Sobre Automóviles Nuevos (ISAN)

Este impuesto está determinado en la *Ley Federal del Impuesto Sobre Automóviles Nuevos* (LISAN). Esta contribución es un impuesto indirecto que se basa en el precio de venta del vehículo automotor nuevo, incluyendo aquellos accesorios opcionales normales o de lujo. El impuesto es cobrado al comprador por parte del ensamblador, fabricante, distribuidor o el comerciante autorizado, sin considerar aquellas rebajas, descuentos o bonificaciones especiales, quien debe enterarlo a la autoridad tributaria (Congreso de la Unión, 1996).

El impuesto trasladado al comprador del vehículo se calcula mediante una combinación de cuota fija y de tasa, las cuales se determinan según el precio del automóvil.

6.4.5. Impuesto sobre Servicios Expresamente Declarados de Interés Público

El nombre completo de este impuesto, que es poco conocido, es "Impuesto sobre servicios expresamente declarados de interés público en los que intervengan empresas concesionarias de bienes del dominio directo de la Nación". Es un impuesto directo que está incluido en la *Ley que establece, reforma y adiciona las disposiciones relativas a diversos impuestos*, promulgada el 31 de diciembre de 1968 (Congreso de la Unión, 1968). Es una ley vigente hasta la actualidad, dado que no ha sido reformada o abrogada por el Congreso de la Unión.

El artículo 4 de la misma establece que la base gravable del impuesto será el monto total de los pagos en efectivo o en especie que reciban las empresas concesionarias. El artículo 5 dispone que el impuesto equivaldrá al 25% de la base gravable. Como se colige de lo anterior, se trata de un impuesto directo que grava los ingresos, no la renta. Efectivamente, esta Ley toma como base gravable la totalidad de pagos que reciba cada concesionaria por la explotación comercial de la concesión, esto es, el total de los ingresos, sin deducir ni los gastos de producción ni los administrativos, aplicándose la tasa impositiva al ingreso total.

En sucesivos decretos presidenciales de 1969, 2002 y 2020, se dispuso que este impuesto se pagara en especie por los concesionarios de radio y televisión, lo que dio lugar al llamado "tiempo fiscal" que las autoridades administran y que les permite, junto con otros tiempos de transmisión denominados "tiempos del Estado", que se transmitan promocionales o programas gubernamentales en todas las estaciones de radio y canales de televisión abierta.[33]

6.4.6. Impuesto por la Actividad de Exploración y Extracción de Hidrocarburos

El Impuesto por la Actividad de Exploración y Extracción de Hidrocarburos (IAEEH) está contenido en la *Ley de Ingresos Sobre Hidrocarburos* (LISH).

Los sujetos pasivos de este impuesto son los Contratistas y Asignatarios por el Área Contractual y Área de Asignación, respectivamente, definida en el Contrato o Asignación que corresponda. El impuesto por la actividad de exploración y extracción de hidrocarburos se calculará mensualmente aplicando por cada kilómetro cuadrado que comprenda el Área Contractual o el Área de Asignación, según lo determinan los artículos 54 y 55 de la Ley mencionada (Congreso de la Unión, 2014).

Las cuotas de este impuesto son las siguientes:

- Durante la fase de exploración 1,881.60 pesos, y
- Durante la fase de extracción 7,526.47 pesos.

6.4.7. Impuestos Generales de Importación y Exportación

Estos impuestos y sus cuotas están normados en la nueva *Ley de los Impuestos Generales de Importación y Exportación* (LIGIE), que fue expedida en el año 2020. La nueva Ley sustituyó a la que, con la misma denominación, había estado vigente desde 2007.

---

[33] Los **tiempos oficiales** en radio y televisión se forman con tiempos fiscales, que se originan en el pago en especie del impuesto que en este apartado estudiamos y los tiempos del Estado, que son 30 minutos diarios de transmisión que cada concesionario está obligado a realizar en favor del Estado como una obligación inherente a su derecho de uso de la concesión del espacio radioeléctrico. Para una mayor información de los "tiempos oficiales" y los cambios legislativos que ha habido en esa materia, se puede leer el ensayo "AMLO y su devolución de los tiempos oficiales de radio y televisión", publicado en el blog "El juego de la Corte" de la revista *Nexos* (Hernández, 2020).

Esta Ley es un instrumento relevante en el comercio exterior del país, pues establece las tasas de los aranceles a la importación y a la exportación de mercancías y crear una base de clasificación de dichas operaciones de comercio exterior (Congreso de la Unión, 2020).

6.5. Los ingresos en el Paquete Económico anual

En el capítulo dedicado a las Finanzas Públicas de este libro se abordó el tema del ciclo del Paquete Económico anual, también conocido como ciclo presupuestario. Ahí se revisó el contenido del Paquete Económico, su elaboración y proceso de aprobación.

En este apartado veremos con detalle la parte de dicho Paquete que se refiere a los ingresos, que está conformada por la Ley de Ingresos y la Miscelánea Fiscal.

6.5.1. La Ley de Ingresos de la Federación

La *Ley de Ingresos de la Federación* (LIF) es la norma con vigencia anual que establece los ingresos que el gobierno federal obtendrá en el siguiente ejercicio para cubrir el gasto público, los que deberán recaudarse por medio de impuestos, derechos, productos, aprovechamientos, emisión de bonos y deuda pública.

El proyecto de LIF de cada año se remite por el Poder Ejecutivo al Congreso de la Unión, como parte del Paquete Económico anual. Su contenido está determinado por los Criterios Generales de Política Económica que forman parte de dicho Paquete, pues las previsiones que ahí se plantean con respecto a la economía nacional condicionan las corridas financieras con las que pueden calcularse los ingresos en sus distintos rubros. Por ejemplo, si se considera que el precio del barril de petróleo evolucionará al alza durante el año siguiente, eso representará un ingreso mayor a las arcas nacionales y será lo contrario si en los Criterios Generales se prevé una menor producción o un menor precio del hidrocarburo. De la misma manera, las previsiones sobre el desenvolvimiento de la economía impactan a la LIF, pues si se estima que el porcentaje de crecimiento del Producto Interno Bruto (PIB) irá al alza, las corridas financieras indicarán una mayor recaudación de impuestos como el ISR y el IVA. En cambio, la previsión de una recesión o depresión indicará que la recaudación fiscal descenderá.

Como ya se ha dicho, en el ciclo presupuestal de cada año se aprueban en primer lugar por ambas cámaras la respectiva LIF, la miscelánea fiscal en los plazos que se enunciaron al revisar el ciclo presupuestario en el Capítulo 2 de este libro, apartado 2.7.4.5. No es sino hasta después de ello que se dictamina y aprueba el Presupuesto de Egresos de la Federación correspondiente. El monto total de éste debe ser igual al que consta en el primer artículo de la LIF respectiva.

Desde su primer artículo, la LIF de cada año debe establecer el monto de los ingresos públicos que habrán de recaudarse en el siguiente ejercicio. Así, la LIF 2022 dice lo siguiente:

> **Artículo 1o.** En el ejercicio fiscal de 2022, la Federación percibirá los ingresos provenientes de los conceptos y en las cantidades estimadas en millones de pesos que a continuación se enumeran:

CONCEPTO	*Ingreso Estimado*
TOTAL	*7,088,250.3*

A continuación, en el mismo artículo se detallan la recaudación proyectada por cada impuesto, cuotas y aportaciones, contribuciones de mejoras, derechos, productos y aprovechamientos. También, los ingresos por ventas de bienes y servicios, transferencias y por financiamiento.

La sumatoria de estos conceptos da por resultado el monto de Ingreso Estimado. El Ingreso Estimado se puede sintetizar en los siguientes rubros:

Cuadro 6.13.

RUBROS DE LA LIF 2022	
RUBRO	*MONTO (millones de pesos)*
1. Impuestos	*3,944,520.6*
2. Cuotas y Aportaciones de Seguridad Social	*411,852.5*
3. Contribuciones de Mejoras	*32.6*
4. Derechos	*47,193.5*
5. Productos	*7,918.8*
6. Aprovechamientos	*184,864.7*
7. Ingresos por Ventas de Bienes, Prestación de Servicios y Otros Ingresos	*1,205,324.3*
*8. Participaciones, Aportaciones, Convenios, Incentivos Derivados de la Colaboración Fiscal y Fondos Distintos de Aportaciones **	
9. Transferencias, Asignaciones, Subsidios y Subvenciones, y Pensiones y Jubilaciones	*370,928.1*
10. Ingresos Derivados de Financiamientos	*915,615.2*

FUENTE: LIF 2022, en: https://www.diputados.gob.mx/LeyesBiblio/ref/lif_2022.htm

NOTA: * Este rubro se muestra en blanco en el artículo 1°. de la LIF-2022.

Al final de este Capítulo, como un material adjunto, el lector podrá encontrar el texto completo del artículo 1° de la LIF-2022, transcrito de la ley aprobada por el Congreso de la Unión. En el mismo se podrá observar cada uno de los rubros señalados con el desglose detallado de los conceptos que lo conforman. Así, por ejemplo, en el rubro de Impuestos, contiene el desglose de la recaudación estimada de ISR, IVA, del IEPS en sus diversas materias, etc.

Los montos establecidos en la LIF 2022 citados en el cuadro anterior indican que los ingresos públicos previstos para ese ejercicio tienen la estructura que indica el siguiente cuadro:

Cuadro 6.14.

ESTRUCTURA DE LOS INGRESOS PÚBLICOS DETERMINADOS EN LA LIF 2022 (millones de pesos)		
RUBRO	MONTO	%
TOTAL	**7,088,250.3**	**100.0**
1. Impuestos	3,944,520.6	55.6
2. Cuotas y Aportaciones de Seguridad Social	411,852.5	5.8
3. Contribuciones de Mejoras	32.6	0.0
4. Derechos	47,193.5	0.7
5. Productos	7,918.8	0.1
6. Aprovechamientos	184,864.7	2.6
7. Ingresos por Ventas de Bienes, Prestación de Servicios y Otros Ingresos	1,205,324.3	17.0
8. Participaciones, Aportaciones, Convenios, Incentivos Derivados de la Colaboración Fiscal y Fondos Distintos de Aportaciones *		0.0
9. Transferencias, Asignaciones, Subsidios y Subvenciones, y Pensiones y Jubilaciones	370,928.1	5.2
10. Ingresos Derivados de Financiamientos	915,615.2	12.9

FUENTE: Elaboración propia con base en la LIF 2022.

Los ingresos por impuestos federales son la parte más importante de los ingresos públicos del ejercicio 2022, pues representan el 55.6% del total. Los ingresos por ventas de bienes, prestación de servicios y otros ingresos (que incluyen los originados en las empresas productivas del Estado) representan el 17% y son la segunda entrada más importante de los ingresos públicos. Juntos, estos dos rubros representan casi tres cuartas partes de los ingresos públicos previstos para esa anualidad (el 72.6%).

Los ingresos derivados de financiamientos (deuda pública) son la tercera fuente en importancia en la estructura de los ingresos públicos del ejercicio 2021. Representan el 12.9% de los ingresos totales previstos en dicho ejercicio.[34]

Las cuotas y aportación de seguridad social que aportan los trabajadores y los patrones se ubican en la cuarta posición con el 5.8%, las transferencias, asignaciones, subsidios y subvenciones, pensiones y jubilaciones se ubican en el quinto lugar con el 5.2%, los aprovechamientos aportan el 2.6% y el pago de derechos el 0.7%.

6.5.2. La miscelánea fiscal

En nuestra exposición del ciclo presupuestal se explicó que el Paquete Económico anual incluye lo que se conoce como "miscelánea fiscal".

La miscelánea fiscal no es otra cosa que el conjunto de iniciativas de reformas a diversas leyes fiscales que presenta el Poder Ejecutivo al Congreso de la Unión. Mediante esas iniciativas se propone la modificación de tasas, cuotas, conceptos de imposición y reglas de pago de los impuestos, modificaciones que redundan en el ajuste de los montos de Ingresos Estimados que deberá consignar la LIF correspondiente.

La miscelánea fiscal de cada año suele incluir reformas a las leyes del ISR, IVA, IEPS y otras normas impositivas, así como modificaciones a las reglas de tributación contenidas en el Código Fiscal de la Federación.

Para poner un ejemplo de lo anterior, se puede señalar que la "Resolución Miscelánea Fiscal 2022", emitida por el Servicio de Administración Tributaria de la SHCP, indica que la miscelánea para ese ejercicio incluyó reformas legales a las siguientes leyes:[35]

- Código Fiscal de la Federación
- Leyes del ISR, IVA, IEPS, ISAN, de Ingresos sobre Hidrocarburos

---

34 Habrá de recordarse que en el rubro de Financiamientos de esta tabla no se consideran los techos de endeudamiento de las Empresas Productivas del Estado (PEMEX y CFE), los cuales se autorizan por aparte.

35 SAT, SHCP (2020). "Resolución Miscelánea Fiscal 2022", publicada en el *Diario Oficial de la Federación del 27/12/2021. Consultado en:* https://www.sat.gob.mx/normatividad/57558/resolucion-miscelanea-fiscal—rmf

- Leyes relativas a Contribuciones para Mejoras y Derechos

6.6. La Cuenta Pública y los ingresos federales

De conformidad con lo que dice el artículo 74, fracción VI de la Constitución, el gobierno federal debe rendir a la Cámara de Diputados, un informe detallado de la Cuenta Pública del ejercicio anterior.[36]

Tal informe permite que se pueda hacer la comparación entre los ingresos estimados en la LIF de determinada anualidad y los efectivamente recabados en cada uno de los rubros. Además de ello, también da pauta a evaluar la estructura de los ingresos públicos efectivamente recaudados, mediante el estudio de la relación que existe entre los diversos rubros que integran los ingresos recaudados en los diferentes ejercicios.

6.6.1. Estructura de los ingresos efectivamente recaudados

Hasta aquí hemos revisado los ingresos públicos y su estructura en forma prospectiva hacia un siguiente ejercicio fiscal, es decir, en términos de proyección a futuro. Pero se debe considerar que el establecimiento con detalle de los ingresos estimados no quiere decir que esos montos ingresaron efectivamente a las arcas públicas. Para que ello ocurra se necesita que se lleven a cabo las actividades económicas que causan los impuestos y originan los ingresos no tributarios, así como el que las autoridades tributarias hagan la recaudación de estos.

Así, para que los ingresos públicos estimados en la LIF efectivamente ingresen al erario en el monto previsto, se deben cumplir al menos las siguientes condiciones:

- Que la actividad económica se desarrolle en los términos previstos en los respectivos Criterios Generales de Política Económica

---

[36] El informe a que se hace referencia se denomina legalmente *Cuenta de la Hacienda Pública Federal. Se debe entregar a la Cámara de* Diputados a más tardar el 30 de abril de cada año, a efecto de que la Auditoría Superior de la Federación haga su revisión técnica, contable, financiera, de oportunidad y de desempeño.

- Que la administración pública haga eficientemente su trabajo y autoridades recaudadoras hagan la parte que les corresponde
- Que los contribuyentes tengan disposición y posibilidades de pagar sus impuestos

Si estas condiciones se cumplen en la forma prevista, los ingresos serán recaudados en los montos previstos e, incluso, se puede dar el caso de una mayor recaudación efectiva. En cambio, si durante el ejercicio fiscal determinado, en lugar de equis crecimiento del PIB hay un decremento, sea éste debido a una crisis económica o a un fenómeno natural (como un sismo o una pandemia), la recaudación efectiva se reducirá en comparación a lo que se estableció en la LIF.

Resultado similar se producirá si las personas físicas y morales eluden o evaden el pago de sus impuestos por falta de una cultura del contribuyente, por considerar injusta la imposición o por enfrentar dificultades económicas en su empresa o familia.

Igualmente, si la capacidad de recaudación de las autoridades tributarias incurre en déficit por falta de capacitación, atraso tecnológico o administración deficiente, la recaudación también se verá mermada.

Al revisar los ingresos públicos reportados *a posteriori* por la SHCP en sus informes de Cuenta Pública correspondientes a varios ejercicios, se pueden observar algunas modificaciones en la estructura de los ingresos recaudados, como se puede ver en los siguientes cuadros, en los cuales están consignados los ingresos públicos de los ejercicios seleccionados en las clasificaciones de ingresos petroleros y no petroleros y de ingresos tributarios y no tributarios, de conformidad con la Cuenta Pública informada por la SHCP a la Cámara de Diputados en cada uno de esos años. [37]

---

[37] Se seleccionó el penúltimo ejercicio de los periodos presidenciales de Ernesto Zedillo Ponce de León, Vicente Fox Quezada, Felipe Calderón Hinojosa y Enrique Peña Nieto, además de los dos primeros de Andrés Manuel López Obrador. Las fuentes para la elaboración de este cuadro comparativo son las siguientes:
Ley de Ingresos de la Federación
Para 1999: http://dof.gob.mx/nota_detalle.php?codigo=4905682&fecha=31/12/1998
Para 2005: https://www.transparenciapresupuestaria.gob.mx/work/models/PTP/Presupuesto/LIF/Lif_2005.pdf
Para 2011: http://dof.gob.mx/nota_detalle.php?codigo=5167295&fecha=15/11/2010

Cuadro 6.15.

INGRESOS PRESUPUESTARIOS RECAUDADOS POR EL GOBIERNO FEDERAL, 1999-2020 (años seleccionados) (millones de pesos corrientes) *						
Concepto	1999	2005	2011	2017	2019	2020
TOTAL	**985,375.1**	**1,941,056.00**	**3,530,544.7**	**3,838,070.3**	**4,006,080.0**	**4,088,500.9**
Ingresos petroleros	**311,027.0**	**777,224.50**	**1,101,879.0**	**437,346.3**	**431,922.8**	**198,306.4**
Ingresos no petroleros	**674,348.1**	**1,163,831.50**	**2,428,665.7**	**3,400,724.0**	**3,574,157.3**	**3,890,194.4**
Ingresos tributarios	**521,682.4**	**808,210.10**	**1,402,478.1**	**2,855,056.9**	**3,202,623.7**	**3,338,875.5**
Sistema renta (ISR)	207,055.0	384,496.70	712073.2	1,571,378.2	1,686,618.0	1,760,460.9
IVA	151,183.5	318,659.40	513149.3	816,048.1	933,326.8	987,524.5
IEPS	106,703.7	49,435.60	66042.6	367,834.3	460,495.6	460,673.9
Importación		26,823.30	-	52,330.2	64,740.6	57,937.6
Exportación			26555.4	0.4	0.4	0.2
ISAN			6952.5	10,702.8	10,497.4	8,365.7
IAEEH				4,329.6	5,803.1	6,901.6
Accesorios	9,068.4			32,152.6	41,062.6	56,793.2
Otros	47,671.8	28,795.10		280.7	79.2	218.0
Impuestos vigentes en 2011 (IETU, IDE)			77,705.1			
Ingresos no tributarios	**152,665.7**	**604,977.60**	**1,026,187.6**	**545,667.1**	**371,533.6**	**551,318.9**
Derechos	106,373.1	491,404.80	885,228.2	61,305.0	82,996.7	72,563.0
Productos	7,854.3	7,931.40	4,588.9	7,830.5	10,414.7	8,512.3
Aprovechamientos	38,416.0	105,610.20	136,299.8	476,480.8	278,067.3	470,215.5
Contribuciones de mejoras	22.3	31.2	70.7	50.8	54.8	28.0

FUENTE: Elaboración propia con datos de SHCP. *Cuenta Pública Tomo I, Ingresos Presupuestarios*, ejercicios 1999, 2005, 2017, 2019 y 2020

NOTA: * No se consideran en este cuadro los siguientes rubros: aportaciones a la seguridad social, ingresos por ventas ni el financiamiento

---

Para 2017: http://www.diputados.gob.mx/LeyesBiblio/abro/lif_2017/LIF_2017_orig_15nov16.pdf
Para 2019: https://elgobiernoatualcance.com.mx/repository/documentos/Ley%20de%20Ingresos%20de%20la%20Federaci%C3%B3n%20para%20el%20Ejercicio%20Fiscal%20de%202019201901071442233352.pdf
Para 2020: http://www.diputados.gob.mx/LeyesBiblio/abro/lif_2020/LIF_2020_orig_25nov19.pdf
Cuenta de la Hacienda Pública de la Federación, Tomo I, Ingresos Presupuestarios
Para 1999: https://www.apartados.hacienda.gob.mx/contabilidad/documentos/informe_cuenta/1999/documentos/chp99t01g60v1.pdf
Para 2005: https://www.pef.hacienda.gob.mx/work/models/Finanzas_Publicas/docs/congreso/infotrim/2005/ivt/04afp/itanfp16_200504.pdf
Para 2011: https://www.apartados.hacienda.gob.mx/contabilidad/documentos/informe_cuenta/2011/documentos/r05/r05d10.pdf
Para 2017: https://www.cuentapublica.hacienda.gob.mx/es/CP/2017
Para 2019: https://www.cuentapublica.hacienda.gob.mx/es/CP/TomoI-2019
Para 2020: https://www.cuentapublica.hacienda.gob.mx/work/models/CP/2020/tomo/I/I50.06.IPP.pdf
Recaudación tributaria como porcentaje del PIB de México
Saldívar, Belén (2021) "Ingresos tributarios, en su mayor nivel como porcentaje del PIB en México", en *El Economista, 12/02/2021. Consultado en:* https://www.eleconomista.com.mx/economia/Ingresos-tributarios-en-su-mayor-nivel-como-porcentaje-del-PIB-en-2020-20210212-0001.html
CEFP (2021). *Estadísticas tributarias de América Latina y el Caribe 2021. Consultado en:* https://www.oecd.org/tax/tax-policy/estadisticas-tributarias-america-latina-caribe-mexico.pdf

El primer cuadro nos muestra el monto recaudado, en millones de pesos corrientes, en las clasificaciones mencionadas, de la siguiente manera:

- Ingresos petroleros, que muestran montos crecientes en pesos corrientes en los ejercicios 1999, 2005 y 2011, a partir de lo cual se observa una tendencia decreciente.
- Los ingresos no petroleros muestran un constante crecimiento a lo largo de los ejercicios seleccionados.
- La tendencia ascendente de los montos recaudados, en pesos corrientes, se presenta igualmente en los ingresos tributarios.
- Descontando la vigencia efímera de algunos impuestos federales como el IETU y el IDE, así como la aparición de otros en los años recientes, como el ISAN y el IAEEH, se observa el incremento constante de la recaudación de ISR e IVA, en tanto que el IEPS muestra altibajos explicables por modificaciones legales y de las actividades económicas y productivas asociados al mismo.

Cuadro 6.16.

ESTRUCTURA DE LOS INGRESOS PRESUPUESTARIOS RECAUDADOS POR EL GOBIERNO FEDERAL, 1999-2020 (valor porcentual)						
Concepto	1999	2005	2011	2017	2019	2020
TOTAL	**100.0**	**100.0**	**100.0**	**100.0**	**100.0**	**100.0**
Ingresos petroleros	**31.6**	**40.0**	**31.2**	**11.4**	**10.8**	**4.9**
Ingresos no petroleros	**68.4**	**60.0**	**68.8**	**88.6**	**89.2**	**95.1**
Ingresos tributarios	**52.9**	**41.6**	**39.7**	**74.4**	**79.9**	**81.7**
Sistema renta (ISR)	21.0	19.8	20.2	40.9	42.1	43.1
IVA	15.3	16.4	14.5	21.3	23.3	24.2
IEPS	10.8	2.5	1.9	9.6	11.5	11.3
Importación	-	1.4	-	1.4	1.6	1.4
Exportación	-	0.0	0.8	0.0	0.0	0.0
ISAN	-	0.0	0.2	0.3	0.3	0.2
IAEEH	-	0.0	-	0.1	0.1	0.2
Accesorios	0.9	0.0	-	0.8	1.0	1.4
Otros	4.8	1.5	-	0.0	0.0	0.0
Impuestos vigentes en 2011 (IETU, IDE)	-	0.0	2.2	0.0	0.0	0.0
Ingresos no tributarios	**15.5**	**31.2**	**29.1**	**14.2**	**9.3**	**13.5**
Derechos	10.8	25.3	25.1	1.6	2.1	1.8
Productos	0.8	0.4	0.1	0.2	0.3	0.2
Aprovechamientos	3.9	5.4	3.9	12.4	6.9	11.5
Contribuciones de mejoras	0.0	0.0	0.0	0.0	0.0	0.0

En este otro cuadro, en el que los montos absolutos en pesos corrientes se han convertido a valores relativos (expresados en porcentajes del total de cada ejercicio anual), se puede observar la estructura de los ingresos recaudados en las clasificaciones analizadas.

- La correlación entre ingresos petroleros y no petroleros se modificó drásticamente en el curso de los ejercicios seleccionados. En 1999 la proporción era del 30-70 respectivamente, la cual se repite en el ejercicio 2011. Para el año 2005 la correlación de esta clasificación fue de 40-60, en tanto que para los ejercicios 2017, 2019 y 2020 es más parecida a 10% de ingresos petroleros por 90% de ingresos no petroleros.
- Dentro de la clasificación de los ingresos no petroleros, la correlación entre los ingresos tributarios y los no tributarios se fue modificando para que la mayor proporción se cargue a los primeros. Efectivamente, si en 1999 correspondió el 52.9% del ingreso total al causado por los impuestos federales y el 15.5% al originado en los ingresos no tributarios, esta correlación se modificó en 2020. De acuerdo con la Cuenta Pública informada por la SHCP en este ejercicio, los ingresos tributarios representaron el 81.7% del ingreso recaudado total, en tanto que los ingresos no tributarios se redujeron al 13.5%.
- La recaudación por el ISR se duplicó en los ejercicios seleccionados para pasar del 21% al 43% en el reporte de 2020.
- También se incrementó sensiblemente la recaudación por el IVA, que avanzó del 15.5% del total al 24.2%.

6.6.2. LIF *versus ingresos tributarios recaudados*

En este apartado buscaremos evaluar la efectividad de la recaudación de los ingresos federal, particularmente en la clasificación de ingresos tributarios. Para ese efecto hemos de compulsar el monto previsto en la LIF anual con el reporte de la Cuenta Pública de la SHCP reportada para el mismo ejercicio. Ambos valores están referenciados en la información oficial en peso corrientes del año respectivo.

Dicho lo anterior, revisemos el siguiente cuadro comparativo de los ingresos tributarios previstos, la recaudación efectiva y el valor corriente del PIB en algunos años seleccionados.

Como se puede observar en el cuadro siguiente, en los ejercicios seleccionados, salvo en el correspondiente al año 2017, los ingresos tributarios efectivamente recaudados fueron inferiores a los previstos en la respectiva

Ley de Ingresos. El decremento mayor se presentó en el ejercicio 2005, con un -6.5% y en los ejercicios 2011 y 2020 con 4.9 y 4.8%, respectivamente.

Cuadro 6.17.

INGRESOS TRIBUTARIOS DEL GOBIERNO FEDERAL, 1999-2020 (años seleccionados) (millones de pesos)					
Ejercicio	Ingresos Tributarios (LIF)	Ingresos Tributarios Recaudados	Diferencia LIF-Recaudados	Incremento o Decremento Recaudado/LIF	Recaudación tributaria como % del PIB
1999	525,688.4	521,682.4	-4,006.0	-0.8	11.4
2005	864,830.7	808,210.1	-56,620.6	-6.5	9.7
2011	1,471,354.0	1,399,351.8	-72,002.2	-4.9	8.8
2017	2,739,366.8	2,855,056.9	115,690.1	4.2	13.0
2019	3,311,373.4	3,202,623.7	-108,749.7	-3.3	13.1
2020	3,505,822.4	3,338,875.5	-166,946.9	-4.8	14.4

FUENTE: Elaboración propia con base las LIF y la Cuenta Pública de la SHCP de los ejercicios 1999, 2005, 2011, 2017, 2019 y 2020 y CEFP (2021), conforme a la nota al pie de página.

El hecho de que se observe un menor valor de los ingresos tributarios recaudados con relación a lo previsto en la LIF, en pesos corrientes. se puede deber a causas referentes a fenómenos económicos o naturales (recesiones o pandemias como la ocurrida en 2020), la ineficiencia recaudatoria de las autoridades tributarias o la falta de disposición para pagar sus contribuciones por parte de sectores importantes de los contribuyentes.

Según algunos especialistas, los ingresos tributarios en México tienen un comportamiento que, salvo excepciones, muestra una mayor recaudación durante el primer cuatrimestre del año, lo que se adjudica al cierre del ejercicio inmediato anterior en el mes de enero y a la presentación de declaraciones anuales de las personas físicas y morales en los meses de marzo y abril.

En cualquier caso, las cifras contenidas en la columna "Diferencia LIF-Recaudados", que muestra valores negativos correspondientes a los ejercicios 1999, 2005, 2011, 2019 y 2020, son denominadas coloquialmente como "hoyos fiscales" por analistas y parlamentarios, pues evidencian, para cada ejercicio anual, un déficit recaudatorio que deja sin cubrir una porción del Presupuesto de Egresos de la Federación decretado para el mismo año.

6.6.3. La recaudación tributaria efectiva como % del PIB

Otra forma de evaluar la eficiencia recaudatoria, misma que se emplea por organismos internacionales como punto de comparación entre los diversos países, es la que convierte el monto de los ingresos tributarios recaudados en una proporción del Producto Interno Bruto (PIB), como se observa en la última columna del cuadro anterior.

La recaudación tributaria efectiva de México pasó del 11.4% en 1999 al 14.4% en 2020. Si bien estos valores representan un incremento de la recaudación, en opinión de diversos especialistas implican que el nivel de la recaudación tributaria mantiene al Estado mexicano en condición de debilidad fiscal para afrontar sus tareas de rectoría económica.

Los montos de ingresos tributarios recaudados en nuestro país representan un porcentaje del PIB muy menor a los que reportan la mayoría de los países del mundo, particularmente los países integrantes de la OCDE, cuya recaudación de impuestos equivale en promedio al 34.2% del PIB.

Para el año 2016, Francia y Suecia tuvieron una recaudación tributaria por encima del 50% del PIB, Alemania alcanzó el 46%, Reino Unido el 41$, en tanto que los Estados Unidos mostraron una recaudación tributaria equivalente al 24.3% del PIB, en tanto que Irlanda alcanzó 22.3% y Chile el 21.1%.

6.7. La deuda pública (financiamiento)

La deuda pública, en su definición general, es el conjunto de las obligaciones de pasivos directos y contingentes derivados del financiamiento adquirido, las cuales quedan a cargo del Estado y/o, en su caso, de los organismos o entidades de la administración pública.

En el caso de México, según lo dispone el texto vigente del artículo 1 de la *Ley Federal de Deuda Pública* (LFDP), la deuda pública federal está constituida por las obligaciones derivadas de financiamientos a cargo de las siguientes entidades públicas (Congreso de la Unión, 1976):

- El Ejecutivo Federal y sus dependencias
- El Gobierno del Distrito Federal (hoy Ciudad de México)
- Los organismos descentralizados

- Las empresas de participación estatal mayoritaria
- Las instituciones de banca de desarrollo, las organizaciones nacionales auxiliares de crédito, las instituciones nacionales de seguros y las de fianzas
- Los fideicomisos públicos
- Las empresas productivas del Estado y sus empresas productivas subsidiarias.

Las constituciones estatales y la legislación local regulan la deuda pública que contratan los gobiernos de los Estados y los Municipios.

6.7.1. Conceptos de la deuda pública

En el caso de México, la deuda pública se puede analizar utilizando los siguientes tres conceptos:

- Deuda del gobierno federal
- Deuda del sector público
- Saldo Histórico

En el siguiente cuadro se muestra la definición y composición de cada uno de estos conceptos:

Cuadro 6.18.

CONCEPTOS DE LA DEUDA PÚBLICA EN MÉXICO		
Concepto	Descripción	Composición
Deuda del gobierno federal	*Obligaciones contratadas por el gobierno federal*	*Se compone de los siguientes conceptos:* *Préstamos bancarios* *Emisiones de Valores Gubernamentales* *Deuda con Organismos Financieros Internacionales* *Bonos del ISSSTE (por la implementación de la nueva Ley del ISSSTE) y cuentas relacionadas con la seguridad social* *Bonos de Pensión PEMEX y CFE* *Otros*
Deuda del sector público	*Endeudamiento del gobierno federal más el de las empresas productivas del Estado y el de la banca de desarrollo*	*Se compone por deuda contratada por:* *Gobierno Federal* *Empresas Productivas del Estado* *-PEMEX* *-CFE* *Banca de Desarrollo* *BANOBRAS* *SHF* *BANCOMEXT* *NAFIN* *FINANCIERA NACIONAL* *BANCO DEL BIENESTAR*
Saldo histórico	*Saldo Histórico de los Requerimientos Financieros del Sector Público (SHRFSP).*	*Concepto más amplio de la deuda pública que incluye todos los instrumentos que pudieran implicar endeudamiento a cargo del sector público. Se compone por:* *Sector Público Presupuestario* *Instituto para la Protección al Ahorro Bancario* *Obligaciones derivadas del Programa de Apoyo a Deudores de la Banca* *Fondo Nacional de Infraestructura (carreteras)* *Banca de Desarrollo, Fondos de Fomento* *Pidiregas de CFE*

FUENTE: Elaboración propia con base en los Informes de Finanzas Públicas de la SHCP.

6.7.2. Deuda pública interna y externa

La deuda pública se puede clasificar en interna y externa, de conformidad con el criterio del origen de la persona física o moral que es acreedora.

- **Deuda pública interna**. Son las obligaciones del Estado derivadas de préstamos obtenidos de acreedores nacionales, así como las obligaciones contraídas por el sector público con proveedores o contratistas nacionales y pagaderos en el interior del país. Aunque este tipo de créditos se pueden contratar y pagar en moneda nacional o extranjera, su liquidación no implica salida de divisas.

- **Deuda pública externa**. Son las obligaciones del Estado derivadas de préstamos obtenidos de acreedores extranjeros. Incluye también las obligaciones contraídas por el sector público con proveedores o contratistas extranjeros. Estas obligaciones deben ser pagadas en el país de origen en moneda extranjera, por lo que su liquidación requiere salida de divisas.

6.7.3. Atribuciones del Congreso en materia de deuda pública

Como se estudió en los anteriores apartados de este Capítulo, el financiamiento o deuda pública es otra de las fuentes de los ingresos públicos dentro de un ejercicio anual y aparece en la LIF de cada año el techo de endeudamiento que aprueba la Cámara de Diputados, que es la forma en que el Congreso autoriza al gobierno para la contratación de la deuda.

La Constitución establece en su artículo 73 que es el Congreso el que tiene facultades en materia de deuda pública, facultad que abarca tanto las deudas contraídas por el gobierno federal, como el techo de endeudamiento del gobierno de la Ciudad de México y las bases generales sobre las que debe aprobarse el endeudamiento, tanto en el ámbito federal como en el de los estados de la República y los municipios.

> **Artículo 73**. El Congreso tiene facultad:
>
> **VIII.** En materia de deuda pública, para:
>
> **1o.** Dar bases sobre las cuales el Ejecutivo pueda celebrar empréstitos y otorgar garantías sobre el crédito de la Nación, para aprobar esos mismos empréstitos y para reconocer y mandar pagar la deuda nacional. Ningún empréstito podrá celebrarse sino para la ejecución de obras que directamente produzcan un incremento en los ingresos públicos o, en términos de la ley de la materia, los que se realicen con propósitos de regulación monetaria, las operaciones de refinanciamiento o reestructura de deuda que deberán realizarse bajo las mejores condiciones de mercado; así como los que se contraten durante alguna emergencia declarada por el Presidente de la República en los términos del artículo 29.
>
> **2o.** Aprobar anualmente los montos de endeudamiento que deberán incluirse en la ley de ingresos, que en su caso requiera el Gobierno del Distrito Federal (sic) y las entidades de su sector público, conforme a las bases de la ley correspondiente. El Ejecutivo Federal informará anualmente al Congreso

de la Unión sobre el ejercicio de dicha deuda a cuyo efecto el Jefe de Gobierno le hará llegar el informe que sobre el ejercicio de los recursos correspondientes hubiere realizado. El Jefe de Gobierno informará igualmente a la Asamblea Legislativa del Distrito Federal (sic), al rendir la cuenta pública.

3o. Establecer en las leyes las bases generales, para que los Estados, el Distrito Federal (sic) y los Municipios puedan incurrir en endeudamiento; los límites y modalidades bajo los cuales dichos órdenes de gobierno podrán afectar sus respectivas participaciones para cubrir los empréstitos y obligaciones de pago que contraigan; la obligación de dichos órdenes de gobierno de inscribir y publicar la totalidad de sus empréstitos y obligaciones de pago en un registro público único, de manera oportuna y transparente; un sistema de alertas sobre el manejo de la deuda; así como las sanciones aplicables a los servidores públicos que no cumplan sus disposiciones. Dichas leyes deberán discutirse primero en la Cámara de Diputados conforme a lo dispuesto por la fracción H del artículo 72 de esta Constitución.

4o. El Congreso de la Unión, a través de la comisión legislativa bicameral competente, analizará la estrategia de ajuste para fortalecer las finanzas públicas de los Estados, planteada en los convenios que pretendan celebrar con el Gobierno Federal para obtener garantías y, en su caso, emitirá las observaciones que estime pertinentes en un plazo máximo de quince días hábiles, inclusive durante los períodos de receso del Congreso de la Unión. Lo anterior aplicará en el caso de los Estados que tengan niveles elevados de deuda en los términos de la ley. Asimismo, de manera inmediata a la suscripción del convenio correspondiente, será informado de la estrategia de ajuste para los Municipios que se encuentren en el mismo supuesto, así como de los convenios que, en su caso, celebren los Estados que no tengan un nivel elevado de deuda;

Lo dispuesto en la Constitución respecto de la deuda pública y las facultades del Poder Legislativo en esa materia se pueden puntualizar de la siguiente manera:

- Solo se puede contratar deuda pública para los siguientes fines:
  - La ejecución de obras que directamente produzcan un incremento en los ingresos públicos
  - La regulación monetaria
  - Atención de emergencias (en los casos de invasión, perturbación grave de la paz pública, o de cualquier otro que ponga a la sociedad en grave peligro o conflicto, que son los considerados en el artículo 29 de la propia Constitución)

- Al Congreso corresponde (artículo 73, fracción VIII):
  - Dar bases sobre las cuales el Ejecutivo pueda celebrar empréstitos y otorgar garantías sobre el crédito de la Nación
  - Aprobar los empréstitos
  - Reconocer y mandar pagar la deuda nacional
  - Aprobar cada año los montos de endeudamiento requeridos por el gobierno federal y el de la Ciudad de México (aunque dice Distrito Federal)
  - Recibir el informe anual que le debe rendir el gobierno federal sobre la deuda pública
  - Establecer en las leyes las bases generales para que los Estados, la Ciudad de México y los Municipios puedan incurrir en endeudamiento
  - Dispondrá de una comisión legislativa bicameral que deberá analizar la estrategia de ajuste para fortalecer las finanzas públicas de las entidades federativas

6.7.4. La regulación legal de la deuda pública

Los artículos 9 y 10 de la LFDP ordenan que, al someter al Congreso de la Unión las iniciativas correspondientes a la Ley de Ingresos y al Presupuesto de Egresos de la Federación, el Ejecutivo Federal deberá proponer los montos del endeudamiento neto necesario, tanto interno como externo, para el financiamiento del Presupuesto Federal del ejercicio fiscal correspondiente. Para ello deberá proporcionar los elementos de juicio suficientes para fundamentar su propuesta y la aprobación de la propuesta corresponderá al Congreso.

En una regla que flexibiliza la facultad constitucional del Congreso de la Unión, la misma Ley permite que éste pueda autorizar al Ejecutivo Federal a ejercer o autorizar montos adicionales de financiamiento cuando, a juicio del propio Ejecutivo, se presenten circunstancias económicas extraordinarias que así lo exijan, estableciendo en contraparte solo la obligación de informarlo de inmediato al Congreso.

La Ley citada establece que el Ejecutivo Federal y sus dependencias sólo podrán contratar financiamientos a través de la Secretaría de Hacienda y Crédito Público y que los proyectos de las dependencias públicas federales que para su ejecución requieran financiamientos, deberán producir los recursos suficientes para su amortización y las obligaciones que se asuman, pues el endeudamiento no deberá ser superior a la capacidad de pago de las entidades del sector público que los promuevan. La autorización de la SHCP es también requisito de los empréstitos contratados por los organismos descentralizados, las empresas de participación estatal mayoritaria, las empresas productivas y del Estado y los fideicomisos públicos (artículos 17, 18 y 19).

6.7.5. La deuda pública autorizada en la LIF

Como ya se dijo, el Congreso de la Unión, al aprobar la LIF correspondiente a cada ejercicio, debe autorizar un monto al cual el Poder Ejecutivo debe circunscribirse para contratar empréstitos con cargo a las finanzas públicas.

Para ello el Poder Ejecutivo debe presentar su propuesta en el proyecto de LIF, debiendo también justificar la misma con información y argumentos pertinentes.

6.7.5.1. El monto del financiamiento anual

Como se observa en el cuadro siguiente, el financiamiento de la administración pública federal (deuda interna y deuda externa), que el Congreso de la Unión autorizó en las LIF de los años seleccionados muestra un comportamiento ascendente de ejercicio en ejercicio.

Cuadro 6.19.

FINANCIAMIENTO DEL GOBIERNO FEDERAL, 1999-2021, años seleccionados (millones de pesos corrientes)		
Ejercicio	Financiamiento (LIF)	% de los Ingresos Públicos
1999	80,449.50	7.8
2005	37,455.70	2.1
2011	383,554.00	11.2
2017	527,978.70	10.8
2019	485,345.20	8.3
2020	532,266.10	8.7
2021	756,789.60	12.0

FUENTE: Elaboración propia con base las LIF 1999, 2005, 2011, 2017, 2019, 2020 y 2021

El porcentaje que dicho rubro representa de los ingresos públicos previstos para el respectivo ejercicio muestra un comportamiento que ronda en el intervalo del 8 al 12 por ciento, a excepción del ejercicio 2005 en que se redujo al 2.1%.

El punto más alto corresponde al ejercicio 2021, con una previsión de deuda pública interna y externa que equivale al 12 por ciento del total del ingreso público federal en este año.

6.7.5.2. El endeudamiento de las empresas PEMEX y CFE

Además de las cifras que consigna el cuadro anterior, se debe considerar que a consecuencia de la reforma energética de 2014, a partir del ejercicio 2015, tanto Petróleos Mexicanos (PEMEX) como la Comisión Federal de Electricidad (CFE) cuentan con sus propios techos de endeudamiento.

Por ejemplo, para el ejercicio 2020 el Congreso autorizó a PEMEX un techo de endeudamiento neto interno de hasta 10 mil millones de pesos y un endeudamiento neto externo de hasta 1 mil 250.0 millones de dólares (equivalentes a 26,912 millones de pesos al tipo de cambio promedio de ese año). Para la CFE, se autorizó un endeudamiento neto interno de hasta 9 mil 835.0 millones de pesos y un monto de endeudamiento neto externo de 508.0 millones de dólares (11,937 millones de pesos al tipo de cambio promedio). Al tratarse de Empresas Productivas del Estado, estas cantidades de deuda pública autorizada son adicionales al dato que se consigna en la parte de la LIF que se analiza en el cuadro mencionado.

6.7.5.3. Los argumentos en favor de la propuesta de financiamiento

Dado que una de las reglas constitucionales de la deuda pública establece que, al hacer su propuesta al Congreso de la Unión el Poder Ejecutivo deberá aportar información y argumentos que soporten la misma, conviene hacer una síntesis de estas argumentaciones que se encuentran en los respectivos proyectos de LIF. Como ejemplo de este tipo de argumentaciones, se puede citar lo que la SHCP consigna en el Tomo I de la Cuenta Pública 2020, en el capítulo de Deuda Pública, en el que se argumenta lo siguiente:

> Conforme a lo establecido en el Plan Nacional de Desarrollo 2019-2024, la estrategia para el manejo de la deuda está orientada a mantener una estructura sólida de ésta, a fin de propiciar un ambiente de estabilidad macroeconómica y finanzas públicas sostenibles que favorezcan la inversión pública y privada.
>
> La política de deuda se dirigió a mantener una estructura sólida de los pasivos públicos y apoyar los esfuerzos de las finanzas públicas, para la atención oportuna y eficaz de la emergencia sanitaria, así como mitigar los impactos económicos y sobre el bienestar de la población, derivados de las medidas implementadas para detener la propagación del COVID-19. Para ello, se concentró en mejorar el perfil de vencimientos de la deuda del Gobierno Federal; asegurar el buen funcionamiento y liquidez de los mercados locales de deuda y, en general, garantizar la sostenibilidad fiscal en el mediano plazo.
>
> Durante 2020, la política de Deuda Pública continuó con un manejo estricto y transparente de los pasivos públicos, con el objetivo de garantizar la sostenibilidad de la deuda en el largo plazo y de cubrir las necesidades de financiamiento del Gobierno Federal al menor costo posible (bajo un nivel de riesgo adecuado y un manejo de liquidez más eficiente), dadas las características de las finanzas públicas del país.

Como se puede observar, la línea argumental del Poder Ejecutivo acerca de la Deuda Pública se puede sintetizar en los siguientes puntos:

- El manejo de la deuda pública se orienta a mantener una estructura sólida de ésta que propicie:
    - estabilidad macroeconómica
    - finanzas públicas sostenibles

  - condiciones favorables a la inversión pública y privada
  - tener una estructura sólida de los pasivos públicos
  - atención oportuna y eficaz de la emergencia sanitaria
- La política de deuda pública del gobierno federal continuó con un manejo estricto y transparente de los pasivos públicos, con los objetivos de:
  - garantizar la sostenibilidad de la deuda en el largo plazo y
  - cubrir las necesidades de financiamiento del Gobierno Federal al menor costo posible

6.7.6. Los montos de la deuda pública de México

De acuerdo con la Cuenta Pública correspondiente al ejercicio 2020, que la SHCP presentó a la Cámara de Diputados en abril de 2021, se puede tener información actualizada, de los montos de la deuda pública del gobierno federal y del sector público.

Como se recordará, los conceptos de la deuda pública son Deuda del Gobierno Federal, Deuda del Sector Público y Saldo Histórico de la Deuda Pública en México.

6.7.6.1. Deuda del Gobierno Federal 2019-2020

En el primer concepto, que incluye los empréstitos contratados directamente por el gobierno federal, tenemos lo siguiente:

Cuadro 6.20.

SALDOS DE LA DEUDA DEL GOBIERNO FEDERAL, 2019-2020					
		Millones de pesos		% del PIB anual 1/	
Concepto		31-dic-19	31-dic-20	31-dic-19	31-dic-20
Deuda bruta		**8,831,871.4**	**9,702,133.4**	**36.2**	**42.0**
	Interna	6,955,385.1	7,461,176.2	28.5	32.3
	Externa	1,876,486.3	2,240,957.2	7.7	9.7
Deuda neta		**8,535,443.8**	**9,372,426.2**	**35**	**40.6**
	Interna	6,662,798.2	7,156,877.7	27.3	31.0
	Externa	1,872,645.6	2,215,548.5	7.7	9.6
Partidas informativas: 2/					
	Deuda bruta total	468,653.6	486,354.2		
	Deuda neta total	452,924.0	469,826.4		

1/ Se utilizó el PIB promedio anual, base 2013.

2/ Millones de dólares.

FUENTE: Secretaría de Hacienda y Crédito Público, Cuenta Pública 2020, Tomo I, Deuda Pública

Como puede observarse, la información oficial de las autoridades hacendarias indica un crecimiento de 870 mil millones de pesos en el saldo bruto de la deuda pública del gobierno federal entre los ejercicios de 2019 y 2020. Este incremento se expresa en el porcentaje del PIB anual que dicho saldo representa, al pasar del 36.2 al 42%.

6.7.6.1. Deuda del Sector Público 2019-2020

Coma ya se expuso, la Deuda Pública del Sector Público se compone de la Deuda del Gobierno Federal más los empréstitos contratados por otras dependencias y entidades de la administración pública federal como son las Empresas Productivas del Estado y la Banca de Desarrollo. Para conocer el monto de este otro concepto de la deuda pública, se puede revisar el siguiente cuadro:

Cuadro 6.21

SALDOS DE LA DEUDA DEL SECTOR PÚBLICO FEDERAL, 2019-2020					
		Millones de pesos		% del PIB anual 1/	
Concepto		31-dic-19	31-dic-20	31-dic-19	31-dic-20
Deuda bruta		**11,427,965.0**	**12,440,906.7**	**46.8**	**53.8**
	Interna	7,570,648.4	7,979,407.9	31	34.5
	Externa	3,857,316.6	4,461,498.8	15.8	19.3
Deuda neta		**11,027,395.3**	**12,017,864.0**	**45.1**	**52.0**
	Interna	7,188,473.0	7,598,788.0	29.4	32.9
	Externa	3,838,922.3	4,419,076.0	15.7	19.1
Partidas informativas: 2/					
	Deuda bruta total	606,412.5	623,645.0		
	Deuda neta total	585,156.7	602,438.5		
1/ Se utilizó el PIB promedio anual, base 2013.					
2/ Millones de dólares.					
FUENTE: Secretaría de Hacienda y Crédito Público, Cuenta Pública 2020, Tomo I, Deuda Pública					

La tabla de permite observar que, al incorporarse los empréstitos contratados por las Empresas Productivas del Estado y la Banca de Desarrollo al monto del endeudamiento del Gobierno Federal, los Saldos de la Deuda del Sector Público se incrementan sustancialmente en lo correspondientes a los ejercicios 2019 y 2020. En el saldo bruto, tal incremento reporta un monto de 1 mil millones 16 mil 941 millones de pesos (poco más de un billón de pesos adicionales). La expresión relativa de este incremento en puntos porcentuales del PIB anual pasó de 46.8 en 2019 a 53.8 en el ejercicio 2020.

En el informe citado, la SHCP expone como balance de la política de deuda pública que ésta se ha manejado con estricta responsabilidad, buscando mantener una tendencia estable de los pasivos públicos como proporción del Producto Interno Bruto (PIB).

6.7.6.2. Saldo Histórico de la Deuda Pública 2020

Los cuadros revisados en este apartado, basados en información oficial contenida en la Cuenta Pública 2020 rendidos a la Cámara de Diputados por la SHCP, también refieren la información del Saldo Histórico de los Requerimientos Financieros del Sector Público (SHRFSP) que, como ya se explicó, es otro de los conceptos de la deuda pública. En los cuadros aparece como "Partidas informativas" de la "Deuda Bruta Total" y la "Deuda Neta Total", cuyos montos están referidos en millones de dólares. Así, estos rubros arrojan la siguiente información:

- Ejercicio fiscal 2019: Deuda bruta total, 606 mil 412 millones de dólares; Deuda neta total, 585 mil 156 millones de dólares
- Ejercicio fiscal 2020: Deuda bruta total, 623 mil 645 millones de dólares; Deuda neta total, 602 mil 438 millones de dólares

De acuerdo con ello, al cierre de 2020, la deuda pública neta medida a través del SHRFSP se ubicó en 52.3% del PIB. Aunque la autoridad hacendaria señala que este porciento es menor a la última estimación que presentó en el Paquete Económico 2021 (que fue de 54.7%), los datos muestran que, al 31 de diciembre de 2020, el saldo de la deuda bruta del Gobierno Federal fue de 9 billones 702 mil 133.4 millones de pesos, esto es, 870 mil 262.0 millones de pesos superior al informado un año antes. Su peso relativo en el tamaño de la economía fue equivalente a 42.0%, nivel mayor en 5.8 puntos porcentuales al de 2019. En términos de saldo neto, se ubicó en 9 billones 372 mil 426.2 millones de pesos, mayor en 836 mil 982.4 millones de pesos al informado el ejercicio previo, lo que significa que, como proporción del PIB, significó un incremento de 5.6 puntos porcentuales al pasar de 35.0 a 40.6%.

6.7.7. El financiamiento externo 2020

Al 31 de diciembre de 2020, según la información oficial de la SHCP, el saldo de la deuda externa bruta del sector público federal se situó en 223 mil 648.6 millones de dólares, cifra que significó 18 mil 964.3 millones de dólares más de la registrada al cierre de 2019. La autoridad hacendaria explica dicho aumento en las siguientes causas:

- Un endeudamiento externo neto por 14 mil 267.0 millones de dólares.
- Ajustes contables positivos por 4 mil 697.3 millones de dólares, que se relacionan con operaciones de manejo de deuda y la variación del dólar respecto a otras monedas en que se encuentra contratada la deuda.

La información acerca de cuáles fueron las dependencias y entidades de la administración pública federal que captaron los empréstitos en el ejercicio 2020 también se encuentra en la Cuenta Pública que hemos venido revisando, como se consigna en el siguiente cuadro:

Cuadro 6.22.[38]

CAPTACIÓN DE FINANCIAMIENTOS EXTERNOS EN 2020 (Millones de Dólares)								
Concepto	Mercado bancario	Comercio exterior	Mercado de capitales	OFI's	PIDIREGAS	Otros	TOTAL	% DEL TOTAL
TOTAL	**23,843.2**	**1,483.8**	**29,291.6**	**1,954.6**	**269.8**	**56.8**	**56,899.8**	**100.0%**
	41.9%	2.6%	51.5%	3.4%	0.5%	0.1%		
Gobierno. Federal		273.7	19,291.6	1,953.5		56.8	21,575.6	37.9%
PEMEX	13,959.8	22.7	9,100.0				23,082.5	40.6%
CFE		410.0	900.0		269.8		1,579.8	2.8%
BANCOMEXT	1,010.0	627.4					1,637.4	2.9%
BANOBRAS				1.1			1.1	0.0%
NAFIN	8,873.4	150.0					9,023.4	15.9%
Sector Central		**273.7**	**19,291.6**	**1,953.5**		**56.8**	**21,575.6**	**37.9%**
Sector paraestatal	**23,843.2**	**1,210.1**	**10,000.0**	**1.1**	**269.8**	**0.0**	**35,324.2**	**62.1%**

FUENTE: Elaboración propia con base en información de Secretaría de Hacienda y Crédito Público, Cuenta Pública 2020, Tomo I, Deuda Pública

Por sector de la administración pública federal, la contratación de financiamiento externo en el ejercicio 2020 fue del 62.1% del total a cargo del Sector Paraestatal, en tanto que el Gobierno Federal contrató el otro 37.9%.

Por la fuente de origen de los recursos acreditados, sobresalen el mercado de capitales (con el 51.5%), el mercado bancario (41.9%). El 6.6% restante se distribuye entre comercio exterior, organismos financieros internacionales (OFI's), PIDIREGAS y otras fuentes.

La entidad paraestatal que contrató más empréstitos externos en el ejercicio 2020 fue PEMEX, con 23 mil millones de dólares, el 40.6% del total. Esta deuda fue contratada en el mercado bancario y el mercado de capitales extranjeros casi en su totalidad.

En segundo lugar, está el propio gobierno federal y sus dependencias, que contrataron deuda externa por 21 mil 575 millones de dólares que re-

---

38 En el Cuadro 43 aparecen las columnas OFIs y PIDIREGAS.
OFIs es el acrónimo de los Organismos Financieros Internacionales.
PIDIREGAS es el acrónimo de "Proyecto de Inversión de Infraestructura Productiva con Registro Diferido en el Gasto Público", término que hace referencia a los proyectos de obra pública financiada por el sector privado o social y construidos por un privado o un tercero.

presentan el 37.9% del total. En tercer lugar, se ubicó Nacional Financiera (NAFINSA), que contrató 9 mil 23 millones de dólares, el 15.9% del total.

Material adjunto al Capítulo 6. Tabla contenida en el artículo 1°. de la Ley de Ingresos de la Federación para el Ejercicio Fiscal de 2022 (fragmento)

FUENTE: Cámara de Diputados. *Presupuesto de Egresos de la Federación para el Ejercicio Fiscal 2022.*

Artículo 1o. En el ejercicio fiscal de 2022, la Federación percibirá los ingresos provenientes de los conceptos y en las cantidades estimadas en millones de pesos que a continuación se enumeran:

CONCEPTO		*Ingreso Estimado*
TOTAL		*7,088,250.3*

1.					Impuestos	3,944,520.6
	11.				Impuestos Sobre los Ingresos:	2,073,493.5
		01.			Impuesto sobre la renta.	2,073,493.5
	12.				Impuestos Sobre el Patrimonio.	
	13.				Impuestos Sobre la Producción, el Consumo y las Transacciones:	1,731,129.6
		01.			Impuesto al valor agregado.	1,213,777.9
		02.			Impuesto especial sobre producción y servicios:	505,238.5
			01.		Combustibles automotrices:	318,136.2
				01.	Artículo 2o., fracción I, inciso D).	288,602.5
				02.	Artículo 2o.-A.	29,533.7
			02.		Bebidas con contenido alcohólico y cerveza:	62,820.2
				01.	Bebidas alcohólicas.	20,169.2
				02.	Cervezas y bebidas refrescantes.	42,651.0
			03.		Tabacos labrados.	46,103.1
			04.		Juegos con apuestas y sorteos.	2,710.7
			05.		Redes públicas de telecomunicaciones.	7,228.9
			06.		Bebidas energetizantes.	205.3
			07.		Bebidas saborizadas.	32,950.6
			08.		Alimentos no básicos con alta densidad calórica.	26,962.3
			09.		Plaguicidas.	1,996.6
			10.		Combustibles fósiles.	6,124.6
		03.			Impuesto sobre automóviles nuevos.	12,113.2
	14.				Impuestos al Comercio Exterior:	72,939.5

		01.	Impuestos al comercio exterior:		72,939.5
			01.	A la importación.	72,939.5
			02.	A la exportación.	0.0
	15.	Impuestos Sobre Nóminas y Asimilables.			
	16.	Impuestos Ecológicos.			
	17.	Accesorios de impuestos:			59,342.4
		01.	Accesorios de impuestos.		59,342.4
	18.	Otros impuestos:			7,458.8
		01.	Impuesto por la actividad de exploración y extracción de hidrocarburos.		7,458.8
		02.	Impuesto sobre servicios expresamente declarados de interés público por ley, en los que intervengan empresas concesionarias de bienes del dominio directo de la Nación.		0.0
	19.	Impuestos no comprendidos en la Ley de Ingresos Vigente, Causados en Ejercicios Fiscales Anteriores Pendientes de Liquidación o Pago.			156.8
2.	Cuotas y Aportaciones de Seguridad Social				411,852.5
	21.	Aportaciones para Fondos de Vivienda.			0.0
		01.	Aportaciones y abonos retenidos a trabajadores por patrones para el Fondo Nacional de la Vivienda para los Trabajadores.		0.0
	22.	Cuotas para la Seguridad Social.			411,852.5
		01.	Cuotas para el Seguro Social a cargo de patrones y trabajadores.		411,852.5
	23.	Cuotas de Ahorro para el Retiro.			0.0
		01.	Cuotas del Sistema de Ahorro para el Retiro a cargo de los patrones.		0.0
	24.	Otras Cuotas y Aportaciones para la Seguridad Social:			0.0
		01.	Cuotas para el Instituto de Seguridad y Servicios Sociales de los Trabajadores del Estado a cargo de los citados trabajadores.		0.0
		02.	Cuotas para el Instituto de Seguridad Social para las Fuerzas Armadas Mexicanas a cargo de los militares.		0.0
	25.	Accesorios de Cuotas y Aportaciones de Seguridad Social.			0.0
3.	Contribuciones de Mejoras				32.6
	31.	Contribuciones de Mejoras por Obras Públicas:			32.6
		01.	Contribución de mejoras por obras públicas de infraestructura hidráulica.		32.6
	39.	Contribuciones de Mejoras no Comprendidas en la Ley de Ingresos Vigente, Causados en Ejercicios Fiscales Anteriores Pendientes de Liquidación o Pago.			0.0
4.	Derechos				47,193.5
	41.	Derechos por el Uso, Goce, Aprovechamiento o Explotación de Bienes de Dominio Público:			39,855.7
		01.	Secretaría de Hacienda y Crédito Público.		332.7

		02.			Secretaría de la Función Pública.		0.0
		03.			Secretaría de Economía.		2,676.7
		04.			Secretaría de Infraestructura, Comunicaciones y Transportes.		6,971.2
		05.			Secretaría de Medio Ambiente y Recursos Naturales.		12,364.3
		06.			Secretaría de Agricultura y Desarrollo Rural.		47.6
		07.			Secretaría del Trabajo y Previsión Social.		0.0
		08.			Secretaría de Educación Pública.		0.0
		09.			Instituto Federal de Telecomunicaciones.		17,462.8
		10.			Secretaría de Cultura.		0.0
		11.			Secretaría de Salud.		0.0
		12.			Secretaría de Marina.		0.4
		13.			Secretaría de Seguridad y Protección Ciudadana.		0.0
	43.				Derechos por Prestación de Servicios:		7,337.8
		01.			Servicios que presta el Estado en funciones de derecho público:		7,337.8
			01.		Secretaría de Gobernación.		51.4
			02.		Secretaría de Relaciones Exteriores.		4,425.1
			03.		Secretaría de la Defensa Nacional.		155.8
			04.		Secretaría de Marina.		205.4
			05.		Secretaría de Hacienda y Crédito Público.		331.6
			06.		Secretaría de la Función Pública.		0.0
			07.		Secretaría de Energía.		0.2
			08.		Secretaría de Economía.		15.5
			09.		Secretaría de Agricultura y Desarrollo Rural.		40.8
			10.		Secretaría de Comunicaciones y Transportes.		859.8
			11.		Secretaría de Medio Ambiente y Recursos Naturales.		86.5
				01.	Agencia Nacional de Seguridad Industrial y de Protección al Medio Ambiente del Sector Hidrocarburos.		0.0
				02.	Otros.		86.5
			12.		Secretaría de Educación Pública.		979.2
			13.		Secretaría de Salud.		0.1
			14.		Secretaría del Trabajo y Previsión Social.		3.3
			15.		Secretaría de Desarrollo Agrario, Territorial y Urbano.		24.9
			16.		Secretaría de Turismo.		0.0
			17.		Instituto Federal de Telecomunicaciones.		45.3
			18.		Comisión Nacional de Hidrocarburos.		0.0
			19.		Comisión Reguladora de Energía.		0.1
			20.		Comisión Federal de Competencia Económica.		0.0
			21.		Secretaría de Cultura.		42.5

			22.		Secretaría de Seguridad y Protección Ciudadana.	70.3
			23.		Secretaría del Bienestar.	0.0
	44.				Otros Derechos.	0.0
	45.				Accesorios de Derechos.	0.0
	49.				Derechos no Comprendidos en la Ley de Ingresos Vigente, Causados en Ejercicios Fiscales Anteriores Pendientes de Liquidación o Pago.	0.0
5.					Productos	7,918.8
	51.				Productos.	7,918.8
		01.			Por los servicios que no correspondan a funciones de derecho público.	9.8
		02.			Derivados del uso, aprovechamiento o enajenación de bienes no sujetos al régimen de dominio público:	7,909.0
			01.		Explotación de tierras y aguas.	0.0
			02.		Arrendamiento de tierras, locales y construcciones.	0.3
			03.		Enajenación de bienes:	2,021.1
				01.	Muebles.	1,940.7
				02.	Inmuebles.	80.4
			04.		Intereses de valores, créditos y bonos.	5,347.5
			05.		Utilidades:	540.0
				01.	De organismos descentralizados y empresas de participación estatal.	0.0
				02.	De la Lotería Nacional.	540.0
				03.	Otras.	0.0
			06.		Otros.	0.1
	59.				Productos no Comprendidos en la Ley de Ingresos Vigente, Causados en Ejercicios Fiscales Anteriores Pendientes de Liquidación o Pago.	0.0
6.						184,864.7
	61.				Aprovechamientos:	184,825.3
		01.			Multas.	2,438.2
		02.			Indemnizaciones.	1,321.0
		03.			Reintegros:	185.3
			01.		Sostenimiento de las escuelas artículo 123.	0.0
			02.		Servicio de vigilancia forestal.	0.1
			03.		Otros.	185.2
		04.			Provenientes de obras públicas de infraestructura hidráulica.	101.8
		05.			Participaciones en los ingresos derivados de la aplicación de leyes locales sobre herencias y legados expedidas de acuerdo con la Federación.	0.0

		06.	Participaciones en los ingresos derivados de la aplicación de leyes locales sobre donaciones expedidas de acuerdo con la Federación.			0.0
		07.	Aportaciones de los Estados, Municipios y particulares para el servicio del Sistema Escolar Federalizado.			0.0
		08.	Cooperación de la Ciudad de México por servicios públicos locales prestados por la Federación.			0.0
		09.	Cooperación de los Gobiernos de Estados y Municipios y de particulares para alcantarillado, electrificación, caminos y líneas telegráficas, telefónicas y para otras obras públicas.			0.0
		10.	5 por ciento de días de cama a cargo de establecimientos particulares para internamiento de enfermos y otros destinados a la Secretaría de Salud.			0.0
		11.	Participaciones a cargo de los concesionarios de vías generales de comunicación y de empresas de abastecimiento de energía eléctrica.			623.3
		12.	Participaciones señaladas por la Ley Federal de Juegos y Sorteos.			659.1
		13.	Regalías provenientes de fondos y explotación minera.			0.0
		14.	Aportaciones de contratistas de obras públicas.			8.4
		15.	Destinados al Fondo para el Desarrollo Forestal:			0.6
			01.	Aportaciones que efectúen los Gobiernos de la Ciudad de México, Estatales y Municipales, los organismos y entidades públicas, sociales y los particulares.		0.0
			02.	De las reservas nacionales forestales.		0.0
			03.	Aportaciones al Instituto Nacional de Investigaciones Forestales y Agropecuarias.		0.0
			04.	Otros conceptos.		0.6
		16.	Cuotas Compensatorias.			158.5
		17.	Hospitales Militares.			0.0
		18.	Participaciones por la explotación de obras del dominio público señaladas por la Ley Federal del Derecho de Autor.			0.0
		19.	Provenientes de decomiso y de bienes que pasan a propiedad del Fisco Federal.			0.0
		20.	Provenientes del programa de mejoramiento de los medios de informática y de control de las autoridades aduaneras.			0.0
		21.	No comprendidos en los incisos anteriores provenientes del cumplimiento de convenios celebrados en otros ejercicios.			0.0
		22.	Otros:			179,329.1
			01.	Remanente de operación del Banco de México.		0.0
			02.	Utilidades por Recompra de Deuda.		0.0
			03.	Rendimiento mínimo garantizado.		0.0
			04.	Otros.		179,329.1
		23.	Provenientes de servicios en materia energética:			0.0
			01.	Agencia Nacional de Seguridad Industrial y de Protección al Medio Ambiente del Sector Hidrocarburos.		0.0
			02.	Comisión Nacional de Hidrocarburos.		0.0

			03.	Comisión Reguladora de Energía.		0.0
	62.			Aprovechamientos Patrimoniales.		39.4
		01.		Recuperaciones de capital:		39.4
			01.	Fondos entregados en fideicomiso, a favor de Entidades Federativas y empresas públicas.		30.7
			02.	Fondos entregados en fideicomiso, a favor de empresas privadas y a particulares.		8.7
			03.	Inversiones en obras de agua potable y alcantarillado.		0.0
			04.	Desincorporaciones.		0.0
			05.	Otros.		0.0
	63.			Accesorios de Aprovechamientos.		0.0
	69.			Aprovechamientos no Comprendidos en la Ley de Ingresos Vigente, Causados en Ejercicios Fiscales Anteriores Pendientes de Liquidación o Pago.		0.0
7.				Ingresos por Ventas de Bienes, Prestación de Servicios y Otros Ingresos		1,205,324.3
	71.			Ingresos por Venta de Bienes y Prestación de Servicios de Instituciones Públicas de Seguridad Social:		82,654.3
		01.		Instituto Mexicano del Seguro Social.		31,433.2
		02.		Instituto de Seguridad y Servicios Sociales de los Trabajadores del Estado.		51,221.1
	72.			Ingresos por Ventas de Bienes y Prestación de Servicios de Empresas Productivas del Estado:		1,122,670.0
		01.		Petróleos Mexicanos.		716,087.2
		02.		Comisión Federal de Electricidad.		406,582.8
	73.			Ingresos por Venta de Bienes y Prestación de Servicios de Entidades Paraestatales y Fideicomisos No Empresariales y No Financieros.		
	74.			Ingresos por Venta de Bienes y Prestación de Servicios de Entidades Paraestatales Empresariales No Financieras con Participación Estatal Mayoritaria.		
	75.			Ingresos por Venta de Bienes y Prestación de Servicios de Entidades Paraestatales Empresariales Financieras Monetarias con Participación Estatal Mayoritaria.		
	76.			Ingresos por Venta de Bienes y Prestación de Servicios de Entidades Paraestatales Empresariales Financieras No Monetarias con Participación Estatal Mayoritaria.		
	77.			Ingresos por Venta de Bienes y Prestación de Servicios de Fideicomisos Financieros Públicos con Participación Estatal Mayoritaria.		
	78.			Ingresos por Venta de Bienes y Prestación de Servicios de los Poderes Legislativo y Judicial, y de los Órganos Autónomos.		
	79.			Otros Ingresos.		
8.				Participaciones, Aportaciones, Convenios, Incentivos Derivados de la Colaboración Fiscal y Fondos Distintos de Aportaciones		
	81.			Participaciones.		
	82.			Aportaciones.		
	83.			Convenios.		
	84.			Incentivos Derivados de la Colaboración Fiscal.		

	85.	Fondos Distintos de Aportaciones.			
9.	Transferencias, Asignaciones, Subsidios y Subvenciones, y Pensiones y Jubilaciones				370,928.1
	91.	Transferencias y Asignaciones.			0.0
	93.	Subsidios y Subvenciones.			0.0
	95.	Pensiones y jubilaciones.			0.0
	97.	Transferencias del Fondo Mexicano del Petróleo para la Estabilización y el Desarrollo.			370,928.1
		01.	Ordinarias.		370,928.1
		02.	Extraordinarias.		0.0
0.	Ingresos Derivados de Financiamientos				915,615.2
	01.	Endeudamiento interno:			885,852.0
		01.	Endeudamiento interno del Gobierno Federal.		845,807.3
		02.	Otros financiamientos:		40,044.7
			01.	Diferimiento de pagos.	40,044.7
			02.	Otros.	0.0
	02.	Endeudamiento externo:			0.0
		01.	Endeudamiento externo del Gobierno Federal.		0.0
	03.	Financiamiento Interno.			
	04.	Déficit de organismos y empresas de control directo.			-32,986.8
	05.	Déficit de empresas productivas del Estado.			62,750.0
Informativo: Endeudamiento neto del Gobierno Federal (0.01.01+0.02.01)					845,807.3

CAPÍTULO 7. Gasto público

Las nociones sobre el Estado, las finanzas públicas y sus instrumentos, la administración pública y la planeación del desarrollo permitieron enmarcar nuestro abordaje de los ingresos públicos. En este Capítulo nos adentramos al gasto público, es decir, a la erogación de los recursos públicos del Estado en el cumplimiento de sus funciones, de sus obligaciones y en su propio sostenimiento. Si los ingresos públicos son las entradas a la caja del erario, el gasto público son las salidas.

7.1. El Gasto Público

El gasto público es el conjunto de erogaciones que realiza el Estado en el ejercicio de sus funciones y para el cumplimiento de sus fines. El gasto público comprende gasto corriente, inversión física, financiera y pagos de deuda.

Esta definición general abarca a los diferentes poderes del Estado (Legislativo, Ejecutivo y Judicial) con todas sus dependencias y entidades, a los organismos con autonomía constitucional y a los distintos órdenes de gobierno, que en el caso de México son el federal, el de los Estados y el municipal.

El estudio del gasto público que realizamos en este Capítulo se concentra en el gasto de la administración pública federal, que es el conjunto de erogaciones del Estado por concepto de gasto corriente e inversiones, física y financiera, así como los pagos de pasivos o deuda del Sector Público.

7.1.1. Funciones del Gasto Público y sus efectos económicos

Los estudiosos de la teoría del presupuesto público nos hacen ver que el gasto público tiene cuatro funciones, que son las siguientes (Astudillo, M. y Fonseca, F.J., 2017):

- **Asignación de recursos**. Mediante la asignación de recursos del gasto público, el gobierno influye en las decisiones de inversión, ahorro, trabajo y consumo que adopten los agentes económicos.

- **Estabilización**. Con el ejercicio del gasto público, el gobierno incide en los problemas del ciclo económico y sus fases (que abordamos en el Apartado 2.3.1. de este libro). Por ejemplo, puede tratar de acelerar la actividad económica en una fase recesiva o ponerle freno en el caso de una expansión acelerada.
- **Distribución**. El gasto público se utiliza para redistribuir el ingreso entre los diferentes sectores sociales, coadyuvando a mitigar la desigualdad social. Esta función se realiza con políticas y programas de fomento económico, de protección al empleo y/o dotación de subsidios, entre otras.
- **Coordinación**. La función de coordinación se refiere a la armonización de las acciones presupuestarias, de manera que la asignación de recursos, la estabilización y la distribución satisfagan en su conjunto los objetivos planteados sin obstaculizarse el uno al otro.

Como se desprende de estas funciones, el Gasto Público es una herramienta de las políticas públicas del Estado, la que puede emplearse para que estas tengan efectos en la economía y en la sociedad.

Esto es así porque, teóricamente, el gobierno puede impulsar el crecimiento económico en determinadas fases del ciclo económico (como puede ser en la fase recesiva), al hacer adquisiciones, al emprender la construcción de obras de infraestructura, al aumentar las transferencias y los subsidios. Un aumento del Gasto Público puede incidir en el incremento de la actividad económica y, por ende, en el crecimiento del PIB.

Lo anterior es posible porque el Gasto Público puede tener un efecto multiplicador, que consiste en que puede producir un efecto económico en cadena y detonar así las actividades productivas, comerciales y de servicios que llevan a cabo tanto las empresas privadas y sociales como los individuos. [39]

---

[39] Al **efecto multiplicador del Gasto Público** también se le conoce como "efecto keynesiano" porque su formulación se atribuye al economista norteamericano John Maynard Keynes. Una revisión detallada de este multiplicador se puede leer en el Capítulo 10 de este libro.

7.1.2. Principios del gasto público

Los principios que deben normar el gasto público son los mismos a los que debe sujetarse la administración pública y que se encuentran en los artículos 126 y 134 de la Constitución. Como ya se refirió en el Capítulo 3 de este libro, el primero de ellos establece que no se podrán hacer erogaciones no previstas en el Presupuesto aprobado y el artículo 134 ordena que los recursos económicos de que dispongan la Federación, los gobiernos estatales y municipales se administrarán con eficiencia, eficacia, economía, transparencia y honradez, además de que se destinarán para satisfacer los objetivos que se fijen.

Las definiciones de cada uno de estos principios, a los que también está sujeto el Gasto Público, se encuentran en el Apartado 3.2. del Capítulo referido.

7.1.2.1. Principio de legalidad en materia de gasto público

A los principios mencionados arriba se debe agregar uno más, relacionado con la fundamentación de la existencia y la actuación de la administración pública, y que es el principio de legalidad.

El artículo 126 constitucional establece la regla de que, para que pueda ejercerse, el gasto público debe estar autorizado en el Presupuesto de Egresos o en una ley posterior a la aprobación de este que así lo prevea. Esto arroja dos elementos que componen el principio de legalidad aplicado al gasto público:

- Que la Cámara de Diputados debe autorizar cualquier gasto público o, en su caso, ambas cámaras del Congreso de la Unión lo deben incluir en una ley
- Que todo gasto debe tener fundamento legal, sea que esté incluido en el Presupuesto aprobado y/o en una ley

Como lo hace ver el maestro Oscar Nava Escudero en su libro *Derecho Presupuestario Mexicano*, en la observancia del principio de legalidad en materia de gasto público se manifiesta la división de poderes del Estado y la existencia de contrapesos, en términos de que éste no se ejerza por voluntad unilateral del Ejecutivo federal, o de cualquier ente público, sin antes pasar por la aprobación del Poder Legislativo (Nava Escudero, O., 2014).

7.1.3. Marco jurídico del Gasto Público y del Presupuesto

En el Capítulo 6 de este libro se revisaron los fundamentos legales de los Ingresos Públicos. En esta Apartado se repasará el marco jurídico del Gasto Público y el Presupuesto.

En México, el Gasto Público y el Presupuesto están regulados por la propia Constitución y por diversas leyes, la principal de las cuales es la *Ley Federal de Presupuesto y Responsabilidad Hacendaria* (LFPRH).

Entre las normas contenidas en la Constitución Política de los Estados Unidos Mexicanos (CPEUM) que tienen incidencia en el Gasto Público y el Presupuesto, sobresalen las siguientes:

- La Cámara de Diputados tiene la facultad exclusiva de aprobar el Presupuesto anual
- Los gastos públicos solo pueden ejercerse en tanto los autorice el Presupuesto o una Ley
- Los principios a que debe sujetarse la administración de los recursos públicos

Estos preceptos pueden identificarse como principios presupuestales, puesto que definen la obligación de todo mexicano a contribuir al Gasto Público, qué instancia es la competente para aprobarlo y autorizarlo y los principios a que debe responder la administración del mismo. Pero no son las únicas, ya que el texto constitucional establece, en el ámbito federal,[40] mandatos que tienen incidencia presupuestaria sobre diversos asuntos, como se observa en el siguiente cuadro que está ordenado según la materia de dichas normas:

---

[40] La CPEUM también contiene mandatos que regulan el Gasto Público y el presupuesto de los Estados (en el artículo 116), la Ciudad de México (en el artículo 122) y los Municipios (artículo 115), pero este Apartado se circunscribe al ámbito federal.

Cuadro 7.1.

MARCO JURÍDICO CONSTITUCIONAL DEÑ GASTO PÚBLICO Y PRESUPUESTO FEDERAL		
Materia	**Norma**	**Fundamento**
Planeación y presupuesto	*Los programas de la administración pública se sujetarán obligatoriamente al PND*	*Artículo 26, Apartado A*
Proyectos plurianuales	*Erogación plurianual para proyectos de inversión en infraestructura*	*Artículo 74, fr. IV*
Remuneraciones de servidores públicos	*Obligación de incluir en el Presupuesto tabuladores desglosados con las remuneraciones de los servidores públicos* *Los salarios de los trabajadores del Estado se fijarán en el presupuesto*	*Artículo 75* *Artículo 127, Apartado B*
Pueblos y comunidades indígenas	*La Cámara de Diputados establecerá en el presupuesto las partidas específicas para abatir las carencias y rezagos que afectan a los pueblos y comunidades indígenas*	*Artículo 2, Apartado B*
Consulta popular	*Los ingresos y el Gasto Público no pueden ser materia de la consulta popular*	*Artículo 35, fr. VIII, n. 3*
Financiamiento de partidos	*Bases del financiamiento público de los partidos políticos ordinario, de campaña y para actividades específicas*	*Artículo 41, fr. II*

FUENTE: Elaboración propia con base en la Constitución Política de los Estados Unidos Mexicanos.

Por otro lado, las leyes que regulan al Gasto Público y al Presupuesto son las siguientes:

- Ley Federal de Presupuesto y Responsabilidad Hacendaria
- Ley de Planeación
- Ley de Coordinación Fiscal
- Ley de Fiscalización y Rendición de Cuentas de la Federación
- Ley General de Contabilidad Gubernamental
- Ley Federal de Austeridad Republicana
- Ley Federal de Remuneraciones de Servidores Públicos
- Ley Federal de Deuda Pública
- Ley de Asociaciones Público Privadas
- Ley Federal de Responsabilidades de los Servidores Públicos
- Ley General de Responsabilidades Administrativas

Además de las anteriores leyes, se debe tener presente que también algunas leyes de materias particulares establecen reglas que deben observarse en el proceso presupuestario. Por ejemplo, la Ley General Partidos Políticos contiene la regulación que debe observarse en cuanto al financiamiento público de los partidos políticos cuyo monto, sujeto a una fórmula legal, debe considerarse en la elaboración de la parte correspondiente en el PEF de cada año.

7.2. Presupuesto de Egresos de la Federación (PEF)

En términos generales, un presupuesto es la estimación financiera anticipada de los recursos económicos necesarios para cumplir con las metas de los programas establecidos en una familia, organización, empresa o institución. En esta definición general, el presupuesto incluye los ingresos y los gastos esperados que hagan posible la disposición de los recursos requeridos.

La definición del Presupuesto como Gasto Público se refiere a que es la estimación financiera anticipada de los recursos económicos necesarios para cumplir con las funciones de la administración pública federal y con las metas de sus programas. Tal estimación se concreta en un documento de carácter y vigencia anual denominado Presupuesto de Egresos de la Federación (PEF).

En nuestro país, el PEF es el instrumento principal del Gasto Público, pues determina la estimación de las erogaciones que realizarán cada año el gobierno federal, sus dependencias y entidades, así como los organismos autónomos.

Como se explicó en el apartado 2.7.4.4. en el Capítulo 2 de este libro, dicho documento se inscribe en el ciclo presupuestario anual: el proyecto debe ser presentado por el gobierno federal a la Cámara de Diputados (en ese momento del proceso se denomina Proyecto de Presupuesto de Egresos de la Federación, PPEF), órgano legislativo que lo debe dictaminar con el concurso de sus comisiones ordinarias y aprobarlo en el Pleno en plazos determinados, de manera que sea vigente en el ejercicio anual siguiente al de su aprobación.

7.2.1. Clasificación del Gasto Público

El artículo 28 de la LFPRH ordena que el Presupuesto de Egresos debe presentar en su contenido las siguientes clasificaciones:

- **La administrativa**, la cual agrupa a las previsiones de gasto conforme a los ejecutores de gasto; mostrará el gasto neto total en términos de ramos y entidades con sus correspondientes unidades responsables. Para simplificar, se puede decir que esta clasificación responde a la pregunta ¿quién ejecuta el gasto?
- **La funcional**, la cual agrupa a las previsiones de gasto con base en las actividades que por disposición legal les corresponden a los ejecutores de gasto y de acuerdo con los resultados que se proponen alcanzar, en términos de funciones, programas, proyectos, actividades, indicadores, objetivos y metas. Para simplificar, se puede decir que esta clasificación responde a la pregunta: ¿para qué se gasta?
- **La programática**, que es una clasificación que presenta los distintos programas con su respectiva asignación, lo que conforma el gasto programático o Gasto Programable, así como el gasto que se considerará gasto no programático o Gasto No Programable, los cuales sumarán el Gasto Neto Total.[41] En forma de interrogación, esta clasificación corresponde a ¿cómo se gasta?
- **La económica**, la cual agrupa a las previsiones de gasto en función de su naturaleza económica y objeto, en erogaciones corrientes, inversión física, inversión financiera, otras erogaciones de capital, subsidios, transferencias, ayudas, participaciones y aportaciones federales. Si se plantea como una interrogación, el reactivo de esta clasificación sería ¿en qué se gasta?
- **La geográfica**, que agrupa a las previsiones de gasto con base en su destino geográfico, en términos de entidades federativas y en su caso municipios y regiones. Simplificando, esta clasificación responde a la pregunta ¿en dónde se gasta?
- **La de género**, la cual agrupa las previsiones de gasto con base en su destino por género, diferenciando entre mujeres y hombres.

---

41 El artículo 28 de la LFPRH en su fracción II se refiere en forma conjunta a la clasificación funcional y programática. Para una mayor claridad en los conceptos, en esta investigación las presentamos por separado.

7.2.1.1. Clasificación administrativa

La Clasificación Administrativa es la que atiende a los ramos administrativos del PEF, que son los Ramos Autónomos, los Ramos Administrativos, los Ramos Generales, el de las Entidades Sujetas a Control Presupuestario Directo y el de las Empresas Productivas del Estado.

A. Ramos Autónomos. La clasificación de Ramos Autónomos se integra con los Poderes Legislativo y Judicial, así como con los órganos dotados de autonomía constitucional.[42]

En la actualidad, son 10 los ramos que se encuentran dentro de esta clasificación.

B. Ramos Administrativos. Los Ramos Administrativos corresponden a las dependencias directas del Poder Ejecutivo, que son las Secretarías de Estado y la Oficina de la Presidencia.

En el ejercicio fiscal actual, son 26 ramos que incluyen los correspondientes a las Secretarías de Estado más la Oficina de la Presidencia y otras dependencias del Sector Central de la administración pública federal.

C. Ramos Generales. Dentro de los Ramos Generales se ubican 9 ramos, de los cuales 4 corresponden al Gasto Programable y 5 forman parte del Gasto No Programable. Entre las primeras están las erogaciones en materia de seguridad social, previsiones salariales, educación y aportaciones a Estados y Municipios. Son Gasto No Programable los ramos de la deuda pública, las participaciones a Entidades federativas y Municipios, Operaciones y Programas de Saneamiento Financiero, adeudos de ejercicios anteriores, así como las erogaciones para Programas de Apoyo a Ahorradores y

---

[42] Los órganos dotados de autonomía constitucional se denominan **Entes Autónomos** en el Derecho presupuestal y se definen como las personas de derecho público de carácter federal, con autonomía en el ejercicio de sus funciones y en su administración, creadas por disposición expresa de la Constitución Política de los Estados Unidos Mexicanos y a las que se asignen recursos del Presupuesto de Egresos a través de los Ramos Autónomos.

Deudores de la Banca, entre los que se ubica el pago de la deuda heredada por el Instituto de Protección al Ahorro Bancario (IPAB).

D. Entidades Sujetas a Control Presupuestario Directo. Las Entidades Sujetas a Control Presupuestario Directo son el ISSSTE y el IMSS.

E. Empresas Productivas del Estado. Las Empresas Productivas del Estado son PEMEX y la CFE.

La integración de los distintos ramos según la clasificación administrativa del gasto público se puede ver con detalle en el siguiente cuadro, que también indica la numeración de cada uno de los ramos:

Figura 7-A.

<table>
<tr><th colspan="4">CLASIFICACION ADMINISTRATIVA DEL GASTO PUBLICO</th></tr>
<tr><th colspan="2">A: RAMOS AUTONOMOS</th><th colspan="2">B: RAMOS ADMINISTRATIVOS</th></tr>
<tr><td colspan="2">01 Poder Legislativo
03 Poder Judicial
22 Instituto Nacional Electoral
35 Comisión Nacional de los Derechos Humanos
41 Comisión Federal de Competencia Económica
43 Instituto Federal de Telecomunicaciones
44 Instituto Nacional de Transparencia, Acceso a la Información y Protección de Datos Personales
49 Fiscalía General de la República
40 Información Nacional Estadística y Geográfica
32 Tribunal Federal de Justicia Administrativa</td><td>02 Oficina de la Presidencia de la República
04 Gobernación
05 Relaciones Exteriores
06 Hacienda y Crédito Público
07 Defensa Nacional
08 Agricultura y Desarrollo Rural
09 Infraestructura, Comunicaciones y Transportes
10 Economía
11 Educación Pública
12 Salud
13 Marina
14 Trabajo y Previsión Social
15 Desarrollo Agrario, Territorial y Urbano
16 Medio Ambiente y Recursos Naturales</td><td>18 Energía
20 Bienestar
21 Turismo
27 Función Pública
31 Tribunales Agrarios
36 Seguridad y Protección Ciudadana
37 Consejería Jurídica del Ejecutivo Federal
38 Consejo Nacional de Ciencia y Tecnología
45 Comisión Reguladora de Energía
46 Comisión Nacional de Hidrocarburos
47 Entidades no Sectorizadas
48 Cultura</td></tr>
<tr><th colspan="3">C: RAMOS GENERALES</th><th>D: ENTIDADES SUJETAS A CONTROL PRESUPUESTARIO DIRECTO</th></tr>
<tr><td rowspan="3">19 Aportaciones a Seguridad Social
23 Provisiones Salariales y Económicas
25 Previsiones y Aportaciones para los Sistemas de Educación Básica, Normal, Tecnológica y de Adultos
33 Aportaciones Federales para Entidades Federativas y Municipios</td><td colspan="2" rowspan="3">24 Deuda Pública
28 Participaciones a Entidades Federativas y Municipios
30 Adeudos de Ejercicios Fiscales Anteriores
34 Erogaciones para los Programas de Apoyo a Ahorradores y Deudores de la Banca</td><td>GYN Instituto de Seguridad y Servicios Sociales de los Trabajadores del Estado
GYR Instituto Mexicano del Seguro Social</td></tr>
<tr><th>E: EMPRESAS PRODUCTIVAS DEL ESTADO</th></tr>
<tr><td>TVV Comisión Federal de Electricidad
TYY Petróleos Mexicanos</td></tr>
</table>

FUENTE: Elaboración propia con base en: SHCP. PEF 2022. Tomos del presupuesto. Consultado en: https://www.pef.hacienda.gob.mx/es/PEF2022/home

7.2.1.2. Clasificación funcional

Líneas arriba se definió a la clasificación funcional como el agrupamiento de las previsiones de gasto con base en las actividades que, por disposición legal, le corresponde a cada ejecutor de gasto y de acuerdo con los resultados que éstos se proponen alcanzar.

La clasificación funcional agrupa el gasto programable en cuatro grupos de finalidades, conforme a las atribuciones y competencias que les confiere el marco legal aplicable. Estos cuatro grupos de finalidades son:

- Gobierno
- Desarrollo Social
- Desarrollo Económico
- Otras no Clasificadas en las Funciones Anteriores

En el PEF 2022, estas cuatro finalidades tienen en conjunto 28 funciones y estas, a su vez, cuentan con 111 subfunciones. A cada finalidad corresponde un primer dígito, a cada función se le asigna un segundo dígito y un tercer dígito a cada una de las subfunciones, como se muestra en el siguiente cuadro:

Cuadro 7.2.

CLASIFICACIÓN FUNCIONAL DEL GASTO		
Nivel 1	*1.*	*Finalidad*
Nivel 2	*1.1.*	*Función*
Nivel 3	*1.1.1.*	*Subfunción*

FUENTE: Elaboración propia con base en SHCP (2020). Presupuestos de Egresos de la Federación 2021, Tomo I. “Análisis funcional económico del gasto programable”.

Los dos primeros niveles, Finalidad y Función, se observan en el cuadro siguiente, en términos del PEF 2022, con los dígitos que identifican a cada una de las funciones:

Cuadro 7.3.

ANÁLISIS FUNCIONAL DEL GASTO PROGRAMABLE		
Finalidad (F)	Función (FN)	Denominación
1		**Gobierno**
	1	Legislación
	2	Justicia
	3	Coordinación de la Política de Gobierno
	4	Relaciones Exteriores
	5	Asuntos Financieros y Hacendarios
	6	Seguridad Nacional
	7	Asuntos de Orden Público y de Seguridad Interior
	8	Otros Servicios Generales
2		**Desarrollo Social**
	1	Protección Ambiental
	2	Vivienda y Servicios a la Comunidad
	3	Salud
	4	Recreación, Cultura y Otras Manifestaciones Sociales
	5	Educación
	6	Protección Social
	7	Otros Asuntos Sociales
3		**Desarrollo Económico**
	1	Asuntos Económicos, Comerciales y Laborales en General
	2	Agropecuaria, Silvicultura, Pesca y Caza
	3	Combustibles y Energía
	4	Minería, Manufacturas y Construcción
	5	Transporte
	6	Comunicaciones
	7	Turismo
	8	Ciencia, Tecnología e Innovación
	9	Otras Industrias y Otros Asuntos Económicos
4		**Otras no Clasificadas en Funciones Anteriores**
	1	Transacciones de la Deuda Pública / Costo Financiero de la Deuda
	2	Transferencias, Participaciones y Aportaciones entre diferentes niveles y órdenes de gobierno
	3	Saneamiento del sistema financiero
	4	Adeudos de Ejercicios Fiscales Anteriores

FUENTE: Elaboración propia con base en SHCP (2020). Analíticos del Presupuesto de Egresos de la Federación 2021, Catálogos.

Para observar la clasificación funcional considerando también la subfunción, se puede tomar como ejemplo la finalidad Desarrollo Social en una de sus funciones, que es la de Salud, como se aprecia en el siguiente cuadro:

Cuadro 7.4.

FINALIDAD DESARROLLO SOCIAL, FUNCIÓN SALUD Y SUBFUNCIONES				
Finalidad (F)	Función (FN)	Sub-función (SF)	Descripción	Dígitos
2	3	1	Prestación de Servicios de Salud a la Comunidad	2.3.1
2	3	2	Prestación de Servicios de Salud a la Persona	2.3.2
2	3	3	Generación de Recursos para la Salud	2.3.3
2	3	4	Rectoría del Sistema de Salud	2.3.4
2	3	5	Protección Social en Salud	2.3.5

FUENTE: Elaboración propia con base en SHCP (2020). Analíticos del Presupuesto de Egresos de la Federación 2021, Catálogos.

Con igual mecánica se digita cada una de las finalidades, las 28 funciones y las 111 subfunciones, para obtener completa la clasificación funcional del PEF.

7.2.1.3. Clasificación programática

Como ya se dijo arriba, la clasificación programática incluye los conceptos de Gasto Total, Gasto Neto Total, la clasificación de Gasto Programable y Gasto No Programable, como se explica a continuación.[43]

- **Gasto total**. Es la totalidad de las erogaciones aprobadas en el Presupuesto de Egresos con cargo a los ingresos previstos en la Ley de Ingresos y, adicionalmente, las amortizaciones de la deuda pública y las operaciones que darían lugar a la duplicidad en el registro del gasto.
- **Gasto Neto Total**. Es la totalidad de las erogaciones aprobadas en el Presupuesto de Egresos con cargo a los ingresos previstos en la Ley de Ingresos, las cuales no incluyen las amortizaciones de la deuda pública y las operaciones que darían lugar a la duplicidad en el registro del gasto. Suma de todos los gastos que la administración pública federal realizará en un año y sirve para medir la participación que tiene el Sector Público en la economía.

[43] Las definiciones de los conceptos de Gasto Total, Gasto Neto Total, Gasto programable y Gasto No Programable se basan en el artículo 2 de la *Ley Federal de Presupuesto y Responsabilidad Hacendaria* (Congreso de la Unión, 2006).

- **Gasto Programable**. Son las erogaciones que la Federación realiza en cumplimiento de sus atribuciones conforme a los programas para proveer bienes y servicios públicos a la población. Es la suma de los gastos de la operación de los organismos y entidades de la administración pública federal para que éstas proporcionen servicios como seguridad pública, educación, salud, comunicaciones y transportes, programas sociales, el impulso del fomento económicos en determinadas ramas, la realización de obras y de infraestructura, etc.
- **Gasto No Programable**. Son las erogaciones a cargo de la Federación que derivan del cumplimiento de obligaciones legales o del Decreto de Presupuesto de Egresos, que no corresponden directamente a los programas para proveer bienes y servicios públicos a la población. Es la suma de los recursos que se destinan al cumplimiento de obligaciones y apoyos determinados por la Ley, tales como el pago de intereses y capital de la deuda pública, las participaciones a Entidades Federativas y Municipios, adeudos de ejercicios anteriores, entre otros. No financia la operación de los organismos y entidades de la administración pública federal.

La relación que guardan las definiciones y clasificaciones anteriores se pueden ver en la siguiente ilustración:

Figura 7-B.

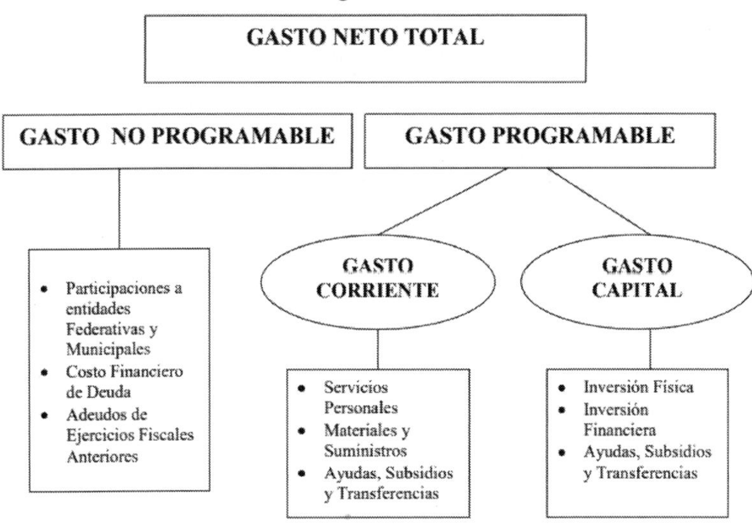

FUENTE: Elaboración propia.

7.2.1.4. Clasificación económica

Con base en su clasificación económica, el gasto programable del sector público se divide en Gasto Corriente y Gasto de Capital, que en la ilustración anterior se muestran como partes derivadas del gasto programable. Esta clasificación es muy útil para conocer el efecto del gasto público en la actividad económica del país.

- **Gasto Corriente**. Es la suma de los montos destinados a cubrir el pago de servicios personales (sueldos y prestaciones), el suministro de materiales tales como consumibles, renta de instalaciones, mantenimiento de muebles e inmuebles necesarios, etc.

  El gasto corriente se refiere a la adquisición de bienes y servicios que realiza el sector público durante el ejercicio fiscal, sin que estas operaciones tengan el objetivo de incrementar el patrimonio federal.

  Este tipo de gasto incluye las erogaciones necesarias para que las instituciones del gobierno proporcionen servicios públicos de salud, educación, energía eléctrica, agua potable y alcantarillado, entre otros, así como para cubrir el pago de las pensiones y los subsidios destinados a elevar el bienestar de la población de menores ingresos.

  Se incluyen aquí también los subsidios para los programas de desarrollo rural, la compra de medicamentos y las remuneraciones a maestros, médicos, enfermeras, policías y personal militar.

- **Gasto de Capital**. Es la suma de los montos destinados a la inversión física, como son las obras públicas, y la inversión financiera, que consiste, por ejemplo, en la participación accionaria del Estado en empresas públicas o mixtas.

  El gasto de capital suma las erogaciones que incrementan el patrimonio público e incluye el gasto de inversión que realizan las dependencias y entidades de la administración pública federal.

En distintos momentos, las autoridades hacendarias han señalado que esta distinción entre gasto corriente y gasto de capital es útil para efectos contables, pero no siempre refleja con precisión el impacto que tiene cada tipo de gasto sobre la economía y las personas. Esto se puede observar mirando detenidamente algunos ejemplos pues, si bien es cierto que el gasto corriente no incrementa el patrimonio público federal, la mayor parte de dichas erogaciones, particularmente las destinadas a educación y salud, son fundamentales para incrementar el capital humano de la población. Lo mismo se puede decir de los programas de desarrollo social, que tienen la pretensión de mejorar las oportunidades y la calidad de vida de los grupos sociales marginados.

7.2.1.4..1. Proyectos Público Privados

Por otro lado, se debe tener presente que, sobre todo en las décadas recientes, una parte de la inversión del sector público no se lleva a cabo directamente mediante gasto de capital, sino a través de esquemas de inversión pública y privada, como los proyectos de infraestructura productiva de largo plazo de inversión condicionada, los contratos de largo plazo y los proyectos para prestación de servicios. Este tipo de esquemas permite la complementación de los recursos de que dispone el Estado con los que aporta la iniciativa privada para emprender grandes obras de infraestructura.

De acuerdo con estos esquemas, el sector privado financia, construye y, en ocasiones, opera los activos con los cuales se suministra un bien o servicio cuyo costo se cubre con gasto corriente del sector público. En este caso se encuentran, por ejemplo, los esquemas de producción independiente de energía eléctrica de fuentes solares y eólicas, en los cuales la inversión se realiza por una empresa privada que cuenta con un contrato de largo plazo para suministrar electricidad a la CFE y en donde el pago por dicho suministro corresponde a una erogación de gasto corriente.

Otros casos que encajan en los esquemas de inversión pública y privada son el fallido Aeropuerto Internacional de la Ciudad de México (AICM) que se construiría en Texcoco, y otros proyectos que se encuentran en marcha y que están autorizados en el PEF 2021, como son la construcción del Libramiento de la Carretera La Galarza-Amatitlanes, Puebla, la construcción de Hospitales Regionales de 260 Camas en el Municipio de García, Nuevo León y en Tepotzotlán, Estado de México, el Tren Interurbano México-Toluca y el sistema de terminales Sirius entre Tuxpan e Hidalgo, para la importación, almacenamiento y distribución de petrolíferos. Éstos dos últimos son parte del *Acuerdo Nacional de Inversión en Infraestructura del Sector Privado*, anunciado por el gobierno federal el 26 de noviembre de 2019.

El Anexo 5-A del Decreto del PEF 2022 relaciona 18 Proyectos de Asociación Público Privada, por un monto de 38 mil 572 millones de pesos. La inversión de tales proyectos está a cargo de empresas privadas, conforme a los contratos suscritos, pero en el ejercicio se presupuestaron 12 mil 516 millones de pesos de recursos públicos para abonar al pago de esa inversión.

7.2.1.5. Clasificación geográfica

La clasificación geográfica agrupa las previsiones del gasto público con base en su destino geográfico o territorial, es decir, en qué Estados, Municipios y regiones se realizará la erogación. La clasificación geográfica del presupuesto responde a la pregunta: ¿en dónde se gasta?

7.2.1.6. Clasificación de género

Con la clasificación de género, las previsiones del gasto público se agrupan tomando como criterio su destino según el género, distinguiendo entre hombres y mujeres.

7.2.1.7. Clasificador por Objeto del Gasto

El artículo 2 de la LFPRH define al Clasificador por Objeto del Gasto como el instrumento que permite registrar de manera ordenada, sistemática y homogénea las compras, los pagos y las erogaciones autorizados en capítulos, conceptos y partidas con base en la clasificación económica del gasto.

Este clasificador permite formular y aprobar el proyecto de Presupuesto de Egresos desde la perspectiva económica y dar seguimiento a su ejercicio. Con este Clasificador se pretende medir los agregados del Gasto Público, facilitar su cuantificación financiera y contable, por Capítulo-Concepto-Partida de Gasto de los bienes y servicios que adquiere el gobierno federal.

El Clasificador por Objeto del Gasto está integrado por los siguientes niveles:

- Capítulo
- Concepto

- Partida

Los Capítulos considerados en el Clasificador por Objeto del Gasto son los siguientes:

- 1000 Servicios personales
- 2000 Materiales y suministros
- 3000 Servicios generales
- 4000 Transferencias, asignaciones, subsidios y otras ayudas
- 5000 Bienes muebles, inmuebles e intangibles
- 6000 Inversión pública
- 7000 Inversiones financieras y otras aportaciones
- 8000 Participaciones y otras aportaciones
- 9000 Deuda pública

7.3. Elaboración del Proyecto de Presupuesto de Egresos de la Federación (PPEF)

En el Capítulo de Finanzas Públicas de este libro se abordó ya el proceso presupuestario y la ruta crítica del Paquete Económico Anual, incluidas las fechas en que el Poder Ejecutivo debe presentar a la Cámara de Diputados el Proyecto de Presupuesto (PPEF) y los plazos que esta tiene para su análisis, dictamen y aprobación. En este Apartado abordaremos las reglas a que debe sujetarse la elaboración del Proyecto.

Los artículos 26, 27 y 28 de la LFPRH establecen lo siguiente en cuanto a la elaboración de los anteproyectos presupuestales:

- Las entidades se agruparán en el Presupuesto de Egresos en dos categorías: entidades de control directo y entidades de control indirecto.
- Los anteproyectos de las entidades comprenderán un flujo de efectivo que deberá contener:
  - La previsión de sus ingresos
  - La previsión del gasto corriente, la inversión física, la inversión financiera y otras erogaciones de capital

- Los anteproyectos deberán sujetarse a la estructura programática aprobada por la Secretaría, la cual contendrá como mínimo:
  - Las categorías, que comprenderán la función, la subfunción, el programa, la actividad institucional, el proyecto y la entidad federativa
  - Los elementos, que comprenderán la misión, los objetivos, las metas con base en indicadores de desempeño y la unidad responsable, en congruencia con el Plan Nacional de Desarrollo y con los programas sectoriales
  - Las acciones que promuevan la igualdad entre mujeres y hombres, la erradicación de la violencia de género y cualquier forma de discriminación de género.
- La estructura programática facilitará la vinculación de la programación de los ejecutores con el Plan Nacional de Desarrollo y los programas, y deberá incluir indicadores de desempeño con sus correspondientes metas anuales. Dichos indicadores de desempeño corresponderán a un índice, medida, cociente o fórmula que permita establecer un parámetro de medición de lo que se pretende lograr en un año expresado en términos de cobertura, eficiencia, impacto económico y social, calidad y equidad.
- El Proyecto de Presupuesto de Egresos se presentará y aprobará, cuando menos, conforme a las siguientes clasificaciones: administrativa, funcional y programática, económica, geográfica y de género (las cuales hemos revisado en los apartados anteriores)

7.4. El PEF 2022

Luego de transitar el proceso presupuestal requerido y de ser aprobado por la Cámara de Diputados, el PEF 2022 se publicó el 29 de noviembre de 2021 en el *Diario Oficial de la Federación.*

En el Anexo 1 del Decreto respectivo se encuentra la información de los montos totales del PEF 2022 y su distribución por clasificación administrativa y programática. Al final de este Capítulo se transcribe íntegramente dicho Anexo, de manera que el lector pueda revisar con detalle la distribución del Gasto Público federal para ese ejercicio fiscal, en los términos en que fueron autorizados por la Cámara de Diputados.

7.4.1. Gasto Neto Total y clasificación programática

El Gasto Neto Total del PEF 2022 asciende a 7 billones 88 mil 250 millones de pesos, cantidad que es equivalente al monto establecido en la LIF como el total de ingresos para el mismo ejercicio.

Cuadro 7.5.

PEF 2022. GASTO NETO TOTAL Y CLASIFICACIÓN PROGRAMÁTICA (millones de pesos)		
GASTO NETO TOTAL 1/	7,088,250.3	100%
GASTO PROGRAMABLE	5,247,296.4	74%
GASTO NO PROGRAMABLE	1,840,953.9	26%

1/Neto de aportaciones ISSSTE y de subsidios, transferencias y apoyos fiscales a Entidades de Control Directo y Empresas Productivas del

FUENTE: Elaboración propia con datos de SHCP, Infografía PEF 2022. https://www.transparenciapresupuestaria.gob.mx/es/PTP/Infografia_P

La clasificación programática del PEF 2022 muestra que 5 billones 247 mil millones de pesos se clasifican como Gasto Programable, el 74% del Gasto Neto Total.

En la *Exposición de Motivos del PPEF 2022*, la SHCP señala que el Gasto Programable es el agregado presupuestario que "comprende los recursos que se propone asignar, entre otros, para atender las necesidades de la población relacionadas con los servicios de salud, los programas prioritarios y los proyectos de inversión que se identifican como detonantes para el desarrollo integral de la Nación".

El Gasto No Programable del PEF 2022 representa el 24% del Gasto Neto Total. Como se sabe, este monto de recursos se destina a pagos pendientes de ejercicios anteriores, gastos para cubrir intereses, comisiones y demás conceptos relacionados con la deuda pública y los que deben transferirse a entidades federativas y municipios a través de las participaciones y aportaciones federales.

En la Exposición de Motivos citada, la SHCP afirma que el Gasto No Programable "se integra por el costo financiero de la deuda pública, las participaciones a entidades federativas y municipios establecidas en la LCF (Ley de Coordinación Fiscal) y el pago de ADEFAS".

7.4.1.1. Clasificación administrativa

En cuanto a la clasificación administrativa del PEF 2022, tenemos lo siguiente:

- Casi la mitad de los recursos del PEF 2021 se destinan a Ramos Generales (el 49%)
- Los Ramos Administrativos, que son el conjunto de las Secretaría de Estado y otros órganos del Sector Central tienen asignado un monto equivalente al 19.6%
- Las Entidades Sujetas a Control Presupuestario Directo, que son el IMSS y el ISSSTE, absorben el 16.3% y el 13.2% las Empresas Productivas del Estado (CFE y PEMEX)
- Los Ramos Autónomos solo cuentan con el 1.9% del Gasto Neto Total.

Cuadro 7.6.

PEF 2022. CLASIFICACIÓN ADMINISTRATIVA DEL GASTO NETO TOTAL	
A: RAMOS AUTÓNOMOS	1.9%
B: RAMOS ADMINISTRATIVOS	19.6%
C: RAMOS GENERALES	49.0%
D: ENTIDADES SUJETAS A CONTROL PRESUPUESTARIO DIRECTO	16.3%
E: EMPRESAS PRODUCTIVAS DEL ESTADO	13.2%

FUENTE: Elaboración propia con datos de: Cámara de Diputados.Decreto del PEF 2022.

7.4.2. Clasificación económica

En cuanto a la clasificación económica del PEF 2022, éste contiene los siguientes datos:

Cuadro 7.7.

PEF 2022. CLASIFICACIÓN ECONÓMICA (millones de pesos)		
GASTO PROGRAMABLE	**5,247,296.40**	**100%**
GASTO CORRIENTE	**3,092,683.60**	**58.9%**
Servicios Personales	1,464,853.90	27.9%
Subsidios	682,440.70	13.0%
Gastos de operación	945,389.00	18.0%
GASTOS DE INVERSIÓN	**982,287.90**	**18.7%**
Inversión física	863,175.00	16.4%
Subsidios	12,176.90	0.2%
Inversión financiera	106,936.00	2.0%
PENSIONES Y JUBILACIONES	**1,172,324.90**	**22.3%**

FUENTE: Elaboración propia con datos de SHCP, *Exposición de Motivos del PPEF 2022.*

La clasificación económica nos muestra que el gobierno federal planea erogar recursos durante el año 2022 en lo siguiente:

- Gasto Corriente (servicios personales, subsidios y gastos de operación) es el destino de la cantidad de 3 billones 92 mil millones de pesos. Representa el 58.9% del Gasto Programable
- Pensiones y Jubilaciones, La estimación del gasto es de 1 billón 172 mil millones de pesos, el 22.3%
- El presupuesto para los Gastos de Inversión es de 982 mil millones de pesos, equivalentes al 18.7%

7.4.3. Clasificación funcional

En cuanto a la clasificación funcional del PEF 2022, se puede observar lo siguiente:

Cuadro 7.8.

PEF 2022. CLASIFICACIÓN FUNCIONAL (millones de pesos)			
GASTO PROGRAMABLE		**5,247,296.5**	100%
	Gobierno	431,406.9	8%
	Desarrollo social	3,407,780.4	65%
	Desarrollo económico	1,408,109.2	27%

FUENTE: Elaboración propia con datos de SHCP, *Exposición de Motivos del PPEF 2022.*

- La finalidad Desarrollo Social es la que concentra el mayor porcentaje de los recursos del Gasto Programable, con el 65% del total (3 billones 407 mil millones de pesos)
- La finalidad Desarrollo Económico tiene la asignación del 26% de los recursos (1 billón 408 mil millones)
- La finalidad Gobierno contará con 431 mil millones de pesos para el ejercicio, equivalentes al 9%

7.5. La evolución de los PEF de 2015 a 2022

En este apartado se presenta un estudio de las clasificaciones de los PEF correspondientes a los ejercicios 2015 a 2022, siguiendo la misma metodología empleada en el Apartado anterior, de manera que el lector pueda tener una idea de la evolución reciente de los Presupuestos de Egresos de la Federación.

El periodo de tiempo fue seleccionado en atención a que, a partir del ejercicio 2015 los Presupuestos anuales separaron de otras clasificaciones administrativas a las Empresas Productivas del Estado como un elemento independiente. Esto se reflejó, a partir del año mencionado, tanto en los Anexos como en los cuadros de Análisis Funcional Económico del Gasto Programable que contiene el Tomo I del PEF, haciendo así posible un ejercicio comparativo.

Cuadro 7.9.

PEF 2015-2022. CLASIFICACIÓN PROGRAMÁTICA Y ADMINISTRATIVA (millones de pesos corrientes)								
	2015	2016	2017	2018	2019	2020	2021	2022
GASTO NETO TOTAL	**4,694,677.4**	**4,763,874.0**	**4,888,892.5**	**5,279,667.0**	**5,838,059.7**	**6,107,732.4**	**6,295,736.2**	**7,088,250.3**
CLASIFICACIÓN PROGRAMÁTICA								
GASTO PROGRAMABLE	3,669,815.6	3,606,705.6	3,550,387.6	3,803,164.5	4,132,331.4	4,618,338.9	4,618,388.9	5,247,296.4
GASTO NO PROGRAMABLE	1,024,861.8	1,157,168.4	1,338,504.9	1,476,502.5	1,705,728.3	1,489,393.5	1,677,397.3	1,840,953.9
CLASIFICACIÓN ADMINISTRATIVA								
A: RAMOS AUTÓNOMOS	89,597.3	99,214.6	105,351.1	118,131.6	97,511.9	119,082.4	134,904.7	139,232.6
B: RAMOS ADMINISTRATIVOS	1,184,295.0	1,116,787.9	978,730.3	1,023,678.7	1,136,594.4	1,148,400.2	1,246,242.7	1,514,103.4
C: RAMOS GENERALES	2,223,544.7	2,434,535.2	2,695,832.6	2,937,514.8	3,224,800.9	3,366,840.8	3,430,649.7	3,785,991.3
D: ENTIDADES SUJETAS A CONTROL PRESUPUESTARIO DIRECTO	706,453.9	774,237.1	886,271.8	961,916.8	1,070,061.1	1,174,505.3	1,275,212.3	1,407,789.4
E: EMPRESAS PRODUCTIVAS DEL ESTADO	923,525.2	862,179.9	844,795.0	915,720.0	1,054,071.5	1,125,556.6	1,133,301.4	1,258,420.0

FUENTE: Elaboración propia con información de Cámara de Diputados, *Presupuesto de Egresos de la* Federación de los ejercicios fiscales 2015, 2016, 2017, 2018, 2019, 2020, 2021 y 2022

- **Gasto Neto Total.** Como se puede ver en el cuadro anterior, el valor nominal del Gasto Neto Total, expresado en pesos corrientes, tiene un comportamiento ascendente en el periodo de estudio. El incremento nominal tiene un comportamiento desigual, pues creció solo 1% en el ejercicio 2016 en comparación con el anterior. Los PEF de los ejercicios 2018 y 2019 muestran un incremento superior que alcanza los 8 y los 11 puntos porcentuales respectivamente, en tanto que el incremento se reduce en los PEF de los ejercicios 2020 y 2021. Puesto que el monto presupuestal anual está determinado por el monto de los ingresos esperado para el mismo ejercicio, en el decremento del ritmo de expansión de los Ingresos Públicos puede estar la explicación de este comportamiento.
- **Clasificación programática.** La correlación promedio entre Gasto Programable y No Programable es de 74-26% en el periodo 2015-2022, con ligeras variaciones.

a) **Clasificación administrativa**. El siguiente cuadro nos muestra que el los Ramos Autónomos tienen presupuestado en promedio el 1.7% del

Gasto Neto Total anual, salvo en los ejercicios 2018 y 2021, en que su porciento llegó a 2 y 1,9 puntos, respectivamente.

Los porcentajes de participación en el Gasto Programable de los Ramos Administrativos que, como se sabe, están conformados por el Sector Central de la administración pública federal, tienen un comportamiento descendente en el periodo de estudio. Pasaron del 23% en el ejercicio 2015 a un sostenido 17% de 2017 a 2020, mostrando un leve repunte en el PEF 2022.

Cuadro 7.10.

PEF 2015-2022. CLASIFICACIÓN ADMINISTRATIVA

(porcentajes por tipo de Ramo)

	2015	2016	2017	2018	2019	2020	2021	2022
A: RAMOS AUTÓNOMOS	1.7%	1.9%	1.9%	2.0%	1.5%	1.7%	1.9%	1.7%
B: RAMOS ADMINISTRATIVOS	23.1%	21.1%	17.8%	17.2%	17.3%	16.6%	17.3%	18.7%
C: RAMOS GENERALES	43.4%	46.0%	48.9%	49.3%	49.0%	48.6%	47.5%	46.7%
D: ENTIDADES SUJETAS A CONTROL PRESUPUESTARIO DIRECTO	13.8%	14.6%	16.1%	16.1%	16.3%	16.9%	17.7%	17.4%
E: EMPRESAS PRODUCTIVAS DEL ESTADO	18.0%	16.3%	15.3%	15.4%	16.0%	16.2%	15.7%	15.5%

FUENTE: Elaboración propia con información de Cámara de Diputados, *Presupuesto de Egresos de la* Federación de los ejercicios fiscales 2015, 2016, 2017, 2018, 2019, 2020, 2021 y 2022

Los Ramos Generales muestran una trayectoria ascendente en el periodo estudiado. En 2015 les correspondió el 43% del Gasto Programable y se incrementaron hasta llegar al 49% en los ejercicios 2018 y 2019. Su participación se redujo dos puntos en los PEF 2021 y 2022. Recuérdese que los Ramos Generales se componen de ramos que se destinan a la seguridad social, previsiones salariales, educación y aportaciones a Estados y Municipios y que incluyen ramos de Gasto No Programable, como los relacionados con la deuda pública y las participaciones a entidades federativas y Municipios

La clasificación de Entidades de Control Presupuestario Directo (ISSSTE e IMSS) muestra un comportamiento ascendente en los ejercicios reportados, al pasar del 13.8 al 17.4%

Las Empresas Productivas del Estado han visto reducir su participación del 18 al 15.5% en el periodo

b) Clasificación económica y funcional. Los dos siguientes cuadros muestran la clasificación económica y funcional de los PEF en el periodo 2015-2022. El primero, los muestra a valores nominales en millones de pesos corrientes de cada año y, el segundo, los presenta convertidos a valores relativos.

La revisión de dichos cuadros permite observar lo siguiente:

- La reducción del Gasto Corriente, que pasó del 76% en 2015 al 58% en el ejercicio 2022. Tal tendencia decreciente se puede deber a la reducción de los ingresos públicos, pero también a las medidas de racionalidad administrativa y a las políticas de austeridad.

Cuadro 7.11.

PEF 2015-2022. CLASIFICACIÓN ECONÓMICA Y FUNCIONAL (millones de pesos)								
	2015	2016	2017	2018	2019	2020	2021	2022
GASTO PROGRAMABLE	**3,669,815.6**	**3,606,705.6**	**3,550,387.6**	**3,803,164.5**	**4,132,331.4**	**4,618,338.9**	**4,618,388.9**	**5,247,296.4**
CLASIFICACIÓN ECONÓMICA								
Gasto corriente	2,795,285.3	2,256,575.8	2,242,829.4	2,365,537.4	2,539,300.4	2,725,393.1	2,725,393.1	3,092,683.6
Pensiones y jubilaciones	nd	611,261.1	720,128.9	793,734.3	877,464.1	1,064,088.5	1,064,088.5	1,172,324.9
Gastos de inversión	874,530.3	738,868.8	587,429.2	643,892.7	715,566.8	828,857.3	828,857.3	982,287.9
CLASIFICACIÓN FUNCIONAL								
Gobierno	337,752.1	326,648.7	333,907.6	372,450.4	336,646.8	416,164.9	418,319.3	438,759.9
Desarrollo social	2,150,995.6	2,233,396.7	2,236,409.9	2,379,219.8	2,628,109.2	2,985,639.0	2,983,484.6	3,403,627.40
Desarrollo económico	1,181,067.8	1,046,660.3	980,070.1	1,051,494.3	1,167,575.4	1,216,535.0	1,216,535.0	1,404,909.20

FUENTE: Elaboración propia con información de Cámara de Diputados, *PEF* de los ejercicios fiscales 2015, 2016, 2017, 2018, 2019, 2020, 2021 y 2022

- Las Pensiones y Jubilaciones se incrementaron del 17 al 23% entre 2016 y 2021. Tal comportamiento pudiera deberse al envejecimiento demográfico del país y al crecimiento de la demanda de pensiones y jubilaciones de trabajadores y empleados que cubren su vida laboral y acreditan su derecho a ellas.

Cuadro 7.12.

PEF 2015-2022. CLASIFICACIÓN ECONÓMICA Y FUNCIONAL (porcentajes)								
	2015	2016	2017	2018	2019	2020	2021	2022
GASTO PROGRAMABLE	**100%**	**100%**	**100%**	**100%**	**100%**	**100%**	**100%**	100%
CLASIFICACIÓN ECONÓMICA								
Gasto corriente	76.2%	62.6%	63.2%	62.2%	61.4%	59.0%	59.0%	58.9%
Pensiones y jubilaciones	nd	16.9%	20.3%	20.9%	21.2%	23.0%	23.0%	22.3%
Gastos de inversión	23.8%	20.5%	16.5%	16.9%	17.3%	17.9%	17.9%	18.7%
CLASIFICACIÓN FUNCIONAL								
Gobierno	9.2%	9.1%	9.4%	9.8%	8.1%	9.0%	9.1%	8.4%
Desarrollo social	58.6%	61.9%	63.0%	62.6%	63.6%	64.6%	64.6%	64.9%
Desarrollo económico	32.2%	29.0%	27.6%	27.6%	28.3%	26.3%	26.3%	26.8%

FUENTE: Elaboración propia con información de Cámara de Diputados, *PEF* de los ejercicios fiscales 2015, 2016, 2017, 2018, 2019, 2020, 2021 y 2022

- Decremento de los Gastos de Inversión, pues este rubro participaba del 24% en 2015 y se redujo al 16.5 en 2017, luego de lo cual mostró una leve recuperación para ubicarse en 18.7% en el ejercicio presupuestal 2022.

- La Finalidad Gobierno se mantuvo en un promedio del 9.4% a lo largo del periodo, pero muestra una reducción dos puntos en el ejercicio 2022
- La Finalidad Desarrollo Social pasó del 58.6 al 64.9% en el periodo de estudio
- En lo que hace a la Finalidad Desarrollo Económico se observa una tendencia decreciente, ya que contó con el 32% en el ejercicio 2015, reduciendo paulatinamente su participación del Gasto Programable para ubicarse en el 26% que se le asignó en el PEF 2022

7.6. Ejercicio del Gasto Público Federal

El maestro Oscar Nava Escudero señala, en su obra *Derecho Presupuestario Mexicano,* que la ejecución presupuestaria, que en el caso del PEF es el ejercicio del Gasto Público Federal, "es la etapa del ciclo presupuestario en la que los ejecutores del gasto ya pueden desempeñar sus funciones con cargo a los gastos autorizados" en el PEF correspondiente al ejercicio anual. Para entender la dinámica del ejercicio presupuestal, es conveniente el manejo de algunos de los conceptos definidos en el artículo 2 de la Ley Federal de Presupuesto y Responsabilidad Hacendaria (LFPRH).

7.6.1. Ejecutores del gasto

Para el ejercicio del Gasto Público se ponen en acción las autoridades hacendarias, los ejecutores del gasto, las dependencias y entidades y las dependencias coordinadoras de sector.

La actuación de los ejecutores del gasto debe sujetarse a los principios que regulan a la administración pública, particularmente en lo referente al uso de los recursos del erario que están a su disposición debido a su cargo (artículo 134 de la Constitución), además de circunscribirse a lo que las leyes aplicables les ordenan en las diferentes materias.

a. **Autoridades hacendarias**. La Secretaría de Hacienda y Crédito Público (SHCP) juega un papel central en el ejercicio del Gasto Público. En términos de la LFPRH, a la SHCP (junto con la Secretaría de la Función Pública) le corresponde la interpretación de esa ley y la expedición de las disposiciones generales que deben observarse en el ejercicio del gasto público. Le corresponde también estar a cargo de la programación, presupuestación, evaluación y control presupuestario del gasto público federal correspondiente a las dependencias y entidades.

b. **Autoridades de la función pública**. A la Secretaría de la Función Pública le corresponden las funciones de control y auditoría respecto del gasto de las dependencias y entidades, las de inspección y la vigilancia del cumplimiento de las disposiciones de la LFPRH y de otros ordenamientos relacionados, como las de Contabilidad Gubernamental, Mejora Regulatoria, así como la Ley de Adquisiciones, Arrendamientos y Servicios del Sector Público.

c. **Ejecutores de gasto**. Los ejecutores del gasto son los Poderes Legislativo y Judicial, los entes autónomos a los que se asignan recursos del Presupuesto de Egresos a través de los ramos autónomos, así como las dependencias y entidades, que realizan erogaciones con cargo al Presupuesto de Egresos. Según el artículo 4 de la LFPRH, los siguientes son los ejecutores del gasto:

   A. Poder Legislativo

   B. Poder Judicial

   C. Los entes autónomos

   D. Los tribunales administrativos

   E. La Presidencia de la República

   F. Las dependencias

   G. Las entidades

Es importante señalar que el Poder Legislativo, el Poder Judicial, los entes autónomos y los tribunales administrativos tienen autonomía en el ejercicio y la administración del gasto que les corresponde.

d. **Dependencias**. Para efectos del ejercicio del gasto público, las dependencias son las Secretarías de Estado, incluyendo a sus respectivos órganos administrativos desconcentrados; los órganos reguladores coordinados en materia energética y la Consejería Jurídica del Ejecutivo Federal. Asimismo, aquellos ejecutores de gasto a quienes se les otorga un tratamiento equivalente en los términos del artículo 4 de la LFPRH.

e. **Entidades.** Las entidades son los organismos descentralizados, las empresas de participación estatal y los fideicomisos públicos que tienen carácter de entidades paraestatales.

f. **Dependencias coordinadoras de sector.** Las dependencias coordinadoras de sector son las dependencias que designe el Ejecutivo Federal (en los términos de la Ley Orgánica de la Administración Pública Federal), para orientar y coordinar la planeación, programación, presupuestación, ejercicio y evaluación del gasto de las dependencias y entidades que queden ubicadas en el sector bajo su coordinación. Por ejemplo, las Secretaría de Estado suelen ser las instancias coordinadoras de las dependencias y entidades de su sector, para efectos de la ejecución del respectivo Programa Sectorial con sus estrategias, objetivos, acciones, programas presupuestales, metas e indicadores de gestión.

7.6.2. El procedimiento del gasto

Una vez que el PEF ha sido aprobado por la Cámara de Diputados, la SHCP debe tomar las medidas necesarias para su ejercicio. Entre ellas:

- **Los calendarios del presupuesto** deberán comunicarse por la Secretaría a las dependencias y entidades, así como publicarse en el Diario Oficial de la Federación, dentro de los 10 días hábiles posteriores a la publicación del Presupuesto en el propio Diario Oficial de la Federación. A su vez, las unidades de administración de cada dependencia y entidad deberán comunicar los calendarios de presupuesto correspondientes a sus respectivas unidades responsables, así como publicarlos en el Diario Oficial de la Federación a más tardar 5 días hábiles después de recibir la comunicación por parte de la Secretaría (artículo 23 de la LFPRH).
- La Secretaría cumplirá estrictamente los calendarios de presupuesto autorizados a las dependencias en los términos de las disposiciones aplicables e informará al respecto en los informes trimestrales, por dependencia o entidad, por unidad responsable y por programa.

- De conformidad con el artículo 51 de la misma Ley, la Tesorería de la Federación efectuará los cobros y los pagos correspondientes a las dependencias. La ministración de los fondos correspondientes será autorizada en todos los casos por la Secretaría, de conformidad con el Presupuesto de Egresos. Los Poderes Legislativo y Judicial, los entes autónomos y las entidades, recibirán y manejarán sus recursos, así como harán sus pagos a través de sus propias tesorerías o sus equivalentes.
- **Reglas de operación**. Son las disposiciones a las cuales se deben sujetar los ejecutores del gasto en el caso de determinados programas y fondos federales. Las reglas de operación tienen el objeto de otorgar transparencia y asegurar la aplicación eficiente, eficaz, oportuna y equitativa de los recursos públicos asignados a los mismos.

De conformidad con el artículo 45 de la LFPRH, el control presupuestario en las dependencias y entidades se sujetará a las políticas y disposiciones generales que determine la SHCP. Las dependencias y entidades, con base en dichas políticas y disposiciones, realizarán las siguientes acciones:

- A los titulares de las dependencias y entidades corresponde vigilar la forma en que las estrategias básicas y los objetivos de control presupuestario sean conducidas y alcanzados.
- Los subsecretarios y oficiales mayores o equivalentes de las dependencias, así como los directores generales o equivalentes de las entidades, encargados de la administración interna, definirán las medidas de implementación de control presupuestario que fueren necesarias; tomarán las acciones correspondientes para corregir las deficiencias detectadas y presentarán a la Secretaría y a la Cámara de Diputados informes periódicos sobre el cumplimiento de los objetivos del sistema de control, su funcionamiento y programas de mejoramiento.
- Los servidores públicos responsables del sistema de control de las operaciones presupuestarias de cada dependencia o entidad responderán dentro del ámbito de sus respectivas competencias.
- Los Poderes Legislativo y Judicial y los entes autónomos establecerán sistemas de control presupuestario, observando en lo conducente los aspectos anteriores.

7.6.3. Adecuaciones presupuestarias

Durante el año de ejercicio del PEF, la ejecución del gasto público puede tener modificaciones respecto de lo aprobado por la Cámara de Diputados. Ello se puede originar en condiciones que inciden en las actividades económicas y repercuten en los montos de los ingresos del Estado.

Nava Escudero alerta que, en el transcurso de la anualidad correspondiente, es factible que se hagan ajustes a lo aprobado por la Cámara de Diputados, sea en el sentido de reducir o de incrementar los montos autorizados, operaciones a las que la ley denomina "adecuaciones presupuestales".

Cuando los montos previstos de ingresos son superados (como puede suceder si se incrementa la recaudación tributaria o por el incremento de los ingresos petroleros), tales modificaciones pueden consistir en ampliaciones.

Si, por el contrario, la recaudación decrece respecto de lo previsto o existen afectaciones por la baja en los ingresos petroleros, la recesión de las actividades económicas o desastres naturales, se estará ante modificaciones presupuestales en términos de reducciones de los montos presupuestales aprobados. En este caso, las adecuaciones consistirán en subejercicios presupuestales, la implementación de políticas de austeridad con el fin de reducir los gastos para hacer economías o redirigir el gasto de unos rubros autorizados a otros que se consideren prioritarios.

- **Adecuaciones presupuestarias**. Son las modificaciones a las estructuras funcional programática, administrativa, y económica, a los calendarios del presupuesto y las ampliaciones y reducciones al Presupuesto de Egresos o a los flujos de efectivo correspondientes, siempre que permitan un mejor cumplimiento de los objetivos de los programas a cargo de los ejecutores de gasto.

  a. **Ahorro presupuestario**. Son los remanentes de recursos del presupuesto modificado, una vez que se hayan cumplido las metas establecidas.

  b. **Economías**. Economías son los remanentes de recursos no devengados del presupuesto modificado.

  c. **Subejercicio de gasto**. Por subejercicios de gasto se entienden las disponibilidades presupuestarias que resultan, con base en el calendario de presupuesto, sin cumplir las metas contenidas en los programas o sin contar con el compromiso formal de su ejecución.

7.6.4. Etapas del procedimiento del Gasto Público

El maestro Nava Escudero, en su *Derecho Presupuestario Mexicano* (Nava Escudero, O., 2014), refiere que las etapas del procedimiento del gasto se encuentran en dos ordenamientos: la Ley General de Contabilidad Gubernamental (LGCG) y el Reglamento de la LFPRH (RLFPRH).

El artículo 38 de la LGCG y los correlativos del RLFPRM señalas las siguientes etapas del procedimiento del Gasto Público:

- **Presupuesto aprobado**. Consiste en el PEF aprobado por la Cámara de Diputados con las asignaciones anuales por clave presupuestaria para cada uno de los ramos autónomos, administrativos y generales, entidades paraestatales y empresas productivas del Estado.
- **Presupuesto modificado autorizado**. Consiste en la versión modificada por la SHCP, previas adecuaciones presupuestales, a las asignaciones anuales por clave presupuestaria para cada uno de los ramos autónomos, administrativos y generales, entidades paraestatales y empresas productivas del Estado.
- **Presupuesto precomprometido**. Son las provisiones de recursos que puedan cubrir el presupuesto modificado autorizado, de conformidad con lo proyectado en el Calendario de Presupuesto, de manera que se garantice a las entidades y dependencias una suficiencia presupuestaria que les permita hacer las adquisiciones, arrendamientos, prestación de servicios, obras y servicios públicos que están contemplados en sus programas.
- **Presupuesto comprometido**. Consiste en la autorización por la autoridad competente de un acto administrativo que formaliza una relación jurídica con terceros para la adquisición de bienes o servicios o ejecución de obras. Esta formalización se da mediante contratos que el ejecutor del gasto suscribe con terceros. Señala el maestro Nava que este es un primer acto contable del procedimiento del gasto, ya que se establece una obligación del Estado con terceros.

- **Presupuesto devengado**. El gasto devengado es el reconocimiento de una obligación de pago a favor de terceros por la recepción de conformidad de bienes, servicios y obras previamente contratados, así como las obligaciones que derivas de leyes, tratados, decretos, resoluciones o sentencias definitivas.
- **Presupuesto ejercido**. En esta etapa el gasto se refleja en la emisión de una cuenta por liquidar certificada, aprobada debidamente por la autoridad competente.
- **Presupuesto pagado**. Consiste en el momento contable del gasto que implica la cancelación total o parcial de las obligaciones de pago, la que se concreta con el desembolso de dinero en favor del tercero a través de cualquier forma de pago.

7.7. Control del gasto y fiscalización

La obligación que tienen los ejecutores del gasto de rendir cuentas del uso del Gasto Público está contenida tanto la Constitución, como en diversas leyes (la LFPRH, las leyes de transparencia de la información gubernamental, la Ley de Austeridad Republicana, la Ley de Adquisiciones, Arrendamientos y Servicios del Sector Público, entre otras).

El control del gasto se realiza en dos ámbitos: el control administrativo, que se lleva a cabo por el propio gobierno, a través de la SHCP y las contralorías de las dependencias y entidades (por lo que puede clasificarse como una forma de control interno) y el control legislativo o político, que realiza la Cámara de Diputados a través de sus comisiones y de un órgano técnico especializado que es la Auditoría Superior de la Federación (al llevarse a cabo por instancias distintas de la administración Pública Federal, se puede clasificar a éste como un control externo).

7.7.1. Transparencia

El artículo 106 de la LFPRH señala específicamente que, en el manejo de los recursos públicos federales, los ejecutores de gasto deberán observar las disposiciones establecidas en la Ley Federal de Transparencia y Acceso a la Información Pública Gubernamental. Esta información, ordena la ley, deberá ponerse a disposición del público en la misma fecha en que se entreguen los informes trimestrales al Congreso de la Unión.

Además, los ejecutores de gasto están obligados a remitir al Congreso de la Unión la información que éste les solicite con relación a sus respectivos presupuestos, solicitud que se realizará por los órganos de gobierno de las Cámaras o por las Comisiones competentes, así como por el Centro de Estudios de las Finanzas Públicas de la Cámara de Diputados.

La información pública accesible a toda la población incluye, entre otros productos especializados, la obligación de dar máxima publicidad a las contrataciones gubernamentales y del personal burocrático, obligación que se concreta en el sistema CompraNet y en el correspondiente a la Nómina Transparente de la Administración Pública Federal.

7.7.2. Rendición de cuentas (informes mensuales, trimestrales y anuales)

En lo que se refiere a la recaudación y al endeudamiento público del Gobierno Federal, la SHCP y las entidades estarán obligadas a proporcionar la información que les requieran la SFP y la Auditoría Superior de la Federación. El incumplimiento de esta obligación puede ser sancionado de conformidad con la Ley Federal de Responsabilidades Administrativas de los Servidores Públicos.

La LFPRH establece en su artículo 107 la obligación del Ejecutivo Federal consistente en que, a través de la SHCP, entregue al Congreso de la Unión informes mensuales y trimestral que deben contener, como mínimo:

a. La situación económica, incluyendo el análisis sobre la producción y el empleo, precios y salarios y la evaluación del sector financiero y del sector externo;

b. La situación de las finanzas públicas;

c. Un informe que contenga la evolución detallada de la deuda pública;

d. La evolución de los proyectos de infraestructura productiva de largo plazo y otras asociaciones público privadas

El artículo 110 de la misma Ley dispone que el Consejo Nacional de Evaluación de la Política de Desarrollo Social (CONEVAL) coordinará las evaluaciones en materia de desarrollo social. También, que debe funcionar un sistema de evaluación del desempeño obligatorio para los ejecutores de gasto y que dicho sistema incorporará indicadores para evaluar los resultados presentados en los informes trimestrales, enfatizando en la calidad de los bienes y servicios públicos, la satisfacción del ciudadano y el cumplimiento de los criterios establecidos.

7.7.3. Control interno o administrativo

La Ley Orgánica de la Administración Pública Federal (LOAPF) dispone, en su artículo 37, la integración y funcionamiento de la SFP, cuya primera función consiste, precisamente en "organizar y coordinar el sistema de control interno y la evaluación de la gestión gubernamental y de sus resultados; inspeccionar el ejercicio del gasto público federal y su congruencia con los Presupuestos de Egresos, así como concertar con las dependencias y entidades de la Administración Pública Federal para validar los indicadores para la evaluación de la gestión gubernamental, en los términos de las disposiciones aplicables".

De acuerdo a la fracción XII del artículo mencionado, a la SFP le corresponde "designar y remover a los titulares de los órganos internos de control de las dependencias y entidades de la Administración Pública Federal, así como de las unidades administrativas equivalentes en las empresas productivas del Estado, quienes dependerán jerárquica, funcional y presupuestalmente de la Secretaría de la Función Pública".

Los Órganos Internos de Control (OIC), son las instancias que ejercen el control del Gasto en cada una de las dependencias y entidades de la Administración Pública Federal, función que recae en unidades administrativas equivalentes en el caso de las empresas productivas del Estado.

A la SFP y a la OIC les corresponde el control administrativo del Gasto Público, la verificación en primera instancia de que el gasto se ejerza conforme al presupuesto aprobado por la Cámara de Diputados y autorizado por la SHCP, así como que su ejecución observe las regulaciones de las adquisiciones, arrendamientos y servicios del sector público y las contenidas en otras normas legales aplicables.

7.7.4. Control legislativo y la Auditoría Superior de la Federación

Es precisamente el Congreso de la Unión el encargado por la Constitución de ejercer un control legislativo y, en el caso de la Cámara de Diputados, llevar a cabo la fiscalización sobre el Gasto Público. Este control que, como ya se expuso, es una vigilancia externa a la Administración Pública Federal, se realiza con las siguientes atribuciones y obligaciones:

- Informes de finanzas públicas mensuales, trimestrales y anuales que la SHCP debe remitir al Congreso de la Unión (es decir, tanto al Senado como a la Cámara de Diputados).
- Ratificación del titular de la SHCP y aprobación de los nombramientos de los empleados superiores de la SHCP, atribuciones a cargo del Senado.
- Aprobación del PND y del PEF anual, facultades exclusivas de la Cámara de Diputados.
- Informe anual del titular del Poder Ejecutivo sobre la situación de la administración pública, mismo que debe rendir al Congreso de la Unión. Los legisladores pueden plantear preguntas sobre el contenido del informe y llamar a comparecer a los Secretarios de Estado y a los directores de las entidades paraestatales, quienes deben rendir informes bajo protesta de decir verdad.
- Aprobación por la Cámara de Diputados de la Cuenta Pública que cada año debe rendir la Administración Pública Federal.
- Fiscalización a cargo de un órgano técnico de la Cámara de Diputados, denominado Auditoría Superior de la Federación (ASF).

La ASF es el órgano técnico especializado de la Cámara de Diputados, dotado de autonomía técnica y de gestión, que se encarga de fiscalizar el uso de recursos públicos federales en los tres Poderes de la Unión, los órganos constitucionales autónomos; los estados y los municipios y, en general, cualquier entidad, persona física o moral, pública o privada que haya captado, recaudado, administrado, manejado o ejercido recursos públicos federales.

Los resultados finales que cada año brinda la ASF son los Informes Individuales de Auditoría y el Informe General Ejecutivo del Resultado de Fiscalización Superior de la Cuenta Pública. Este último sirve de base a la Cámara de Diputados para aprobar (o desaprobar) la Cuenta Pública anual.

Material adjunto al Capítulo 7.

Anexo 1 del Decreto del Presupuesto de Egresos de la Federación para el Ejercicio Fiscal 2022

FUENTE: Cámara de Diputados (2020). *Presupuesto de Egresos de la Federación para el Ejercicio Fiscal 2022. Anexo 1.*

ANEXO 1. GASTO NETO TOTAL (pesos)			
A: RAMOS AUTÓNOMOS			*131,319,606,644*
Gasto Programable			
	01	*Poder Legislativo*	*15,012,582,403*
		Cámara de Senadores	*4,438,382,346*
		Cámara de Diputados	*8,045,988,978*
		Auditoría Superior de la Federación	*2,528,211,079*
	03	*Poder Judicial*	*73,723,020,424*
		Suprema Corte de Justicia de la Nación	*5,284,902,847*
		Consejo de la Judicatura Federal	*65,640,979,577*
		Tribunal Electoral del Poder Judicial de la Federación	*2,797,138,000*
	22	*Instituto Nacional Electoral*	*19,736,593,972*
	35	*Comisión Nacional de los Derechos Humanos*	*1,722,324,772*
	41	*Comisión Federal de Competencia Económica*	*616,125,143*
	43	*Instituto Federal de Telecomunicaciones*	*1,560,000,000*
	44	*Instituto Nacional de Transparencia, Acceso a la Información y Protección de Datos Personales*	*982,905,153*
	49	*Fiscalía General de la República*	*17,966,054,777*
RAMO: 40 INFORMACIÓN NACIONAL ESTADÍSTICA Y GEOGRÁFICA			*11,115,300,004*
		Instituto Nacional de Estadística y Geografía	*11,115,300,004*
RAMO: 32 TRIBUNAL FEDERAL DE JUSTICIA ADMINISTRATIVA			*2,986,075,575*
		Tribunal Federal de Justicia Administrativa	*2,986,075,575*
B: RAMOS ADMINISTRATIVOS			*1,514,103,418,934*
Gasto Programable			
	02	*Oficina de la Presidencia de la República*	*833,863,400*
	04	*Gobernación*	*6,218,678,962*
	05	*Relaciones Exteriores*	*9,068,931,721*
	06	*Hacienda y Crédito Público*	*21,370,912,383*
	07	*Defensa Nacional*	*104,107,905,551*
	08	*Agricultura y Desarrollo Rural*	*55,788,965,938*

09	Infraestructura, Comunicaciones y Transportes	65,553,589,581
10	Economía	3,586,716,123
11	Educación Pública 4/ 5/	364,600,046,855
12	Salud 1/	193,948,336,401
13	Marina	37,750,191,112
14	Trabajo y Previsión Social	25,384,375,970
15	Desarrollo Agrario, Territorial y Urbano	12,868,470,195
16	Medio Ambiente y Recursos Naturales	40,795,855,575
18	Energía	47,057,724,667
20	Bienestar	299,315,515,989
21	Turismo	65,670,998,944
27	Función Pública	1,446,265,154
31	Tribunales Agrarios	841,831,136
36	Seguridad y Protección Ciudadana	93,379,484,115
37	Consejería Jurídica del Ejecutivo Federal	147,283,767
38	Consejo Nacional de Ciencia y Tecnología	29,564,150,670
45	Comisión Reguladora de Energía	256,509,841
46	Comisión Nacional de Hidrocarburos	222,860,839
47	Entidades no Sectorizadas	19,295,464,028
48	Cultura	15,028,490,017
C: RAMOS GENERALES		3,785,991,340,661
Gasto Programable		
19	Aportaciones a Seguridad Social 2/ 3/	1,092,011,751,628
23	Provisiones Salariales y Económicas	134,623,035,206
25	Previsiones y Aportaciones para los Sistemas de Educación Básica, Normal, Tecnológica y de Adultos	60,244,832,605
33	Aportaciones Federales para Entidades Federativas y Municipios	830,299,613,382
Gasto No Programable		
24	Deuda Pública	580,638,169,858
28	Participaciones a Entidades Federativas y Municipios	1,019,490,037,082
29	Erogaciones para las Operaciones y Programas de Saneamiento Financiero	0
30	Adeudos de Ejercicios Fiscales Anteriores	30,000,000,000
34	Erogaciones para los Programas de Apoyo a Ahorradores y Deudores de la Banca	38,683,900,900
D: ENTIDADES SUJETAS A CONTROL PRESUPUESTARIO DIRECTO		1,407,789,387,103
Gasto Programable		

	GYN	*Instituto de Seguridad y Servicios Sociales de los Trabajadores del Estado*	*396,948,621,994*
	GYR	*Instituto Mexicano del Seguro Social*	*1,010,840,765,109*
E: EMPRESAS PRODUCTIVAS DEL ESTADO			*1,258,420,005,345*
Gasto Programable			
	TYY	*Petróleos Mexicanos (Consolidado)*	*636,281,092,735*
	TVV	*Comisión Federal de Electricidad (Consolidado)*	*449,997,165,429*
Gasto No Programable			
		Costo Financiero, que se distribuye para erogaciones de:	*172,141,747,181*
	TYY	*Petróleos Mexicanos (Consolidado)*	*142,556,100,004*
	TVV	*Comisión Federal de Electricidad (Consolidado)*	*29,585,647,177*
Neteo: Resta de: a) aportaciones ISSSTE; y, b) subsidios, transferencias y apoyos fiscales a las entidades de control directo y empresas productivas del Estado.			*1,023,474,834,266*
GASTO NETO TOTAL			*7,088,250,300,000*

1/ Incluye recursos dentro del programa presupuestario U012.- "Fortalecimiento de los Servicios Estatales de Salud", para cubrir el pago de las previsiones que permitan mantener la homologación salarial del personal que fue regularizado y formalizado, y serán transferidos a las entidades federativas a través del Fondo de Aportaciones para los Servicios de Salud del Ramo 33.

2/ Los recursos relativos a los Laudos y Prestaciones que no estén directamente vinculadas a obligaciones decretadas en materia de seguridad social, no serán cubiertas con cargo a los recursos del Ramo 19 "Aportaciones a Seguridad Social".

3/ Incluye recursos que serán transferidos al Instituto Mexicano del Seguro Social, para dar cumplimiento a lo publicado en el Diario Oficial de la Federación el 13 de marzo de 2020, por el que se emitió el Decreto por el que se otorgan ayudas extraordinarias con motivo del incendio ocurrido en la Guardería ABC.

4/ Incluye recursos para el Fondo Federal Especial que asegure los recursos económicos necesarios para garantizar la obligatoriedad de los servicios de Educación Superior, de conformidad con lo establecido en la reforma del artículo 3o. Constitucional publicada en el Diario Oficial de la Federación el 15 de mayo de 2019.

5/ Incluye 200 millones de pesos para el fortalecimiento de los servicios personales para las acciones de la expansión de la educación inicial.

CAPÍTULO 8. Adquisiciones del sector público

Como se ha visto en los anteriores capítulos de este libro, la administración pública en sus diferentes órdenes realiza planes, programas, acciones y actividades para atender las funciones que la Constitución y las leyes le encomiendan, las que se distribuyen en las finalidades de Gobierno, Desarrollo Social y Desarrollo Económico. Para ello, pone en marcha su propia estructura organizativa, patrimonio y recursos, pero también hace contrataciones para adquirir o arrendar bienes o contratar servicios.

A estas contrataciones se les denomina genéricamente adquisiciones, arrendamientos y servicios del Sector Público.

8.1. El Sector Público y sus adquisiciones

Las compras públicas son elementos centrales en el funcionamiento de la administración pública federal, pues ésta recurre cotidianamente a ellas para atender las necesidades de servicios y obras públicas que requiere la población. Es por ello conveniente conocer la regulación y procedimientos legales a que están sujetas.

El artículo 134 de la Constitución ordena que las adquisiciones se lleven a cabo a través de licitaciones mediante convocatorias públicas, de manera que aseguren al Estado las mejores condiciones en cuanto a precio, calidad, financiamiento y oportunidad.

Para realizar adquisiciones, arrendamientos y demás contrataciones, los servidores públicos deben observar los principios de la administración pública contenidos en los artículos 126 y 134 de la Constitución, que hemos referido en el Capítulo 3 de este libro, así como las reglas dispuestas en diversas leyes, principalmente:

- *Ley de Adquisiciones, Arrendamientos y Servicios del Sector Público*, LAASSP (Congreso de la Unión, 2000)
- *Ley de Obras Públicas y los Servicios Relacionados con las Mismas* (LOPSRM)

- *Ley General de Responsabilidades Administrativas* (LGRA)
- *Ley Federal de Responsabilidades de los Servidores Públicos* (LFRSP).

La LAASSP regula los procedimientos de contratación de las dependencias y entidad de la Administración Pública Federal, aunque también obliga a las autoridades estatales y municipales cuando utilicen recursos públicos federales. Es obligatoria para las siguientes dependencias y entidades de la administración pública federal (artículo 1):

- Las unidades administrativas de la Presidencia de la República
- Las Secretarías de Estado y la Consejería Jurídica del Ejecutivo Federal
- La Fiscalía General de la República
- Las empresas de participación estatal mayoritaria y los fideicomisos en los que el fideicomitente sea el gobierno federal o una entidad paraestatal
- Las entidades federativas, los municipios y los entes públicos de unas y otros, cuando utilicen recursos federales

8.2. El proceso de contratación

Las adquisiciones, arrendamientos, servicios y obras públicas del gobierno se realizan mediante un proceso en el que las dependencias y entidades gubernamentales contratan a proveedores y contratistas para el cumplimiento de metas y objetivos de los programas presupuestarios.

Se puede decir que el proceso de contratación del sector público tiene cinco etapas, las que se pueden observar en el siguiente gráfico:

Figura 8-A.

FUENTE: Elaboración propia con base en la LAASSP

8.2.1. Planeación de las adquisiciones

La planeación es la primera etapa de todo el proceso de contratación del sector público. El artículo 18 de la LAASSP establece que la planeación de las adquisiciones, arrendamientos y servicios que pretendan hacer las dependencias y entidades de la administración pública federal deberá ajustarse a los objetivos y prioridades del PND y a los programas sectoriales, institucionales, regionales y especiales que correspondan, a las previsiones contenidas en sus programas anuales y a los objetivos, metas y previsiones de recursos establecidos en el PEF.

Con base en el PEF, las dependencias gubernamentales deben planear sus contrataciones. De este modo, identifican las adquisiciones, arrendamientos, servicios y obras públicas, entre otros rubros, para cumplir con los objetivos de sus programas.

El artículo 20 de la LAASSP dispone que las dependencias y entidades deberán formular para cada ejercicio un Programa Anual de Adquisiciones, Arrendamientos y Servicios, en el que tendrán que detallar las acciones previas, durante y posteriores a la realización de dichas operaciones, los objetivos y metas a corto, mediano y largo plazo, la calendarización física y financiera de los recursos necesarios, las unidades responsables de su instrumentación y los requerimientos de mantenimiento de los bienes muebles a su cargo, entre otras cosas.

El **Programa Anual de Adquisiciones, Arrendamientos y Servicios** de cada dependencia y entidad gubernamental debe hacerse público a más tardar el 31 de enero de cada año, su programa anual de adquisiciones, arrendamientos y servicios correspondiente al ejercicio fiscal de que se trate y en cada una de ellas deberá establecerse un **Comité de Adquisiciones** (artículos 21 y 22 de la LAASSP).

Los capítulos del Clasificador por Objeto del Gasto[44] que están abiertos a procedimientos de contratación son cuatro, que son los siguientes:

- Capítulo 2000: materiales y suministros
- Capítulo 3000: servicios generales
- Capítulo 5000: bienes muebles e inmuebles
- Capítulo 6000: inversión pública

8.2.2. Procedimientos de contratación

Un procedimiento de contratación consiste en identificar de qué manera una dependencia gubernamental realizará una adquisición o arrendamiento de determinado producto, o algún servicio u obra pública, ofrecidos por proveedores o contratistas nacionales o externos. Este procedimiento puede ser de tres tipos:

- **Licitación pública**. El ejecutor del gasto emite una convocatoria abierta a todos aquellos interesados en registrarse como participantes para ser proveedores o contratistas del Gobierno Federal
- **Invitación restringida**. El ejecutor del gasto invita a cuando menos tres personas físicas o morales para que presenten sus propuestas
- **Adjudicación directa**. El ejecutor del gasto asigna un contrato a un proveedor o contratista determinado.

Es la propia Constitución la que establece en forma absoluta que las contrataciones del sector público se efectúen mediante el procedimiento

---

44 El Clasificador por Objeto de Gasto contiene en total nueve capítulos, según lo revisado en el Apartado 7.2.1.7 del Capítulo 7 de este libro.

de la licitación pública. Este mandato se desarrolla en la LAASSP, que establece que la licitación pública es la regla general para las contrataciones y desarrolla con detalle el procedimiento de licitación pública, su planeación anual y difusión, la integración de los comités requeridos, la aprobación previa, su convocatoria, la presentación de propuestas en sobre cerrado, la presencia de testigos sociales, la toma de decisiones y la contratación respectiva (artículos 26 al 36).[45]

Los artículos 40 y 41 de la LAASSP establecen las condiciones de excepción en que las autoridades pueden optar por un mecanismo de contratación distinto a la licitación pública. Dice el artículo 40 que esta decisión deberá fundarse y motivarse, en cada caso, en criterios de economía, eficacia, eficiencia, imparcialidad, honradez y transparencia, con el objetivo de obtener las mejores condiciones para el Estado, en tanto que el artículo 41 enlista las causales en que se deberá fundar tal decisión, las cuales deben ser demostradas de manera puntual y fehaciente, sin generalidades que aludan a "situaciones de emergencia" que tanto se repiten en la práctica.

Las excepciones se justifican legalmente, por ejemplo, cuando la contratación altere el orden social o se ponga en riesgo la seguridad nacional y también en aquellos casos en que el participante posea la titularidad o el licenciamiento exclusivo de patentes y derechos de autor.

Una vez publicado el anuncio de la convocatoria, para el caso de las licitaciones públicas y la invitación restringida, las empresas participantes someterán sus propuestas para ser analizadas por el ejecutor del gasto. Cuando el monto de las contrataciones públicas rebase cinco millones de días de salario mínimo general vigente en la Ciudad de México, deberán participar testigos sociales, cuya principal función es fortalecer la transparencia, imparcialidad y velar porque se cumplan las disposiciones legales en materia de adquisiciones, arrendamientos y servicios (artículo 12-Ter de la LAASSP)..

---

45 Un esquema similar de planeación, procedimientos, contratos y ejecución al que contiene la LAASSP y en este Capítulo se expone, está contemplado en la *Ley de Obras Pública y Servicios Relacionados con las Mismas (LOPSRM), por lo que en esta obra se obviará la referencia a esta ley.*

8.2.3. La Junta Pública del Fallo y la Junta de Aclaraciones

En el procedimiento de licitación pública abierta, el artículo 36 Bis de la LAASSP dispone que, una vez hecha la evaluación de las proposiciones presentadas, el contrato se otorgará al licitante cuya oferta resulte más solvente en términos de que cumple los requisitos legales, técnicos y económicos establecidos en la convocatoria a la licitación y, por tanto, garantiza el cumplimiento de las obligaciones respectivas. El Fallo, que deberá emitir la dependencia o entidad convocante, se basará en los siguientes criterios, que están contenidos en dicho artículo:

I. Que la propuesta haya obtenido el mejor resultado en la evaluación combinada de puntos y porcentajes, o bien, de costo-beneficio;

II. De no haberse utilizado las modalidades mencionadas en la fracción anterior, que la propuesta hubiera ofertado el precio más bajo, siempre y cuando éste resulte conveniente.

III. Que quien oferte el precio más bajo que resulte del uso de la modalidad de ofertas subsecuentes de descuentos, siempre y cuando la proposición resulte solvente técnica y económicamente

Se deberá realizar una junta pública en la que se dé a conocer el Fallo, de la que se levantará un acta que será firmada por los licitantes que hubieran asistido, sin que la falta de firma de alguno de ellos reste validez o efectos a la misma.

Los procedimientos también pueden declararse en evaluación, cuando las dependencias analizan las propuestas antes de emitir el Fallo, o cancelados en caso de que así lo considere la autoridad responsable, previo a la emisión de la decisión final. Por ejemplo, cuando existan circunstancias justificadas que extingan la necesidad de adquirir los bienes, arrendamientos o servicios que motivaron la convocatoria (artículo 38 de la LAASSP).

8.2.4. Contratos

Con base en el Fallo, el organismo o entidad de la administración pública federal convocante deberá firmar un Contrato con el proveedor de bienes y servicios o contratista. Este documento establecerá las especificaciones de la contratación tales como: quién o quiénes fueron los participantes que obtuvieron el contrato y se convierten en proveedores o contratistas del gobierno, la fecha de inicio y fecha de fin del contrato y el monto contratado (artículo 45 de la LAASSP).

De acuerdo con el artículo 84 del *Reglamento de la Ley de Adquisiciones, Arrendamientos y Servicios del Sector Público* (RLAASSP), "para la formalización de los contratos se deberá recabar, en primer término, la firma del servidor público de la dependencia o entidad de que se trate con las facultades necesarias para celebrar dichos actos y posteriormente, se recabará la firma del proveedor. La fecha del contrato será aquélla en la que el proveedor lo hubiere firmado".

Cada contrato deberá contener, además, el Ramo al que pertenece, su duración, el tipo de contrato y el número de expediente.

8.2.5. Ejecución

Durante la fase de ejecución se realiza lo establecido en el contrato firmado entre el gobierno y el proveedor, es decir, por parte del ejecutor del gasto se realizan pagos por el bien o servicio adquirido, en tanto que el proveedor hace la entrega de los bienes o presta los servicios que motivaron el contrato.

En esta etapa es necesario tener en cuenta los siguientes conceptos (artículo 2 de la LAASSP):

- **Gasto comprometido**. Se refiere a cuando se autoriza por la unidad competente la responsabilidad de pagarle a un proveedor siempre y cuando se cumplan las especificaciones del contrato.
- **Gasto ejercido**. Representa la emisión de un documento de pago autorizado en favor de un tercero.
- **Gasto pagado**. Es el gasto que indica que el monto ya se encuentra transferido a la(s) empresa(s) proveedora(s).
- **Avances financieros y físicos**. Es el reporte de la marcha del proyecto en términos de gasto comprometido, gasto ejercido y gasto pagado, así como de la ejecución práctica de los programas y proyectos de inversión en función de sus indicadores de resultados.
- **Modificaciones al contrato**. El artículo 52 de la LAASSP autoriza a las dependencias y entidades para que, dentro de su presupuesto

aprobado y disponible, bajo su responsabilidad y por razones fundadas y explícitas, acuerden el incremento del monto del contrato o de la cantidad de bienes, arrendamientos o servicios solicitados mediante modificaciones a sus contratos vigentes, siempre que las modificaciones no rebasen, en conjunto, el veinte por ciento del monto o cantidad de los conceptos o volúmenes establecidos originalmente en los mismos y el precio de los bienes, arrendamientos o servicios sea igual al pactado originalmente.

- **Sanciones por incumplimiento.** Las dependencias y entidades podrán hacer deducciones al pago de bienes o servicios o la cancelación del contrato por el incumplimiento parcial o deficiencias en que incurra el proveedor. Esto deberá incluirse en la convocatoria o adjudicación respectiva, estableciendo el límite de incumplimiento a partir del cual podrán cancelar total o parcialmente las partidas o conceptos no entregados, o bien rescindir el contrato (artículos 53-Bis y 54 de la LAASSP). Para efectos de la rescisión administrativa del contrato, se deberá seguir un procedimiento consistente en lo siguiente: Aviso al proveedor.
    - Se comunicará por escrito el incumplimiento en que haya incurrido, para que en un término de cinco días hábiles exponga lo que a su derecho convenga y aporte, en su caso, las pruebas que estime pertinentes
    - La dependencia o entidad contará con un plazo de quince días para resolver, considerando los argumentos y pruebas que hubiere hecho valer el proveedor. La determinación de dar o no por rescindido el contrato deberá ser debidamente fundada, motivada y comunicada al proveedor dentro dicho plazo
    - Cuando se rescinda el contrato se formulará el finiquito correspondiente, a efecto de hacer constar los pagos que deba efectuar la dependencia o entidad por concepto de los bienes recibidos o los servicios prestados hasta el momento de rescisión.
- **Terminación anticipada de contrato.** La dependencia o entidad podrá dar por terminados anticipadamente los contratos cuando concurran razones de interés general, o bien, cuando por causas justificadas se extinga la necesidad de requerir los bienes o servicios originalmente contratados, y se demuestre que, de continuar

con el cumplimiento de las obligaciones pactadas, se ocasionaría algún daño o perjuicio al Estado. En estos supuestos la dependencia o entidad reembolsará al proveedor los gastos no recuperables en que haya incurrido, siempre que éstos sean razonables, estén debidamente comprobados y se relacionen directamente con el contrato correspondiente (artículo 54-Bis de la LAASSP).

8.3. Infracciones y sanciones

Las leyes contemplan un régimen de sanciones aplicable a infractores de las normas, tanto a los servidores públicos que intervengan, como a particulares que participen como proveedores, contratistas o prestadores de servicios al Sector Público. Este régimen sancionatorio está contenido en la propia LAASSP, pero también en la *Ley de General de Responsabilidades Administrativas*, LGRA (Congreso de la Unión, 2016) y en la *Ley Federal de Responsabilidades de los Servidores Públicos* (Congreso de la Unión, 1982).

8.3.1. Infracciones contenidas en la LAASSP

Infracciones de los servidores públicos

El artículo 50 de la LAASSP señala que las dependencias y entidades se abstendrán de recibir proposiciones o adjudicar contrato alguno a las personas siguientes:

- Aquellas con las que el servidor público tenga interés personal, familiar o de negocios, incluyendo aquéllas de las que pueda resultar algún beneficio para él, su cónyuge o sus parientes consanguíneos hasta el cuarto grado, por afinidad o civiles,[46] o para terceros con

---

[46] De acuerdo con los artículos 292 al 300 del Código Civil Federal, los **grados de parentesco** son los siguientes:
Primer grado: padres e hijos (por consanguineidad); cónyuge, suegros, hijos del cónyuge (por afinidad).
Segundo grado: hermanos, abuelos, nietos (por consanguineidad); cuñados (por afinidad).
Tercer grado: tíos, sobrinos, bisabuelos, bisnietos.
Cuarto grado: primos.

los que tenga relaciones profesionales, laborales o de negocios, o para socios o sociedades de las que el servidor público o las personas antes referidas formen o hayan formado parte durante los dos años previos a la fecha de celebración del procedimiento de contratación de que se trate.

- Las que desempeñen un empleo, cargo o comisión en el servicio público, o bien, las sociedades de las que dichas personas formen parte, sin la autorización previa y específica de la Secretaría de la Función Pública.
- Aquellos proveedores a los que la dependencia o entidad convocante les hubiere rescindido administrativamente más de un contrato.
- Las que se encuentren inhabilitadas por resolución de la Secretaría de la Función Pública.
- Los proveedores que se encuentren en situación de atraso en las entregas de los bienes o en la prestación de los servicios por causas imputables a ellos mismos, respecto de otro u otros contratos celebrados con la propia dependencia o entidad, siempre y cuando éstas hayan resultado gravemente perjudicadas.
- Aquellas que hayan sido declaradas sujetas a concurso mercantil o alguna figura análoga.
- Aquellas que presenten proposiciones en una misma partida de un bien o servicio en un procedimiento de contratación que se encuentren vinculadas entre sí por algún socio o asociado común.
- Las que pretendan participar en un procedimiento de contratación y, por tener contratos previos, hubieran tenido acceso a información privilegiada.
- Aquellas que por sí o a través de empresas que formen parte del mismo grupo empresarial pretendan ser contratadas para elaboración de dictámenes, peritajes y avalúos, cuando éstos hayan de ser utilizados para resolver discrepancias derivadas de los contratos en los que dichas personas o empresas sean parte.
- Las que celebren contratos sobre las materias reguladas por esta Ley sin estar facultadas para hacer uso de derechos de propiedad intelectual.

- Las que hayan utilizado información privilegiada, [47] proporcionada indebidamente por servidores públicos o sus familiares por parentesco consanguíneo y, por afinidad hasta el cuarto grado.
- Las que contraten servicios de asesoría, consultoría y apoyo de cualquier tipo de personas en materia de contrataciones gubernamentales, si se comprueba que todo o parte de las contraprestaciones pagadas al prestador del servicio, a su vez, son recibidas por servidores públicos por sí o por interpósita persona, con independencia de que quienes las reciban tengan o no relación con la contratación.

Infracciones de los licitantes o proveedores

No solo los servidores públicos, también los particulares que participen en las contrataciones del Sector Publico pueden incurrir en infracciones y ser sancionados. Los artículos 59 y 60 de la LASSP señala como conducta infractora el que los licitantes o proveedores no formalicen contratos que les fueron otorgados. En estos casos, serán sancionados por la Secretaría de la Función Pública con multa equivalente a la cantidad de cincuenta hasta mil veces el salario mínimo general vigente en el Distrito Federal elevado al mes.

También se impondrán sanciones como la inhabilitación temporal para contraer nuevos contratos a quienes incurran en las siguientes conductas:

- Los proveedores a los que se les haya rescindido administrativamente un contrato en dos o más dependencias o entidades en un plazo de tres años.
- Los proveedores que no cumplan con sus obligaciones contractuales por causas imputables a ellos y que, como consecuencia, causen daños o perjuicios graves a la dependencia o entidad de que se trate; así como, aquellos que entreguen bienes o servicios con especificaciones distintas de las convenidas.
- Las personas que proporcionen información falsa o que actúen con dolo o mala fe en algún procedimiento de contratación, en

---

47 Las leyes consideran que tiene carácter de **información privilegiada** la que el servidor público obtiene con motivo de sus funciones y que no es del dominio público.

la celebración del contrato o durante su vigencia, o bien, en la presentación o desahogo de una solicitud de conciliación o de una inconformidad.

- Los particulares que utilicen información privilegiada para obtener un contrato.

La inhabilitación que se imponga no será menor de tres meses ni mayor de cinco años y las responsabilidades y las sanciones que se apliquen por infracciones a la LAASSP serán independientes de las de orden civil, penal o de cualquier otra índole que puedan derivar de la comisión de los mismos hechos (artículo 63).

8.3.2. Disposiciones de la LGRA aplicables contrataciones del Sector Público

La *Ley General de Responsabilidades Administrativas* (LGRA) contiene disposiciones que se debe observar en los procesos de contratación del Sector Público. Entre otras, establece una Plataforma Digital Nacional que incluirá la relación de particulares, personas físicas y morales que se encuentren inhabilitados para celebrar contratos con los entes públicos (artículo 44 de la LGRA).

También se establece la obligación de que los Órganos Internos de Control de los organismos y entidades de la administración pública federal supervisen los procedimientos de contratación pública por parte de los contratantes, para garantizar que se lleva a cabo en los términos de las disposiciones en la materia (artículo 45 de la LGRA).

En el mismo terreno administrativo que se expuso en el anterior Apartado, los servidores públicos y los particulares también se pueden hacer acreedores a sanciones de la LGRA por infracciones que contiene la LAASSP, relativas al marco jurídico de las adquisiciones, arrendamientos y servicios del Sector Público.

En el catálogo de **Faltas Administrativas No Graves**, las fracciones IX y X del artículo 49 de la LGRA establecen que incurrirá en esta conducta el servidor público cuyos actos u omisiones incumplan o transgredan su obligación de:

- Cerciorarse, antes de la celebración de contratos de adquisiciones, arrendamientos o para la enajenación de todo tipo de bienes, prestación de servicios de cualquier naturaleza o la contratación de obra pública o servicios relacionados con ésta, que el particular manifieste bajo protesta de decir verdad que no desempeña empleo, cargo o comisión en el servicio público o, en su caso, que a pesar de desempeñarlo, con la formalización del contrato correspondiente no se actualiza un Conflicto de Interés.

- Revisar la constitución de personas jurídicas previo a realizar cualquier acto jurídico que involucre el ejercicio de recursos públicos con ellas, con el fin de verificar que sus socios, integrantes de los consejos de administración o accionistas no incurran en Conflicto de Interés.

Por otro lado, la LGRA cataloga como **Faltas Administrativas Graves** de los servidores públicos y los particulares las siguientes:

- **Actuación bajo Conflicto de Interés**. Cuando el servidor público intervenga en cualquier forma en la atención, tramitación o resolución de asuntos en los que tenga Conflicto de Interés o impedimento legal (artículo 58 de la LGRA).
- **Contratación indebida**. Cuando el servidor público autorice cualquier tipo de contratación de quien se encuentre impedido por inhabilitación para realizar contrataciones con los entes públicos, siempre que en el caso de las inhabilitaciones, al momento de la autorización, éstas se encuentren inscritas en el sistema nacional de servidores públicos y particulares sancionados de la Plataforma Digital Nacional (artículo 59 de la LGRA).
- **Tráfico de influencias**. Conducta de un servidor público que utilice su cargo para inducir a que otro servidor público efectúe, retrase u omita realizar algún acto de su competencia, para generar cualquier beneficio, provecho o ventaja para sí o para alguna persona con la que tenga parentesco, amistad o relación de negocios (artículo 61 de la LGRA).
- **Colusión**. Conducta de un particular que, en materia de contrataciones públicas, realice acciones que impliquen obtener un beneficio o ventaja indebidos en las contrataciones públicas de carácter federal, local o municipal. También se considerará colusión cuando los particulares acuerden o celebren contratos, convenios,

arreglos o combinaciones entre competidores, cuyo objeto o efecto sea obtener un beneficio indebido u ocasionar un daño a la Hacienda Pública o al patrimonio de los entes públicos (artículo 70 de la LGRA).

8.3.3. Las sanciones políticas

En el plano de las sanciones políticas, que rebasa la materia administrativa, los artículos 5 y 7 de la *Ley Federal de Responsabilidades de los Servidores Públicos* (LFRSP) establecen como motivo del enjuiciamiento el cometer violaciones graves a la Constitución General de la República, a las Leyes Federales que de ella emanen, así como por el manejo indebido de fondos y recursos federales. Respecto a esto último, dentro de las conductas que redundan en perjuicio de los intereses públicos fundamentales y de su buen despacho y que ameritan el juicio político, se señalan:[48]

- Las violaciones sistemáticas o graves a los planes, programas y presupuestos de la Administración Pública Federal o del Distrito Federal y a las leyes que determinan el manejo de los recursos económicos federales y del Distrito Federal (fracción VIII del artículo 7 de la LFRSP).

8.4. El CompraNet

La LAASSP ordena la implementación de un sistema de información pública gubernamental en materia de contrataciones de la administración pública. Este sistema es el CompraNet y es de uso obligado para los sujetos señalados en el artículo 1 de la Ley citada y en la Ley de Obras Públicas y Servicios Relacionados con las Mismas (LOPSRM). El sistema CompraNet es operado por una unidad administrativa dependiente de la Oficialía Mayor de la SHCP y en él se deben reportar los contratos de

---

[48] El **juicio político** es un proceso jurisdiccional que se lleva a cabo en el Congreso. Tiene como fin aplicar sanciones consistentes en la destitución del servidor público y en su inhabilitación para desempeñar funciones, empleos, cargos o comisiones de cualquier naturaleza en el servicio público. Las reglas de este proceso están contenidas en los artículos 110 y 111 de la Constitución y la ley reglamentaria de los mismos.

adquisiciones, arrendamientos y servicios que suscriban las dependencias de la administración pública federal. También están obligados a incorporar la información los Gobiernos Estatales y Municipales, en el caso de que los contratos que suscriban sean sufragados con recursos públicos federales.

En el portal de CompraNet se pueden encontrar reportes anuales correspondientes a los últimos años, con información relativa a cada uno de los contratos celebrados por organismos y entidades de la administración pública federal y los gobiernos estatales y municipales (cuando éstos empleen recursos públicos federales, como ya se dijo). La información se presenta en tablas de datos que muestran 45 campos por cada contrato, entre los que destacan las siguientes columnas:

- El orden de gobierno (identificado con las siglas APF, GE y GM), la institución contratante y el funcionario responsable
- El procedimiento de contratación, su fundamento legal y número del procedimiento, desglosado en los siguientes conceptos:
    - 01 y 02 Licitación Pública, con fundamento en la LAASSP y la LOPSRM, respectivamente
    - 03 y 04 Invitación a cuando menos tres participantes (Invitación Restringida), con fundamento en la LAASSP y la LOPSRM, respectivamente
    - 05 y 06 Adjudicación Directa, con fundamento en la LAASSP y la LOPSRM, respectivamente
    - 07 Proyectos de Convocatoria
    - 08 Reporte de otras contrataciones y contrataciones con crédito externo
    - 09 Proyectos de Asociación Público Privada
    - 10 Contratos entre entes públicos
- Fechas de inicio y fin del contrato
- Monto del contrato, el proveedor o contratista y los datos fiscales de éste
- Asimismo, se remite a una página en la que se puede ver la imagen de cada uno de los contratos

En el siguiente cuadro se muestra un resumen del reporte *Contratos Ingresados a CompraNet* correspondiente al año 2020.

Cuadro 8.1.

CONTRATOS DE LA ADMINISTRACIÓN PÚBLICA FEDERAL 2020 (reportados en CompraNet)						
Orden de gobierno	Procedimiento de contratación		Número de contratos	% de Contratos	Monto (pesos)	% de Montos
Administración Pública Federal			**147,212**	**100%**	**457,082,996,307.3**	**100%**
	Licitación Pública		**15,746**	**10.7%**	**186,065,612,802**	**40.7%**
		LP- LAASSP	12,729	8.6%	112,715,493,952.5	24.7%
		LP-LOPSRM	3,015	2.0%	73,282,946,650.8	16.0%
	Proyectos de convocatorias		2	0.0%	67,172,199.0	0.0%
	Invitación Restringida		**7,802**	**5.3%**	**14,547,842,556**	**3.2%**
		IR-LAASSP	6,284	4.3%	8,458,739,351.2	1.9%
		IR-LOPSRM	1,518	1.0%	6,089,103,204.7	1.3%
	Adjudicación Directa		**120,763**	**82.0%**	**200,642,550,035.2**	**43.9%**
		AD- LAASSP	118,151	80.3%	148,699,509,781.7	32.5%
		AD-LOPSRM	1,872	1.3%	32,506,657,779.6	7.1%
	Adjudicación Directa Nacional		11	0.0%	520,950.0	0.0%
	Proyectos Asociación Publica Privada		1	0.0%	9,778,128,067.7	2.1%
	Contratos entre entes públicos		728	0.5%	9,657,733,456.2	2.1%
	Otros		**2,901**	**2.0%**	**55,826,990,914**	**12.2%**
	Reporte de otras contrataciones		2,822	1.9%	55,021,996,854.9	12.0%
	No clasificados		79	0.1%	804,994,059.0	0.2%

FUENTE: Elaboración propia con base en SHCP (2021). *Contratos ingresados a Compranet 2020.*
Consultado en: https://compranet.hacienda.gob.mx/web/login.html

Se puede observar que la administración pública federal celebró durante el año 2020 contratos que arrojan los datos siguientes:

- Se reportaron 147 mil 212 contratos celebrados por los organismos y entidades del Sector Público federal, con un monto de 457 mil millones de pesos
- Por el procedimiento de Licitación Pública se otorgaron 15 mil 746 contratos, el 10.7%
- Se utilizó en procedimiento de Invitación Restringida para convenir 7 mil 802 contratos, que representan el 5.3%
- Por Adjudicación Directa se asignaron 120 mil contratos, que equivalen al 82% del total
- Se clasifican en Otros un total de 2,901 contratos, entre los que sobresale el rubro de “Reporte de otras contrataciones y contratos con crédito externo”.

- El monto de los contratos suscritos por el procedimiento de Licitación Pública representa el 40% del total.
- El monto implicado en los contratos asignados por Adjudicación Directa equivale al 43.9%, el de Invitación Restringida alcanza el 3.2% y el de Otros el 12.2%.
- Los montos de los contratos otorgados por Adjudicación Directa, Invitación Restringida y Otros suman en conjunto el 60% del gasto total.

La revisión del fundamento legal aducido en los contratos otorgados por Adjudicación Directa arroja lo siguiente:

- Poco más de 120 mil contratos del sector público fueron otorgados mediante Adjudicación Directa.
- Los asignados con fundamento en la Ley de Adquisiciones, Arrendamientos y Servicios del Sector Público (LAASSP) son 118 mil 151, que representan el 98% del total de los contratos asignados por el procedimiento de Adjudicación Directa.
- Se fundamentaron en el primer párrafo del artículo 42 de la LAASSP 28 mil 314 contratos, que representan el 23% de los contratos por Adjudicación Directa. Esta causal legal se refiere a que los servidores públicos efectúan la contratación sin justificar una determinada situación en lo particular, sino que lo hacen al amparo de la siguiente leyenda: "Bajo su responsabilidad, podrán contratar sin sujetarse a la licitación pública". El monto implicado en estos contratos es de 6 mil 500 millones de pesos, que equivalen al 3.2% del monto por Adjudicación Directa.
- Por el monto implicado, sobresalen los contratos fundamentados en las fracciones I a III del artículo 41 de la LAASSP, pues representan el 14% del monto por Adjudicación Directa por cada una de esas tres fracciones.
    - La fracción I de dicho artículo hace referencia en resumen a "Que en el mercado sólo existe un posible oferente".
    - La fracción II se refiere a que con la falta del bien o de los servicios que motivan la contratación "Peligre o se altere el orden social por caso fortuito o de fuerza mayor".

° La fracción III se refiere a "Condiciones que ocasionen costos adicionales, cuantificados y justificados".

Cuadro 8.2.

FUNDAMENTO LEGAL DE ADJUDICACIÓN DIRECTA 2020						
Ley	Fundamento Legal	Descripción	# de Contratos	% de Contratos	Monto	% de Monto
LAASSP		**Subtotal**	**118,151**	**98.44%**	**148,699,509,782**	**74.11%**
LAASSP	Art. 41. I	Que en el mercado sólo existe un posible oferente	6,671	5.56%	29,994,128,275	14.95%
LAASSP	Art. 41. II	Peligre o se altere el orden social por caso fortuito o de fuerza mayor	8,922	7.43%	28,127,946,773	14.02%
LAASSP	Art. 41. III	Condiciones que ocasionen costos adicionales, cuantificados y justificados	3,957	3.30%	28,180,098,186	14.04%
LAASSP	Art. 41. V	La licitación pública no permitas obtener bienes oportunamente	26,193	21.82%	22,888,379,664	11.41%
LAASSP	Art. 41. VI	Recisión de contrato adjudicado a través de licitación pública	36	0.03%	21,862,517	0.01%
LAASSP	Art. 41. VII	Se haya declarado desierta una licitación pública	2,337	1.95%	11,176,394,262	5.57%
LAASSP	Art. 41. VIII	Adquisición o arrendamiento de bienes de marca determinada	904	0.75%	825,499,487	0.41%
LAASSP	Art. 41. IX	Adquisiciones de bienes perecederos	458	0.38%	263,185,277	0.13%
LAASSP	Art. 41. X	Se trate de servicios de consultorías, asesorías o investigaciones	83	0.07%	55,866,937	0.03%
LAASSP	Art. 41. XI	Se trate de contratación de campesinos o grupos urbanos marginados	130	0.11%	432,442,200	0.22%
LAASSP	Art. 41. XII	Se trate de bienes de dependencias y entidades para su comercialización directa	19,657	16.38%	14,032,836,235	6.99%
LAASSP	Art. 41. XIII	Proveedores que se encuentren en estado de liquidación o disolución	16	0.01%	2,826,497	0.00%
LAASSP	Art. 41. XIV	Servicios de personas físicas sin que requiera más de un especialista	12,575	10.48%	1,494,316,632	0.74%
LAASSP	Art. 41. XV	Servicios de mantenimiento en los que no sea posible precisar su alcance	139	0.12%	33,791,130	0.02%
LAASSP	Art. 41. XVI	El diseño y fabricación de un bien que sirva como prototipo	14	0.01%	2,144,128	0.00%
LAASSP	Art. 41. XVII	Equipos para ser utilizados en experimentos de investigación científica	672	0.56%	119,750,072	0.06%
LAASSP	Art. 41. XVIII	Bienes o la prestación de servicios a título de dación en pago	23	0.02%	1,971,979	0.00%
LAASSP	Art. 41. XIX	Bienes y servicios relativos a la operación de instalaciones nucleares	5	0.00%	5,552,224	0.00%
LAASSP	Art. 41. XX	Suscripción de contratos específicos que deriven de un contrato marco	3,052	2.54%	3,385,673,255	1.69%
LAASSP	Art. 42		11	0.01%	520,950	0.00%
LAASSP	Art. 42 párrafo primero	Bajo su responsabilidad, podrán contratar sin sujetarse a la licitación pública	28,314	23.59%	6,575,446,588	3.28%
LAASSP	Art. 42 párrafo segundo	Si el origen es invitación, el oficial mayor puede autorizar la adjudicación directa	1,896	1.58%	623,714,521	0.31%
LAASSP	Art. 42 párrafo quinto	Se se declara desierta la invitación, el titular podrá hacer adjudicación directa	2,069	1.72%	445,380,923	0.22%
LAASSP	Sin artículo		17	0.01%	9,781,073	0.00%
LOPSRM		**Subtotal**	**1,872**	**1.56%**	**32,506,661,780**	**16.20%**
LOPSRM	Art. 42. I	El contrato sólo pueda celebrarse con una persona con derechos exclusivos	11	0.01%	59,465,300	0.03%
LOPSRM	Art. 42. II	Peligre o se altere el orden social por caso fortuito o de fuerza mayor	304	0.25%	802,800,376	0.40%
LOPSRM	Art. 42. III	Condiciones que ocasionen costos adicionales, cuantificados y justificados	43	0.04%	310,242,829	0.15%
LOPSRM	Art. 42. V	La licitación pública no permitas obtener bienes oportunamente	158	0.13%	323,276,608	0.16%
LOPSRM	Art. 42. VI	Recisión de contrato por causas imputables quien hubiere ganado la licitación	2	0.00%	1,936,569	0.00%
LOPSRM	Art. 42. VII	Se haya declarado desierta una licitación pública	45	0.04%	4,428,726,158	2.21%
LOPSRM	Art. 42. VIII	Servicios de mantenimiento en los que no sea posible precisar su alcance	2	0.00%	2,455,038	0.00%
LOPSRM	Art. 42. IX	Se trate de contratación de campesinos o grupos urbanos marginados	3	0.00%	3,416,867	0.00%
LOPSRM	Art. 42. X	Se trate de servicios relacionados con las obras públicas prestados por una persona física	5	0.00%	969,631	0.00%
LOPSRM	Art. 42. XIV	Servicios de elaboración de estudios para la realización de la licitación pública	4	0.00%	4,771,753	0.00%
LOPSRM	Art. 43 s/f	Bajo su responsabilidad, podrán contratar obras públicas o servicios relacionados	1,293	1.08%	26,567,742,613	13.24%
LOPSRM	Sin artículo		2	0.00%	858,038	0.00%
OTROS		**Subtotal**	**740**	**0.62%**	**19,436,382,474**	**9.69%**
		Adjudicación Directa Nacional	11	0.0%	520,950.0	0.00%
		Proyectos Asociación Publica Privada	1	0.0%	9,778,128,067.7	4.87%
		Contratos entre entes públicos	728	0.5%	9,657,733,456.2	4.81%
		TOTAL	120,023	100%	200,642,554,036	100%

FUENTE: Elaboración propia con base en SHCP. *Contratos ingresados a Compranet 2020*, en: https://compranet.hacienda.gob.mx/web/login.htm

NOTA: LAASSP: Ley de Adquisiones, Arrendamientos y Servicios del Sector Público
LOPSRM: Ley de Obras Públicas y Servicios Relacionados con las Mismas

- También sobresale el monto de dinero público involucrado en 1,293 contratos realizados al amparo del artículo 43 de la *Ley de Obras Públicas y los Servicios Relacionados con las Mismas* (LOPSRM), la que se refiere a que los servidores públicos "Bajo su responsabilidad, podrán contratar sin sujetarse a la licitación pública", causal contenida igualmente en el artículo 42 de la LAASSP.

Material adjunto al Capítulo 8.

Ejemplo de Contrato Público reportado en CompraNet.

Contrato suscrito por FONATUR e ICA Constructora S.A. de C.V. para el tramo Izamal-Cancún del Tren Maya.

COMPRANET-2020. CONTRATO FONATUR-ICA CONSTRUCTORA PARA EL TRAMO IZAMAL-CANCÚN DEL TREN MAYA	
CAMPO DE INFORMACIÓN	**DATOS DEL CONTRATO**
Orden de gobierno	APF
Siglas de la Institución	FONATUR
Institución	Fondo Nacional de Fomento al Turismo
Clave de la UC	021W3N003
Nombre de la UC	FONATUR-Subdirección de Adquisiciones y Servicios Generales #021W3N003
Responsable de la UC	Jorge Luis Aguilar García
Código del expediente	2161649
Referencia del expediente	TM-TRAMO4/20-OI-04
Clave CUCOP	6260
Título del expediente	AD PROYECTO INTEGRAL DE OBRA PÚBLICA A PRECIO MIXTO QUE
Plantilla del expediente	06. Adjudicación Directa LOPSRM
Fundamento legal	Art. 43 s/f
Número del procedimiento	AO-021W3N003-E229-2020
Fecha de fallo	
Fecha de publicación	23/09/2020 18:50
Fecha de apertura	18/09/2020 18:00
Carácter del procedimiento	Nacional
Tipo de contratación	Obra Pública
Tipo de procedimiento	ADJUDICACIÓN DIRECTA
Forma de participación	Mixta
Código del contrato	2377081
Núm. de control del contrato	TM-TRAMO4/20-OI-04
Título del contrato	PROYECTO INTEGRAL DE OBRA PÚBLICA A PRECIO MIXTO QUE INCLUYE LA ELABORACIÓN DEL PROYECTO EJECUTIVO, SUMINISTRO DE MATERIALES, ADECUACIONES CARRETERAS Y CONSTRUCCIÓN DE PLATAFORMA Y VÍA DEL TREN MAYA CORRESPONDIENTE AL TRAMO IZAMAL -
Descripción del contrato	PROYECTO INTEGRAL DE OBRA PÚBLICA A PRECIO MIXTO QUE INCLUYE LA ELABORACIÓN DEL PROYECTO EJECUTIVO, SUMINISTRO DE MATERIALES, ADECUACIONES CARRETERAS Y CONSTRUCCIÓN DE PLATAFORMA Y VÍA DEL TREN MAYA CORRESPONDIENTE AL TRAMO IZAMAL - CANCÚN
Fecha de inicio del contrato	21/09/2020
Fecha de fin del contrato	30/01/2026
Importe del contrato	25,849,460,178.2 (VEINTICINCO MIL OCHOCIENTOS CUARENTA Y NUEVE MILLONES CUATROCIENTOS SESENTA MIL CIENTO SETENTA Y OCHO PESOS MEXICANOS
Moneda del contrato	MXN
Estatus del contrato	Activo
Convenio modificatorio	0
Clave del programa federal	
Fecha de firma del contrato	
Contrato marco	
Compra consolidada	0
Contrato plurianual	1
Clave de cartera SHCP	
Folio en el RUPC	
RFC	ICO170407UI6
Proveedor o contratista	ICA CONSTRUCTORA SA DE CV
Estratificación de la empresa	NO MIPYME
Clave del país de la empresa	MX
RFC verificado en el SAT	1
Crédito externo	
Organismo financiero	
Dirección del anuncio	https://compranet.hacienda.gob.mx/esop/guest/go/opportunity/detail?opportunityId=1891257

FUENTE: Elaboración propia con base en SHCP (2021) *Contratos ingresados a CompraNet 2020*.

La anterior es información pública accesible en CompraNet. Este contrato fue seleccionado por ser el que reporta el importe más alto entre los que fueron suscritos por la administración pública federal en el año 2020.

La página en la que se puede ver la imagen de este contrato es: https://compranet.hacienda.gob.mx/esop/guest/go/opportunity/detail?opportunityId=1891257

CAPÍTULO 9. Política fiscal

Como se explicó en el Capítulo 2 de este libro, al exponer el tema de Finanzas Públicas, la Política Fiscal se conforma por la política de ingresos y la política de gasto público. También se dijo que en México la Política Fiscal está a cargo de la Secretaría de Hacienda y Crédito Público (SHCP) y de la Tesorería de la Federación.

9.1. Teoría de la Política Fiscal

Los especialistas en las Finanzas Públicas coinciden en señalar que el manejo de éstas es un factor determinante en la marcha de la economía de un país. Una de sus ramas, es la política fiscal, que cumple el papel de direccionar los objetivos de la Política Económica a través de la utilización de los instrumentos de que dispone el Estado para ello, como son entre otros los estímulos fiscales y la inversión pública.

Es por ello que la política fiscal otorga primordial importancia a las decisiones gubernamentales sobre cuál debe ser la composición del Gasto Público, la estructura tributaria y de los ingresos en general.

Las decisiones que se toman acerca de los tipos impositivos, sus tasas, subsidios, exenciones o condonaciones, tienen consecuencias en la distribución del ingreso de las familias de los distintos sectores sociales y estas consecuencias pueden transmitirse a las fluctuaciones del ciclo económico. De igual manera, puede incidir en éstas la inversión pública que se destina a la dotación de servicios públicos requeridos para la sostenibilidad de la fuerza de trabajo y su reproducción, así como para la dotación de infraestructuras necesarias para la inversión privada y la creación de empleos.[49]

---

49 Recientes estudios proponen modelos sobre la **rentabilidad de la inversión pública,** a partir de la consideración de que no puede medirse con la métrica que se aplica para conocer la rentabilidad de la inversión privada. Mientras que ésta resulta exitosa en términos de la ganancia que brinda a los inversionistas y sus dueños, la inversión pública tiene funciones sociales y económicas, consistentes en la redistribución del ingreso entre los agentes económicos y en la creación de

En términos macroeconómicos, la Política Fiscal es una herramienta de la Política Económica que busca regular la demanda agregada,[50] de manera que se erradiquen o mitiguen las fluctuaciones cíclicas de la renta y del empleo y se controle la inflación.

9.2. Definición de Política Fiscal

La Política Fiscal es una parte de la política económica gubernamental y, específicamente, es el conjunto de acciones que el gobierno pone en práctica con el propósito de incidir en la actividad económica a través de la fijación, modificación o condonación de impuestos, así como a través de las transferencias, de las compras gubernamentales de bienes, la contratación de servicios y los subsidios.

La Política Fiscal tiene dos componentes que actúan en una especie de pinza para llevarla a cabo. Estos dos componentes son:

- **La política de ingresos**, que son el conjunto de medidas tributarias y no tributarias que el gobierno lleva a cabo para recaudar recursos económicos que le permitan cumplir con sus finalidades. Esto lo hace a través de impuestos, los precios y tarifas de los bienes y servicios que ofrece y del endeudamiento, pero además de cubrir el gasto público, la política de ingresos puede incidir en la actividad económica de las empresas y las familias, mediante estímulos, créditos y condonaciones fiscales
- **La política de egresos**, que es el ejercicio del gasto que lleva a cabo el gobierno. Si bien el gasto público está constreñido a la autorización de la Cámara de Diputados, como se analizó en el Capítulo 6

---

las condiciones requeridas para la atracción y florecimiento de las inversiones privadas, sin las cuales éstas difícilmente encontrarían terreno fértil. Algunas referencias para quien quiera profundizar en este tema son: *Public finance in models of economic growth*" de Robert Barro y Xavier Sala (1992) y en *Capital público y productividad* de Joan Esteban y Xavier Vives (1994).

50 La **demanda agregada** es el gasto total de la economía en su conjunto en un periodo dado. Es determinado por los gastos totales en bienes y servicios de consumo, en bienes y servicios del Estado, en inversión, y en exportaciones. La demanda agregada es la relación entre el nivel de precios promedio de todos los bienes y servicios en la economía y la cantidad de todos los bienes y servicios demandados.

de este libro, las autoridades hacendarias toman una serie de medidas para su ejercicio en la práctica, las cuales le permiten incidir en la actividad económica de las empresas y las familias mediante las ministraciones, las autorizaciones, transferencias, las ampliaciones presupuestales o los subejercicios.

9.3. Funciones de la Política Fiscal

El objetivo esencial de la Política Fiscal es el de generar apoyos y condiciones para el desarrollo de las fuerzas productivas y generar crecimiento económico. Junto a esta meta está la distribución o redistribución del ingreso y de la riqueza entre los distintos sectores de la población.

De acuerdo con la definición de Política Fiscal que adoptó esta investigación, las funciones de dicha política se subdividen en los que se pueden ubicar como tareas de la política de ingresos y en las que corresponden a la política de egresos, como se puede ver en el siguiente cuadro.

Cuadro 9.1.

PRINCIPALES FUNCIONES DE LA POLÍTICA FISCAL	
Función	**Descripción**
Política de Ingresos	Cumplir la meta de ingresos establecida en la Ley de Ingresos de la Federación anual para cubrir el gasto público
	Hacer la recaudación de ingresos tributarios y no tributarios aplicando los siguientes criterios: Trato equitativo a los contribuyentes y causantes Promoción de inversiones y de creación de empleos
	Otorgar estímulos fiscales a las actividades económicas que se consideren prioritarias para el desarrollo del país
	Estimular fiscalmente a empresas sociales (cooperativas, ejidos, comunidades) para coadyuvar a su crecimiento
	Exentar y registrar como donatarias a personas físicas y morales que se dedican a la asistencia privada
	Establecer, revisar, controlar y, en su caso, hacer ajustes a los precios y tarifas de los bienes y servicios del Sector Público
Política de Egresos	Ministrar las partidas presupuestales a los organismos y entidades de la administración pública federal, correspondientes al gasto corriente y al gasto de inversión
	Llevar el control del consumo del Sector Público
	Enterar las participaciones y aportaciones federales a las Entidades Federativas y Municipios
	Administrar y controlar el endeudamiento público interno y externo
	Controlar el gasto del conjunto de la administración pública federal, los organismos descentralizados, entidades paraestatales, los de control presupuestario directo y a las empresas productivas del Estado

FUENTE: Elaboración propia con base en la LOAPF y diversas leyes.

9.4. Orientaciones de la Política Fiscal

Como se explicó en el Capítulo 2 de este libro, la Política Fiscal es una rama de la Política Económica gubernamental y, por tanto, responde a la orientación y metas de ésta. En ese sentido, se puede afirmar que, dependiendo de la Política Económica adoptada, la Política Fiscal puede tener las siguientes orientaciones:

- Política Fiscal expansiva
- Política Fiscal restrictiva

9.4.1. Política Fiscal expansiva

La Política Fiscal expansiva es una orientación que se adopta para estimular el crecimiento económico y la creación de empleos. Se identifica con el déficit en los presupuestos del Estado, esto es, cuando el gasto público es superior a los ingresos fiscales. El déficit presupuestal puede deberse a la decisión de gastar más de los ingresos previstos, por lo que el déficit debe financiarse a través de la emisión o contratación de deuda pública, o el déficit se ocasiona por una menor recaudación de la prevista, a la vez que se mantiene el nivel del gasto.

Es por ello que se pueden ubicar dos mecanismos de la Política Fiscal expansiva

- Aumentar el Gasto Público, con el fin de aumentar la producción y el consumo y reducir el desempleo, o
- Alentar el aumento del gasto privado, lo que se puede lograr disminuyendo los impuestos (a través del crédito fiscal, las condonaciones o exenciones) con la finalidad de incrementar la renta disponible de los agentes económicos privados, lo que provoca un mayor consumo de las personas y una mayor inversión de las empresas, es decir, un aumento en la demanda económica.

9.4.2. Política Fiscal restrictiva

La Política Fiscal restrictiva es una orientación tendiente al control de la inflación. Se identifica con el superávit en los presupuestos del Estado, es decir, que el gasto público es inferior a los ingresos fiscales. En esta orientación, los mecanismos que se utilizan son contrarios a los de la política expansiva:

- Reducción del gasto público, con el fin de disminuir la demanda, por lo tanto, la producción
- Inducir la reducción del gasto privado, mediante el incremento de los impuestos para que los ciudadanos tengan una renta menor, por lo que disminuyen su consumo y, como consecuencia, la demanda agregada.

Una orientación de este tipo se emplea para contener un periodo de excesiva expansión de la economía, la que produce el aumento de los precios y altas tasas de inflación.

9.4.3. Política procíclica y política contra cíclica

En épocas recientes, la función del Gasto Público que tiene qué ver con la estabilización (que revisamos en el Apartado 7.1.1.) se ha alineado en la política económica de diferentes países a dos modelos de política fiscal: la procíclica o la política contra cíclica.

- **Política procíclica**. Es una política en la cual, durante las fases de expansión y auge de la actividad económica, mientras abundan los recursos, el gobierno incrementa el Gasto Público, a la vez que reduce los impuestos y las tasas de interés, con el objeto de impulsar el crecimiento económico. En las fases de contracción y depresión del ciclo económico, el gobierno reduce el Gasto Público y aumenta los impuestos y las tasas de interés, con lo que recrudece la recesión.
- **Política contra cíclica**. Es una política en la cual, durante las fases de expansión y auge de la actividad económica, mientras abundan los recursos, el gobierno reduce el Gasto Público al tiempo que eleva los impuestos y las tasas de interés, con el objeto de acumular ahorros y crear fondos, garantizando un crecimiento sostenible de la economía. En las fases de contracción y depresión del ciclo económico, el gobierno utiliza los fondos ahorrados para financiar el Gasto Público y baja los impuestos y las tasas de interés. Con esta política, se controla la recesión.

Recientemente, el Banco Mundial valoró que la mayoría de los países de América Latina han seguido políticas procíclicas tanto en fases ascendentes del ciclo económico como en las fases de recesión y depresión, es decir que aplican medidas expansionistas durante el ascenso económico y políticas de austeridad para enfrentar las crisis económicas.[51]

9.5. Interrelaciones de la Política Fiscal

En los apartados anteriores se revisaron dos modalidades de la Política Fiscal, pero hay otras que también se refieren a su interrelación con la economía. Entre ellas podemos identificar la que se da en una economía cerrada, en una abierta, la Política Fiscal compensatoria y la relación que se establece entre Política Fiscal y Política Monetaria.

Antes de abordarlas se debe señalar que se entiende por economía cerrada a la economía de un país cuyo desarrollo económico está orientado "hacia adentro" y en el que el comercio exterior y, en general, las relaciones económicas y financieras internacionales juegan un papel poco relevante.

Por el contrario, una economía abierta es la de un país que tiene al intercambio económico con el exterior como uno de sus componentes principales, sea a través del comercio internacional, el peso que tienen las importaciones y/o las exportaciones de materias primas, productos y bienes de capital y el financiamiento externo en su economía. Muchos de estos países se incorporan a tratados de libre comercio pactados entre países o a través de organismos internacionales.

9.6. Alcances y limitaciones de la Política Fiscal

La Política Fiscal es una importante herramienta del Estado y de la Política Económica gubernamental mediante la cual éste puede incidir en el comportamiento de la inversión y el gasto de las empresas y las familias,

---

51 Banco Mundial (2017). *Políticas Procíclicas Vs. Políticas Contracíclicas. Consultado en: https://www.bancomundial.org/es/news/infographic/2017/10/12/politicas-prociclicas-politicas-contraciciclas*

coadyuvando a afrontar las diferentes fases del ciclo económico en aras de un mayor crecimiento y desarrollo, así como de una mejor distribución del ingreso entre los diferentes sectores sociales.

Algunos autores, como el catedrático de la UNAM Cristhian Villegas, han señalado recientemente las limitaciones de la Política Fiscal a partir de una crítica desde el punto de vista de la ortodoxia de la economía clásica (Villegas Herrera, C., 2015). Parten del señalamiento de que la modificación de la estructura económica que la Política Fiscal induce una ampliación del intervencionismo gubernamental, lo que va en demérito de la participación del sector privado. Desde este punto de vista, todo déficit fiscal es inflacionario y, en un escenario de largo plazo, esta política es inefectiva, lo que explicaría las razones por las cuales la Política Fiscal de tipo discrecional ha sido reemplazada por el uso de reglas fiscales.

En la argumentación de esta postura se pueden enlistar los siguientes elementos:

- La relación de proporcionalidad entre el déficit público y la inflación según la cual a mayor déficit público es mayor la tasa inflacionaria tanto en un escenario de economía cerrada como en un ambiente abierto y
- Aplicando el Teorema de Equivalencia Ricardiana, muestran que la emisión de deuda no tiene efectos en las decisiones de consumo de los agentes, ya que éstos las descuentan plenamente y abogan a favor de que todo aumento de la deuda del sector público se justifique en gasto en inversión que tenga repercusiones positivas para las generaciones futuras.[52]

En el caso de México, Anguiano Equihua nos recuerda que en la época del desarrollo estabilizador, que nuestro país transitó entre las décadas de los 50 y los 70s del siglo pasado, la enorme magnitud del Sector Pú-

---

[52] El **Teorema de Equivalencia Ricardiana,** cuya idea fundamental fue propuesta por el economista clásico David Ricardo y formalizada después por sus discípulos, es retomado por Villegas para demostrar que, en un escenario con agentes que tienen una visión de largo plazo, el financiamiento mediante el uso de emisión de deuda no tiene efectos en las decisiones de consumo que los agentes económicos toman en el mediano o largo plazo.

blico determinaba la extrema importancia de la política fiscal (Anguiano, 1968). En su libro *Las Finanzas del Sector Público en México,* citó una conferencia que Víctor L. Urquidi impartió en un evento organizado por la Organización de Estados Americanos (OEA) en 1964,[53] en los siguientes términos:

> El ámbito de la política fiscal es el conjunto de medidas relativas al régimen tributario, al gasto y situación financiera de las entidades y los organismos autónomos o paraestatales, por medio de los cuales se determinan el monto y la distribución de la inversión y el consumo públicos como componentes del gasto nacional y se influye, directa o indirectamente, en el monto y la composición de la inversión y el consumo privados.

En la época referida, la Política Fiscal era un poderoso instrumento de intervención del Estado en la economía debido, entre otras razones, a la alta concentración de recursos económicos y medios de producción en manos del Estado. Además, el gobierno federal contaba con otros instrumentos, como el control de precios y salarios, que también estaban en sus manos e, inclusive, se debe añadir que el gobierno federal ejercía directamente la Política Monetaria que implicaba el control por decreto de la paridad peso-dólar, de las tasas de interés, de la circulación de la moneda.

Como se verá en detalle en el siguiente Capítulo de este libro, las sucesivas crisis económicas, la instauración de una política económica de corte neoliberal y la liberalización de la economía y del comercio, determinaron la privatización de un gran número de empresas públicas, la apertura comercial y la desregulación de la economía, poniendo fin a una etapa de alta concentración económica del Estado en México. Esta transformación implicó que la Política Monetaria se disociara del control directo del gobierno, la que quedó encomendada al Banco de México, dependencia que a partir de 1994 fue dotada de autonomía constitucional.

La crítica ortodoxa de las Finanzas Públicas debiera revisarse con reservas, pues se basa en el axioma de que los agentes económicos deciden tanto su inversión como su consumo en forma absolutamente racional, cosa que dista de darse en la realidad. Si los inversionistas privados siem-

---

53 L. Urquidi, Víctor (1964). "La política fiscal en el desarrollo económico de América Latina" en *Reforma tributaria para América Latina. El problema de la política fiscal. Washington: Unión Panamericana. Secretaría General de la OEA.*

pre tomaran sus decisiones de inversión con plena racionalidad, la cifra de empresas fallidas o quebradas siempre sería de cero, mientras que la afirmación sobre la absoluta racionalidad de los consumidores ignora que muchas de las decisiones de éstos se ven influidas por el grupo social al que pertenecen, por las costumbres en boga, por la cultura y la moda predominantes, así como se ven influidas por la publicidad y el marketing.

Además de lo anterior, la evidencia empírica muestra que la inversión pública en la infraestructura requerida para la actividad económica de las empresas privadas y de los trabajadores tiene repercusiones de corto y largo plazo en las determinaciones que éstos adoptan en materia de inversión y consumo. Para ilustrar esto se puede recurrir a un ejemplo clásico de inversión pública, como lo es la construcción y modernización del Puerto de Lázaro Cárdenas, ubicado en las costas de Michoacán. Creado en la década del 70 del siglo pasado en torno a una moderna planta de producción de acero, cuya construcción fue motivada por la demanda de ese metal y por el aprovechamiento de las materias primas de la región, en las décadas siguientes se transformó, gracias a fuertes inversiones públicas, en una potente zona industrial y en uno de los más activos y modernos puertos del país.

Si hace cinco décadas la localidad llamada Lázaro Cárdenas era una aldea y un modesto embarcadero de pescadores, ahora es una ciudad que tiene 200 mil habitantes, una zona industrial que ha atraído a múltiples inversiones privadas que se ha diversificado a la industria química y a las manufacturas, en tanto que el puerto es el único puerto protegido del país que puede recibir embarcaciones de hasta 170 mil toneladas de desplazamiento, cuenta con conexión ferroviaria y carretera a las principales zonas económicas e industriales de México y recibe y embarca carga de contenedores de la industria automotriz, minera, carga en general, agrícola y fluidos.

Además de ejemplos como el referido arriba, se debe recordar que la política fiscal incluye la inversión y la deuda pública, pero también la Política de Ingresos y la creación de condiciones de estabilidad económica y social, así como competitividad que inciden en las decisiones de los inversionistas y los trabajadores de las diversas ramas.

Es la evolución de la Política Fiscal en nuestro país, más que la crítica de la ortodoxia clásica, la que explica la forma y magnitud en que se han venido limitando sus alcances. Lo anterior, sin que se pueda negar que sus herramientas siguen siendo poderosos instrumentos del Estado en el ejercicio de su rectoría en la economía nacional y que se relaciona con sus funciones de creación de condiciones para que la actividad económica y la inversión se dinamicen, se creen empleos y se logre una mejor distribución del ingreso.

9.6.1. Instrumentos de la Política de Ingresos

Los organismos a través de los cuales la SHCP lleva a cabo la Política de Ingresos son las siguientes oficinas y las dependencias que tienen a cargo, de conformidad con la estructura orgánica de esa Secretaría:

- La Subsecretaría de Ingresos
- El Sistema de Administración Tributaria (SAT)

Las herramientas de Política Fiscal que emplean son, entre otras, las siguientes:

Elaboración de los anteproyectos anuales de LIF y miscelánea fiscal

Recaudación de los impuestos

Seguimiento de los ingresos no tributarios

Proyectos de acuerdos para otorgar condonaciones, créditos fiscales u otras facilidades a los contribuyentes

Auditorías fiscales a los contribuyentes

Cobro de créditos fiscales a causantes morosos o evasores

9.6.2. Instrumentos de la política de egresos

Los organismos a través de los cuales la SHCP lleva a cabo la Política de Egresos son las siguientes oficinas y las dependencias que tienen a su cargo, de conformidad con la estructura orgánica de esa Secretaría:

- La Subsecretaría de Egresos
- La Tesorería de la Federación (TESOFE)

Las herramientas de Política Fiscal que emplean son, entre otras, las siguientes:

- Elaboración del anteproyecto anual del PEF
- Ejecución del PEF, tanto en los rubros de gasto corriente como gasto de inversión de los programas presupuestarios
- Control del ejercicio por los ejecutores del gasto
- Autorización de empréstitos con cargo a la deuda interna y externa
- Autorización de ampliaciones presupuestales, así como de recortes o reconducción del presupuesto de los organismos y entidades
- Aprobación de fideicomisos públicos
- Transferencia de participaciones y aportaciones federales a las Entidades Federativas y los Municipios

9.7. Política Fiscal en el México actual

En los *Criterios Generales de Política Económica para el Ejercicio Fiscal 2021*, que fueron presentados por la SHCP en el Paquete Económico para ese año, la autoridad hacendaria hizo un balance del panorama económico esperado (SHCP, 2020). De este balance prospectivo resalta particularmente lo referente a:

- Recuperación de la economía mexicana en 2020 y 2021
- La evolución de la pandemia y la curva de contagios
- Movilidad y desempeño económico
- Velocidad de la recuperación
- Comercio internacional y la ventaja comparativa en la industria manufacturera.
- Profundización e inclusión del sector financiero
- Reforma Laboral

Con base en tal perspectiva, la autoridad hacendaria de México priorizó los siguientes objetivos:

1. Preservar la salud, las vidas y el bienestar de la población, particularmente de los grupos más vulnerables, durante el mayor reto sanitario y económico global en cien años

2. Promover una reactivación rápida y sostenida del empleo y de la economía
3. Continuar reduciendo la desigualdad y sentando las bases para un desarrollo más equilibrado y sostenido en el largo plazo.

Para la consecución de tales metas, la SHCP ratificó lo que denomina los cuatro pilares de la política hacendaria del Gobierno de México, que son:

I. La conducción responsable de las finanzas públicas y el uso mesurado del endeudamiento, como medios para preservar la estabilidad macroeconómica y asegurar el cumplimiento en el largo plazo de las metas y obligaciones del Estado

II. El fortalecimiento permanente de las fuentes de ingresos del sector público, alcanzando primero todo el potencial del marco fiscal vigente

III. La honestidad y la eficiencia en el ejercicio del gasto público, así como su focalización en la inversión social y en infraestructura en las personas y regiones en desventaja, con el fin de maximizar el rendimiento social de las erogaciones públicas

IV. La profundización del sistema financiero, para que más recursos lleguen a más hogares y empresas, en especial a los que actualmente no tienen acceso a financiamiento.

9.7.1. Política de Ingresos 2021

Respecto a la Política de Ingresos para 2021, la SHCP se planteó mantener el compromiso de fortalecer los ingresos del sector público, optimizando el monitoreo y supervisión de los canales de captación de recursos y robusteciendo el marco normativo vigente, al tiempo que no se incrementan los impuestos o tasas vigentes.

La SHCP considera que sería contraproducente introducir cualquier medida de naturaleza procíclica, ya sea al aumentar la recaudación a través de cerrar la brecha de diseño, incrementar tasas de impuestos existentes o introducir nuevos impuestos. Establece que: "Dichas medidas tendrían como resultado profundizar la contracción en la actividad económica al incrementar la carga tributaria y de manera inequívoca, impactar la recuperación económica al reducir el consumo y la inversión y, con ello, disminuir la reactivación económica". Es por ello que se propone avanzar en la estrategia de fomentar mayor responsabilidad y equidad en el cumplimiento de las obligaciones fiscales por parte de los contribuyentes, así como recuperar los recursos que son legítima propiedad del Estado. Además, los impuestos y los derechos solo se actualizan conforme a la normatividad vigente o por actualización en los costos de provisión de bienes de la Nación y servicios gubernamentales.

9.7.2. Política de egresos 2021

La SHCP afirma que el PPEF 2021 (mismo que fue aprobado por la Cámara de Diputados) es un presupuesto balanceado y sensible que atiende la emergencia sanitaria, soporta e impulsa la recuperación económica, refuerza la red de protección social de los grupos más desfavorecidos del país, invierte en el desarrollo de la niñez y la juventud mexicanas y sienta las bases y la infraestructura para un desarrollo más equitativo y duradero.

De esta manera, el gobierno federal adoptó los siguientes pilares de su política de egresos:

- Incrementar el gasto en salud
- Robustecer los programas para el Bienestar de las Personas Adultas Mayores y de las Personas con Discapacidad
- Potenciar la inversión en infraestructura para apoyar el rápido restablecimiento de la economía en el corto plazo y con el fin de mejorar la conectividad interna y con el exterior de México
- Asegurar la continuidad y asequibilidad de los recursos energéticos que continuarán siendo el principal motor de la economía global por décadas
- Impulsar en general el desarrollo de largo plazo, particularmente el de la región Sur-Sureste.

CAPÍTULO 10. Política monetaria

La Política Monetaria es el conjunto de medidas e instrumentos que aplica el Estado para regular y controlar el sistema monetario y crediticio de un país.[54] La Política Monetaria se conforma con las acciones que la Banca Central lleva a cabo para influir sobre las tasas de interés y las expectativas inflacionarias, a fin de que la actividad económica tenga estabilidad, facilite la inversión y sea congruente la evolución de los precios con el objetivo de mantener un entorno de inflación bajo y estable.

En el Capítulo 2 de este libro se estudió que la Política Fiscal y la Política Monetaria son dos ramas de la Política Económica gubernamental. En México, la primera de ellas está a cargo de la SHCP y dependencias de dicha secretaría como las Subsecretarías de Ingresos y de Egresos, el SAT y la Tesorería de la Federación, como se revisó en el Capítulo 8. La Política Monetaria está a cargo del Banco de México, que es la Banca Central, aunque también intervienen en la misma otras dependencias como la Comisión Nacional Bancaria y de Valores (CNVB), la Comisión Nacional de Seguros y Fianzas (CNSF) y a la Comisión Nacional del Sistema de Ahorro para el Retiro (CONSAR).

---

54 Autores como Martínez Le Clainche y Méndez Morales, se refieren en conjunto a la Política Monetaria y Crediticia, agrupando en tal concepto los siguientes factores: la oferta y demanda de crédito, el volumen del dinero y la liquidez de la economía. En aplicación de ese concepto al caso de México, los autores citados agrupan como instancias responsables de tal política, además del Banco de México, a la SHCP, la Comisión Nacional Bancaria y de Valores (CNVB), la Comisión Nacional de Seguros y Fianzas (CNSF) y a la Comisión Nacional del Sistema de Ahorro para el Retiro (CONSAR). Para profundizar en el conocimiento de este esquema se puede consultar *Curso de la Teoría Monetaria y del Crédito* (Martínez Le Clainche, R., 1970) y *Problemas Económicos de México y Sustentabilidad* (Méndez Morales, 2012).

10.1. La Banca Central

En los distintos países, la Banca Central es la institución vinculada al gobierno nacional que ejerce el monopolio de la emisión de dinero de curso oficial, resguarda las reservas de oro y divisas y funge como garante del sistema de crédito de la banca privada y de los ahorros de los usuarios de ésta.

Si bien existen diversas modalidades en los distintos países, la Banca Central está configurada como una rama distinta de la banca privada y pública, tanto por sus funciones como por las operaciones que realiza. La Banca Central ocupa una posición jerárquica en el sistema bancario y monetario de un país.

10.2. Funciones de la Banca Central

A la Banca Central le compete desempeñar, en beneficio del interés general, las siguientes funciones:

- Emitir la moneda nacional en condiciones de monopolio o, en su caso, en condición preferente.
- Fungir como banquero, agente bancario y consejero gubernamental en la materia.
- Ser el depositario de las reservas metálicas y de divisas del país.
- Mantener el patrón monetario.
- Realizar las liquidaciones de los saldos resultantes de la compensación. entre los bancos privados, redescontar a estos efectos comerciales y otorgarles préstamos de última instancia.
- Controlar el crédito con diversas medidas, entre ellas la fijación de la tasa de interés.

De manera esquemática, la siguiente gráfica expresa las funciones de la Banca Central:

Figura 10-A.

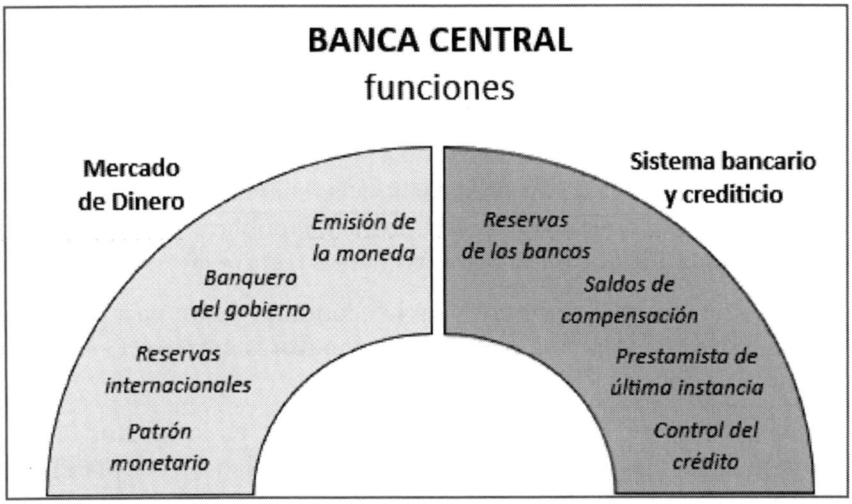

BANCA CENTRAL
funciones

Mercado de Dinero
Emisión de la moneda
Banquero del gobierno
Reservas internacionales
Patrón monetario

Sistema bancario y crediticio
Reservas de los bancos
Saldos de compensación
Prestamista de última instancia
Control del crédito

FUENTE: Elaboración propia.

- **Emisión de la moneda.** La Banca Central cumple la función de la emisión reglamentada de moneda y/o billetes en condiciones de monopolio total o preferente. Es el emisor de la moneda de curso legal en el país de que se trate. Esta función tiene importancia porque, además de uniformar la circulación de la moneda determina que el banco central pueda controlar las expansiones inmoderadas de crédito por parte de los bancos comerciales, por ser el único emisor y estar en posibilidad de modular sus operaciones de redescuento y de crédito.

El control de la emisión por parte del Banco Central permite, asimismo, imprimir la flexibilidad necesaria a la cantidad de dinero en circulación, la cual debe adaptarse a condiciones económicas cambiantes, que resultan sea de aumentos o de contracciones generales de salarios, etapas alternas de depresión o de auge o de variaciones de tipo estacional (vacaciones, fiestas patrias o fiestas de fin de año) situaciones éstas que pueden implicar, sucesivamente, aumentos y disminuciones de circulante.

Habrá qué decir que hay países que, debido a las características de su desarrollo económico, han dolarizado sus economías, esto es, utilizan como moneda de curso corriente el dólar estadounidense, por lo que a la Banca Central de dichos países se le ha amputado de esta función.[55]

- **Banquero del gobierno**. El Banco Central es el banquero y agente financiero del gobierno, funciona como banquero del gobierno, pues desempeña funciones similares a las que los bancos privados realizan en favor de su clientela: lleva las cuentas bancarias de los organismos y entidades de la administración pública, efectúa traspasos de fondos oficiales entre diversas cuentas o entre diversas plazas, etc.

Esta función es importante para la economía de un país porque es el agente económico que percibe los mayores ingresos y realiza los mayores gastos.

- **Resguardo de las reservas internacionales**. Es la institución que resguarda y administra las reservas en metálico (oro y plata) y en las divisas requeridas para las transacciones internacionales.

El Banco Central también es depositario de las reservas en divisas que son propiedad de un país. A los agentes económicos del país les proporciona las divisas que requieren para las transacciones internacionales en general.

En su carácter de banquero del gobierno, proporciona a éste las divisas necesarias para el servicio de la deuda externa o para las adquisiciones en el exterior o, a la inversa, le compra las divisas que haya obtenido, sea por ventas al extranjero, por empréstitos externos obtenidos u otros conceptos.

- **Patrón monetario**. Al resguardar y administrar las reservas internacionales, compete al Banco Central hacer las operaciones necesarias para mantener en las mejores condiciones el patrón monetario, esto es, garantizar el valor de la moneda nacional en relación con las monedas de otros países y las divisas internacionales.

---

55 Actualmente tres países de América Latina adoptaron el dólar estadounidense como moneda de curso corriente. Son Panamá (1904), Ecuador (2000) y El Salvador (2001).

- **Depositario de las reservas de los bancos comerciales**. El Banco Central es el depositario de las reservas en efectivo de los bancos comerciales y su función centralizadora es un factor de gran importancia para la regulación de la evolución monetaria y crediticia de un país, porque permite disponer de una base de crédito más amplia y más flexible, con más capacidad de atención a la demanda de créditos que si dichas reservas estuvieran en poder de cada uno de los diversos bancos privados. Así, los bancos comerciales pueden realizar un volumen de negocios mayor que si ellos mismos conservaran en su poder sus propias reservas.
- **La liquidación de los saldos de compensación.** A través del Banco Central, los bancos privados realizan la liquidación de débitos y créditos por compensación.
- **La compensación** es el intercambiando de los cheques o títulos que tienen unos contra otros, lo que permite a cada banco reducir en forma sustancial la cantidad de efectivo, que de otro modo habrían tenido que conservar en su poder para hacer frente a esos compromisos.

Los bancos comerciales están obligados a mantener una cuenta corriente en el Banco Central, a través de las cuales se llevan a cabo las liquidaciones de los saldos resultantes de la compensación, lo que se hace en la práctica mediante juegos de escrituras, y no por pagos directos en efectivo entre los propios bancos.

- **El redescuento** se presenta en la liquidación de saldos de compensación cuando ésta resulta desfavorable para algún banco durante cierto tiempo, a un punto tal que el saldo de su cuenta corriente en el Banco Central disminuya por debajo del mínimo prescrito y consiste en que dicho banco recurre al redescuento de documentos por unos cuantos días, en espera de que la compensación se mueva a su favor nuevamente y en un plazo breve. De hecho, la liquidación de los saldos desfavorables que resultan en las sesiones de compensación, es una razón frecuente que obliga a los bancos comerciales a solicitar el redescuento del Banco Central.[56]

---

[56] Los especialistas señalan que, para los bancos comerciales y otras instituciones de crédito, **el redescuento** constituye un procedimiento para obtener

- **Prestamista de última instancia.** El Banco Central hace frente, en forma directa e indirecta, a las demandas de la banca privada y otras instituciones de crédito que requieren de efectivo para proporcionar crédito a sus clientes, lo que lo convierte en lo que diversos autores han denominado "prestamista de última instancia". Este papel lo puede cumplir el Banco Central otorgando auxilio financiero al gobierno o al público, a través de la adquisición de valores en el mercado abierto o ampliando el volumen del crédito que confiere, con lo cual reduce en forma indirecta, en proporción apreciable, la necesidad de los bancos comerciales y otras instituciones crediticias de recurrir al redescuento.
- **Control del crédito.** El Bancos Central interviene en la regulación de las actividades de las instituciones facultadas para crear y otorgar crédito, lo cual se constituye en un instrumento muy importante de la política monetaria del país en que operan.

10.2.1. Mecanismos comunes de la Política Monetaria

En la actualidad, los bancos centrales actúan en el corto plazo a través de los mercados de dinero y cambios para alterar temporalmente el comportamiento de las tasas de interés para que éstas incidan a su vez sobre la demanda agregada y, a través de ella, sobre el nivel general de precios.

Además, los movimientos en las tasas de interés y las compraventas de divisas pueden modificar la oferta y demanda de divisas y, por lo tanto, el tipo de cambio.

En el largo plazo, la tasa de crecimiento de los precios (inflación) está determinada, entre otros factores, por el crecimiento de los agregados

efectivo en forma inmediata, a cambio de efectos comerciales. Su importancia es relevante cuando estacionalmente se presentan fuertes retiros de efectivo por parte de los ahorradores. Así, la posibilidad de recurrir al redescuento permite a los bancos reducir al mínimo sus reservas de efectivo, lo que les permite emplear en forma lucrativa la mayor parte de sus recursos.

monetarios, por lo que es tareas de la Banca Central el modular la circulación de la moneda (Banco de México, 2017).

Son mecanismos comunes, utilizados por las diferentes bancas centrales de los distintos países, los siguientes:

- El manejo de la base monetaria
- El manejo de la paridad de la moneda nacional
- El control del crédito
- La determinación de las tasas de interés
- El encaje legal

Figura 10-B.

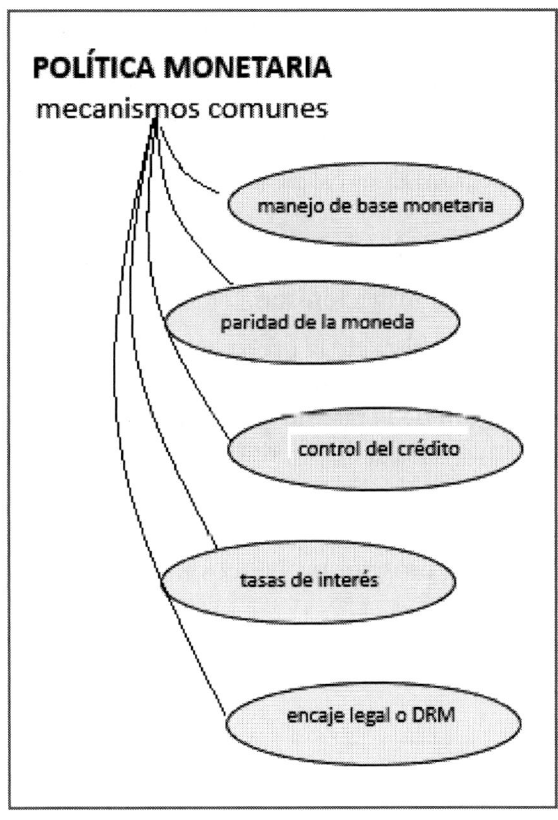

10.2.1.1. La base monetaria y la oferta monetaria

La base monetaria o dinero primario es el dinero circulante en la economía. Está formada por:

- Los billetes y monedas en circulación y
- El saldo neto total de las cuentas corrientes que las instituciones de crédito o bancos privados mantienen en el Banco Central (Banco de México, 2017).

La oferta monetaria es manejada por la Banca Central a través de la creación o destrucción de la base monetaria.

La Banca Central crea base monetaria cuando compra divisas o valores a la banca o le otorga crédito. Ello toda vez que el importe de las operaciones respectivas es abonado en las cuentas corrientes a las que se ha hecho referencia y las cuales forman parte de la definición de dinero primario.

La base monetaria es destruida por operaciones inversas a las anteriores, es decir, cuando el importe de las operaciones de venta de divisas y valores o la constitución de depósitos a plazo a favor de los bancos comerciales en el Banco Central se carga (se deduce) en las cuentas corrientes mencionadas.

El manejo de la base y la oferta monetaria se puede concretar en políticas expansionistas o contraccionistas.

- **Política expansionista de la oferta monetaria**. La política expansionista en esta materia consiste en el aumento del dinero circulante y la disminución de la tasa de interés que cobran los bancos, lo que origina el incremento del crédito solicitado por el público.
- **Política contraccionista de la oferta monetaria**. La política contraccionista consiste en retirar dinero de la circulación, limitando los créditos que otorgan los bancos mediante el incremento de la tasa de interés.

10.2.1.2. La paridad de la moneda

Las determinaciones sobre la paridad de la moneda nacional es una importante función de la Política Monetaria, sea que la misma esté a cargo de una dependencia gubernamental o del Banco Central.

El **tipo de cambio** es el precio por el cual una moneda se cambia por otra. Se expresa en el número de unidades de la moneda nacional que se debe entregar a cambio de una moneda extranjera. Estas operaciones se pueden realizar al contado o a futuro. El tipo de cambio puede ser fijo o flexible.

- El **tipo de cambio fijo** es el que establecen las autoridades financieras como una proporción fija entre el valor de la moneda nacional y el de una moneda extranjera que sirve de patrón.
- El **tipo de cambio flexible** es el precio que se paga, en moneda nacional, por una divisa o moneda extranjera que sirve de patrón sin que sea fijado por las autoridades, sino que es fijado por las leyes del mercado.
- El **tipo de cambio flotante** es una tasa variable del precio que se paga, en moneda nacional, por una divisa o moneda extranjera. En este caso, las autoridades financieras determinan una franja dentro de la cual se mueve hacia arriba o hacia abajo el tipo de cambio.

10.2.1.3. El control del crédito

Las medidas generalmente adoptadas por los bancos centrales para controlar el crédito son de carácter **directo** e **indirecto**.

Las medidas directas de control del crédito son:

- Imposición de depósitos obligatorios a los bancos comerciales, que permite ampliar o contraer la base de expansión crediticia de los bancos comerciales
- El racionamiento del crédito por parte del banco central
- La política de crédito selectivo, que tiene como propósito controlar, además de la cantidad del crédito que se confiere, la debida canalización del mismo a determinadas ramas de la actividad económica que

se consideren básicas para el país y por lo cual se desea estimularlas. Esta política puede realizarse siguiendo diversos procedimientos:

- Establecimiento de tasas de redescuento diferenciales.
- Determinación de las proporciones que deban guardar las inversiones en valores gubernamentales y otros activos.
- Reglamentación de las condiciones en que pueden conferirse créditos al consumo, a fin de limitar su volumen.
- Autorización de que los bancos comerciales inviertan parte de su depósito legal.

- La adopción de medidas de carácter coercitivo contra aquellos bancos que en sus operaciones no se ajustan a las disposiciones legales en vigor

Las medidas indirectas de control del crédito son las siguientes:

- **La modificación de la tasa de redescuento**, en busca de incidir en la expansión o reducción en el otorgamiento de créditos
- **Operaciones de mercado abierto**, que comprenden la compra y la venta de valores del Estado, efectos comerciales, aceptaciones bancarias o divisas por parte del Banco Central. Las operaciones de mercado abierto son un importante instrumento de la Política Monetaria, ya que permiten que el Estado se allegue de recursos para financiar el gasto público y, a la vez, que disminuye el dinero circulante y controla el crédito.

Los objetivos de estas operaciones son:

- recabar recursos en poder del público para financiar el gasto del Estado
- disminuir el grado de liquidez de los bancos comerciales
- persuadir a los bancos comerciales mediante sugerencias y la difusión de la acción del Banco Central
- controlar la oferta y la demanda de crédito

Las medidas de control del crédito, sean directas o indirectas, no se aplican en forma aislada sino combinadas unas con otras, según la intensidad con que las autoridades deseen actuar.

10.2.1.4. La determinación de las tasas de interés

Uno de los instrumentos de la Política Monetaria del Banco Central es la determinación de las tasas de interés prevalecientes en el mercado de créditos, sean estos bancaros o producidos por las transacciones comerciales cuya liquidación se hace en plazos determinados.

La intervención del Banco Central en esta materia puede ser dura o blanda.

- Es una **política dura** de tasas de interés la que consiste en la fijación de tasas que son obligatorias para los bancos comerciales y para todas las transacciones comerciales en las que se fijen plazos de pago o abono
- Es una **política flexible o blanda** de tasas de interés la que consiste en que el Banco Central fije tasas de referencia que son obligatorias para productos de crédito gubernamentales, como bonos o títulos con cargo a los ingresos públicos, pero que para los bancos privados y el comercio en general solo son una referencia, manteniendo la libertad de comercio para fijar sus condiciones del crédito

10.2.1.5. El encaje Legal y Coeficiente de Liquidez

El término **encaje legal** se refiere a la fracción obligatoria y mínima, requerida por la autoridad y/establecida en las leyes, de los depósitos de los ahorradores que los bancos comerciales deben mantener como reservas para poder atender los retiros de los depositantes. Es decir, es la proporción de los depósitos que los bancos no pueden prestar. Generalmente, el encaje legal se constituye en un depósito que se efectúa en el Banco Central, a título y en la cuenta corriente del banco respectivo.

Por **coeficiente de liquidez o coeficiente de caja** se debe entender el porcentaje de los depósitos que los bancos comerciales deben tener obligatoriamente en efectivo.

En el cuadro siguiente se puede observar el encaje legal y el coeficiente de liquidez en la regulación de diversos países:

Cuadro 10.1.

ENCAJE LEGAL EN DIVERSOS PAÍSES		
Concepto	**Definición**	**Ejemplos**
Encaje legal	*Es el depósito en efectivo que los bancos comerciales deben hacer, obligatoriamente, en el Banco Central, como reserva para hacer frente a los retiros fuertes de los cuentahabientes.*	*Chile: 4.2% de encaje legal* *Venezuela: 14% de encaje legal* *Nicaragua: 12% de encaje legal* *Perú: 6% cuando los depósitos son en moneda nacional, 30% en depósitos en dólares* *La tendencia internacional es a la reducción del encaje obligatorio.* *Inglaterra exige un encaje de 0.35% de los depósitos.* *Estados Unidos redujo el encaje a los depósitos a la vista a 10%, mientras que la de depósitos a plazo es 0%.* *En la actualidad, Australia, Canadá, México y Nueva Zelanda tienen tasas de encaje obligatorio iguales a cero.*
Coeficiente de liquidez o coeficiente de caja	*Porcentaje de los depósitos que los bancos comerciales deben tener en efectivo obligatoriamente.*	En España, la Ley da poderes al Banco de España para imponer a los bancos privados "la obligación de disponer de una cantidad mínima de activos líquidos que permitan hacer frente a potenciales salidas de fondos derivadas de pasivos y compromisos". El Banco Central de Ecuador impuso a los bancos privados de ese país la obligación de mantener un coeficiente de liquidez del 25% de los depósitos que reciban.

FUENTE: Elaboración propia con base en información especializada.

En la legislación mexicana no existe la figura de encaje legal desde 1989. La misma ha sido sustituida por los Depósitos de Regulación Monetaria (DRM), que se revisarán con detalle en los Apartados correspondientes.

10.3. Política Monetaria en las diferentes escuelas de pensamiento

En el Capítulo 2 de este libro, dedicado al estudio de las Finanzas Públicas, se hizo la revisión de las escuelas de pensamiento económico con relación al papel del Estado en la economía. En este Apartado se repasan de nueva cuenta las escuelas de pensamiento económico, pero ahora en referencia a la Política Monetaria.

El maestro René Villarreal hizo un recuento de las teorías monetarias en su obra *La Contrarrevolución Monetarista*, el cual inicia con una recapitulación sobre la teoría monetaria de la escuela de la economía clásica (Villarreal, 1986).

10.3.1. Política Monetaria en la economía clásica

La **economía clásica** sostiene que, luego de un periodo de ajuste, los precios y los salarios disminuirán, garantizando que la economía opere en pleno empleo. Un descenso en la curva de la demanda agregada causará un excedente temporal de la producción, ante lo cual las empresas reducirán los precios, lo que causará que se compren más bienes, mientras que los salarios se reducirán y el empleo aumentará. En el largo plazo, según los economistas clásicos, la economía opera con pleno empleo, sin que haga falta otra intervención del Estado distinta a la de garantizar un crecimiento constante de la oferta de dinero. **Ecuación de cambios**. La economía clásica desarrolló la **ecuación de cambios**, que consiste en que la oferta de dinero multiplicada por la velocidad del dinero es igual al gasto total. Esto se expresa así:

en la que:

M es la oferta de dinero

V representa la velocidad del dinero (la velocidad en que circula)

P es el PIB nominal o monetario (precio de venta promedio durante el año)

Q representa la cantidad real de bienes y servicios finales

- **Teoría Cuantitativa del Dinero**. De la ecuación de cambios se desprende la Teoría Cuantitativa del Dinero, que es la teoría más antigua de la inflación. Ésta sostiene que la velocidad del dinero (*V*) es más o menos constante porque así son los hábitos de la gente de mantener cierta cantidad de dinero y, por tanto, el número de veces que se gasta cada unidad monetaria cambia con lentitud. Por consiguiente, los economistas clásicos creían que la producción real (*Q*) se ajustaría automáticamente en el largo plazo. De acuerdo con esta teoría, la ecuación de cambios se modifica para mostrar que *P* y *Q* son valores constantes, de la siguiente manera:

De lo que se desprende que cualquier cambio en la oferta de dinero debe originar un cambio proporcional en el nivel de los precios. Así, esta teoría explica la inflación como un fenómeno producido directamente por el exceso de la oferta de dinero.

10.3.2. Política Monetaria en la economía keynesiana

El **keynesianismo** ubica la causa de la inflación en un exceso de demanda agregada. Rechaza que la velocidad del dinero sea una constante, de lo que desprende que la oferta monetaria debe ser capaz de modificarse para compensar los cambios de velocidad inesperados. La operación de la oferta monetaria es la manera en que el Estado puede influir en las tasas de interés, la demanda agregada y la economía.

- **Demanda de dinero**. La gente guarda dinero incurriendo en el costo de oportunidad del interés perdido por mantenerlo improductivo. Keynes descubrió tres motivos para esta demanda de dinero:
    - **Demanda de dinero para transacciones**. Es la cantidad de dinero que la gente mantiene para cubrir sus gastos diarios y predecibles.
    - **Demanda precautoria de dinero**. Es la cantidad de dinero que la gente tiene a mano para gastos imprevistos.
    - **Demanda especulativa de dinero**. Es la cantidad de dinero que la gente tiene esperando aprovechar cambios en el precio de los bonos, las acciones y otros activos financieros no monetarios.

Figura 10-C.

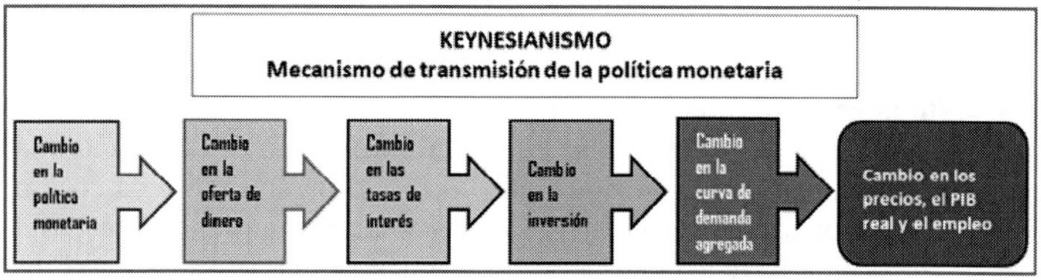

KEYNESIANISMO
Mecanismo de transmisión de la política monetaria

Cambio en la política monetaria → Cambio en la oferta de dinero → Cambio en las tasas de interés → Cambio en la inversión → Cambio en la curva de demanda agregada → Cambio en los precios, el PIB real y el empleo

A medida que la tasa de interés disminuye, el costo de oportunidad de mantener dinero es menor y por lo tanto crece la demanda especulativa de dinero. Esto determina una relación inversa entre la cantidad de dinero demandada y la tasa de interés.

Para el keynesianismo, la transmisión de la política monetaria se desarrolla como se muestra en el diagrama de flujo de la siguiente manera: 1) la autoridad modifica la política monetaria, lo que 2) produce cambios en la oferta de dinero; 3) los cambios en la oferta de dinero modifican las tasas de interés; 4) estos cambios inciden en la inversión y, consecuentemente, 5) modifican la curva de la demanda agregada. Tal sucesión de cambios influye en el comportamiento de los precios, el PIB real y el empleo.

- Efecto multiplicador del Gasto Público. El keynesianismo sostiene que el Gasto Público tiene un efecto multiplicador, concepto que se refiere al efecto incrementado que tiene el aumento del gasto público sobre la economía. Este efecto multiplicador implica que el impulso o gasto inicial que hace el gobierno será incrementado por una serie de efectos en cadena. De esta forma, el aumento del gasto público en *X* resultará en un crecimiento de la economía mayor que *X*.

Como nos recuerda Sergio Ricossa en su *Diccionario de Economía*, se llama multiplicador a todo mecanismo en el que la variación de una magnitud económica cause una variación mayor, en montos absolutos, en otra magnitud económica (Ricossa, 2002). Esto se expresa en la siguiente ecuación:

X = Actividad económica de un país

Y = Gasto Público

h = Incremento

de donde:

Si h es menor que 1, cualquier variación de Y se traduce en una variación ampliada de X.

Aplicando dicha ecuación a la economía de un país, resulta que si el gobierno está en posibilidades de incrementar el gasto público (Y), ello redundará en un efecto multiplicador de la actividad económica de dicho país (X).

Lo anterior se puede ilustrar con un ejemplo simple: supongamos que el gobierno emprende obras de infraestructura, como podrán ser puentes, carreteras y autopistas. Ello ameritará la adquisición de grandes cantidades de materiales, la compra o renta de equipos pesados, la contratación de constructoras y de muchos trabajadores. Pues bien, los proveedores de los materiales y equipos requerirán los servicios de otros trabajadores para extraerlos, producirlos y transportarlos, a la vez que consumirán combustibles y gastos en viáticos. Los trabajadores, tanto los de las obras de infraestructura como los empleados por los proveedores obtendrán salarios, los cuales utilizarán para consumir productos básicos para ellos y sus familias (comida, vestido, vivienda). Este pequeño recuento muestra que la inversión en obra pública tiene repercusiones en muchos sectores de la economía, efectos que multiplican el monto del gasto público invertido.

Sin embargo, el propio Ricossa alerta sobre los alcances reales de la ecuación y de la política económica que se le asocia, pues si bien los gobernantes pueden precisar el valor de *Y*, no siempre tienen la posibilidad de estimar el valor multiplicado de *X* ni el tiempo en que habrá de producirse tal multiplicación.

10.3.4. Política Monetaria según el monetarismo

El **monetarismo**, inspirado en la Teoría Cuantitativa del Dinero de los economistas clásicos, afirma que los cambios en la oferta de dinero determinan directamente los cambios en los precios, el PIB real y el empleo. Aunque descartaron que la velocidad del dinero sea una constante, como afirmaron los clásicos, sostuvieron que de todas formas es predecible. Según el monetarismo, el aumento de la oferta de dinero incrementa la inflación y, si ésta aumenta demasiado, las tasas de interés serán altas. El diagrama de flujo de la transmisión de la política monetaria, según el monetarismo, es el siguiente:

Figura 10-D.

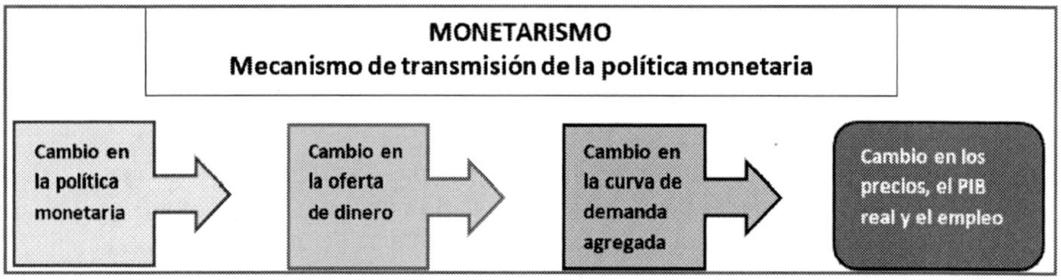

MONETARISMO
Mecanismo de transmisión de la política monetaria

Cambio en la política monetaria → Cambio en la oferta de dinero → Cambio en la curva de demanda agregada → Cambio en los precios, el PIB real y el empleo

- **Regla monetaria**. Es por lo anterior que los monetaristas establecieron la denominada **regla monetaria**: sostienen que la Política Monetaria correcta es la que asegure que la oferta monetaria se encuentre en el nivel adecuado, sugiriendo que el incremento de la misma cada año sea de un porcentaje constante.
- **Expectativas racionales**. La teoría de las expectativas racionales supone que los individuos y otros agentes económicos estiman el valor que las variables económicas tendrán en el futuro utilizando de manera eficiente la información y la experiencia que tienen disponible. Incluso pueden ser capaces de anticipar las medidas que tomará el gobierno para enfrentar una perturbación en la Economía.

10.3.5. Política Monetaria en las distintas escuelas de pensamiento

En el siguiente cuadro se resumen los principales rasgos relativos a la política monetaria que se pueden identificar en las principales escuelas de pensamiento económico.

Cuadro 10.2.

COMPARACIÓN DE POSTURAS DE POLÍTICA MONETARIA			
	Clásica	Keynesiana	Monetarista
Estabilidad de la economía	Estable a largo plazo con pleno empleo	Inherentemente inestable por debajo del pleno empleo	Estable a largo plazo con pleno empleo
Flexibilidad de precios y salarios	Sí	No	Sí
Velocidad del dinero	Estable	Inestable	Predecible
Oferta monetaria	Constante	Flexible	Regla monetaria
Causa de la inflación	Excesiva oferta de dinero	Excesiva demanda agregada	Excesiva oferta de dinero
Causas del desempleo	Ajuste de precios y salarios a corto plazo	Demanda agregada inadecuada	Ajuste de precios y salarios a corto plazo
Efecto multiplicador del Gasto Público	El incremento del Gasto Público genera inflación	El Gasto Público tiene un efecto multiplicador en la economía	En el largo plazo, el incremento del Gasto Público no tiene efectos
Efecto de la política monetaria	Cambia la demanda agregada y los precios	Cambia la tasa de interés, modifica la inversión y el PIB real	Cambia la demanda agregada y los precios
Efecto de la política fiscal	No es necesaria	El multiplicador del Gasto Público modifica la demanda agregada	Sin efectos, debido a que se compensan en el largo plazo

FUENTE: Elaboración propia

10.3.6. Limitaciones de la Política Monetaria

Como se explicó en el Capítulo 2 de este libro, la Política Monetaria es un componente de las Finanzas Públicas, no el único. Forma una de las ramas de la Política Económica, junto con la Política Fiscal, lo cual denota que no se pueden cifrar solo en ella todas las expectativas de la marcha de la economía.

Es por ello que, para que tenga mejores las posibilidades de éxito, la Política Monetaria debe ser complementada con medidas que la exceden, que están fuera de la órbita de funciones del Banco de México y que dependen de las autoridades políticas de los diferentes órdenes de gobierno, por ejemplo:

- Adopción de medidas que propicien un ambiente de confianza y certidumbre para la inversión y una mayor productividad.
- Consolidación sostenible de las finanzas públicas.
- Reforzamiento de las perspectivas crediticias soberana y de Pemex (calificación positiva de la deuda pública a cargo de las calificadoras internacionales).
- Cumplimiento de las metas fiscales de la Política Económica anual, tanto en la recaudación prevista como en el gasto.
- Fortalecimiento del Estado de Derecho, lo que implica abatir la corrupción y combatir la inseguridad pública.

10.4. El Banco Central en México

En el caso de México, dice la Constitución que el Estado tendrá un Banco Central que será autónomo en el ejercicio de sus funciones y en su administración y que su objetivo prioritario será procurar la estabilidad del poder adquisitivo de la moneda nacional, fortaleciendo con ello la rectoría del desarrollo nacional que corresponde al Estado. Ninguna autoridad podrá ordenar al banco conceder financiamiento (artículo 28 de la Constitución, párrafo sexto).

El Banco de México es una institución de derecho público con autonomía constitucional en sus funciones y en su administración (el carácter autónomo le fue otorgado mediante reforma a la Constitución en 1993). Funge como banca central de México, es la autoridad monetaria y tiene pasivos en forma de depósitos de la banca privada y de la administración pública.

Fundado en 1925, se rige por la *Ley del Banco de México* (LBM) y por las leyes que regulan el sistema financiero del país.

10.4.1. Antecedentes de la autonomía del Banco de México

El carácter autónomo del Banco de México ha transcurrido en cuatro etapas históricas, las que algunos autores denominan autonomía reglamentaria, pérdida de autonomía, autonomía carismática y la autonomía legal que luego evolucionó a la autonomía constitucional que ostenta en la actualidad. En su estudio *Las tres etapas de la autonomía del Banco de México* (Turrent, 2007), el especialista Eduardo Turrent y Díaz refiere este recorrido en los siguientes términos:

- **Autonomía reglamentaria (1925-1941)**. Desde la primera Ley que lo normó, se pretendió otorgar al Banco de México el carácter de "institución central destinada, principalmente, a evitar toda crisis y todo desequilibrio financiero en lo futuro", como se expresó en la Exposición de Motivos de la *Ley que crea el Banco de México,* expedida el 25 de agosto de 1925. Dicha ley otorgó a la naciente institución un carácter mercantil, con independencia, que tenía al Estado como principal accionista. Esto se expresó en la conformación de su Consejo, en el que formaron mayoría los cinco consejeros gubernamentales, pero admitió la participación de otros cuatro que representaban a los bancos privados y al público.
- En los primeros años de esta etapa autónoma en Banco de México se apegó a los principios del patrón oro, cuya observancia sujetaba la emisión de billetes. Sin embargo, con el correr del tiempo y debido a presiones políticas, el Consejo de Administración debió admitir operaciones improcedentes, lo que ocasionó a principios de 1927 una serie de problemas que se agudizaron hasta causar la insolvencia de los acreditados en su cartera comercial del Banco. En los hechos, la autonomía debió ceder paso a una intervención decisiva de las autoridades hacendarias.
- **Pérdida de autonomía (1941-1954)**. La Ley Orgánica del Banco de México que fue expedida en 1936 se sustituyó por una nueva ley en el año 1941. En ésta última se sujetó el gobierno y las decisiones de la banca central a las autoridades hacendarias, las que determinaban las líneas de actuación en sus competencias, tales como la emisión de moneda, la fijación de las tasas de interés y la tasa de cambio.

- **Autonomía carismática (1954-1993)**. Sin que se haya modificado el marco legal que hacía al Banco de México una dependencia de la Secretaría de Hacienda y Crédito Público, la devaluación de la moneda en 1954 y el arranque del llamado Desarrollo Estabilizador[57] en la economía mexicana determinó un contexto en el cual la banca central pudo operar sin interferencias, aplicando una política monetaria conducente al logro de la estabilidad de precios o a su conservación. En esta etapa Turrent y Díaz identifica la presencia de una "autonomía carismática" basada no en lo dispuesto por la Ley o por sus reglamentos, sino en el prestigio y la capacidad de maniobra que las condiciones económicas y políticas permitieron a sus directivos. Estas condiciones, entre las que se debe contar la solidez de las finanzas públicas, permitieron la aplicación de una política monetaria autónoma.
- **Autonomía legal-autonomía constitucional (1993 a la fecha)**. El fracaso de las políticas monetarias expansivas, que se dio repetidamente en las décadas de los setenta y los ochenta del siglo XX con una inflación descontrolada, fue originando un consenso acerca de la necesidad de que la política monetaria no fuera inconsistente, lo que requería de una banca central autónomos con un mandato de largo plazo, que estuviera dotado de los instrumentos necesarios para ese cometido. Esto quedó asentado en la reforma al artículo 28 de la Constitución, que identificó como el objetivo prioritario del Banco de México el ""procurar la estabilidad del poder adquisitivo de la moneda nacional" y que por tal razón "ninguna autoridad podrá ordenar al banco [central] conceder financiamiento".

Tal mandato se concretó en una nueva LBM que desarrolló la autonomía de su gobierno y sus decisiones, al tiempo que le estableció limitaciones legales a las que deberá sujetarse en sus determinaciones.

---

57 Se entiende por **Desarrollo Estabilizador** a una etapa de la evolución económica de México en que se puso en marcha un paquete de políticas congruentes que resultaron viables para un crecimiento económico sostenido a lo largo de varias décadas. Algunos autores identifican el año 1958 como el del inicio de esta etapa, pero Turrent y Díaz lo ubica en 1954, coincidente con el arranque de la "autonomía carismática" del Banco de México.

10.4.2. Las funciones del Banco México

El artículo 3 de la LBM establece lo siguiente (Congreso de la Unión, 1993):

> **ARTICULO 3o.**- El Banco desempeñará las funciones siguientes:
>
> I. Regular la emisión y circulación de la moneda, los cambios, la intermediación y los servicios financieros, así como los sistemas de pagos;
>
> II. Operar con las instituciones de crédito como banco de reserva y acreditante de última instancia;
>
> III. Prestar servicios de tesorería al Gobierno Federal y actuar como agente financiero del mismo;
>
> IV. Fungir como asesor del Gobierno Federal en materia económica y, particularmente, financiera;
>
> V. Participar en el Fondo Monetario Internacional y en otros organismos de cooperación financiera internacional o que agrupen a bancos centrales, y
>
> VI. Operar con los organismos a que se refiere la fracción V anterior, con bancos centrales y con otras personas morales extranjeras que ejerzan funciones de autoridad en materia financiera.

Asimismo, el artículo 26 de la LBM establece en su segundo párrafo:

> El Banco de México regulará las comisiones y tasas de interés, activas y pasivas, así como cualquier otro concepto de cobro de las operaciones celebradas por las entidades financieras con clientes. Para el ejercicio de dichas atribuciones el Banco de México podrá solicitar la opinión de la Comisión Nacional Bancaria y de Valores, de la Comisión Nacional para la Protección y Defensa de los Usuarios de Servicios Financieros o de la Comisión Federal de Competencia y observará para estos fines lo dispuesto en la Ley para la Transparencia y Ordenamiento de los Servicios Financieros.

Gran parte de la orientación de los planes y programas del Banco de México están basados en el diagnóstico que se hace con relación al fenómeno inflacionario y las repercusiones negativas que tiene sobre el conjunto de la economía. Así se explica en el *Programa Monetario 2021* de la propia institución (Banco de México, 2021):

...Entre los principales costos de la inflación figuran los siguientes:

1. La inflación reduce el poder adquisitivo de la moneda y de los salarios reales, con efectos particularmente adversos para los hogares con menores ingresos, lo cual además tiende a aumentar la desigualdad en la distribución del ingreso. En particular, la inflación reduce el poder adquisitivo del dinero, por lo que equivale a un gravamen sobre los saldos monetarios. Dado que la población de menores ingresos generalmente mantiene una mayor proporción de sus ingresos y riqueza en efectivo, son estos hogares los que se verían relativamente más afectados por la inflación, lo que adicionalmente ampliaría la desigualdad económica.

2. La inflación alta y volátil genera una mayor incertidumbre que afecta la planeación de mediano y largo plazos de los agentes económicos. Un entorno de inflación elevada y volátil dificulta la evaluación de proyectos de inversión, ya que aumenta la incertidumbre sobre el comportamiento de los precios futuros y, en consecuencia, sobre los rendimientos esperados asociados con dichos proyectos. Lo anterior tiende a desalentar la ejecución de proyectos de mediano y largo plazos. Ello disminuye la inversión y, en consecuencia, el crecimiento económico y la creación de empleos productivos.

3. La inflación distorsiona las decisiones de los agentes económicos afectando la asignación de recursos en la economía. Durante los episodios de inflación alta y volátil, las familias y empresas enfrentan un entorno más incierto, en el cual los precios relativos se ven alterados constantemente y no proveen señales claras para que los agentes tomen decisiones adecuadas. Lo anterior distorsiona las decisiones de consumo, ahorro e inversión, y propicia una asignación ineficiente de recursos, con afectaciones sobre la productividad y el crecimiento potencial de la economía. Además, la mayor dificultad para comparar precios entre distintos oferentes de cada producto en un entorno de alta inflación reduce la competencia en la economía. Por otro lado, un entorno de alta inflación propicia que los agentes asignen mayores recursos a proteger el poder adquisitivo de sus balances nominales, en lugar de destinar estos recursos a actividades productivas. Todo lo anterior afecta el desempeño de la economía.

4. La inflación alta y volátil puede propiciar un proceso de desintermediación financiera, incrementar el costo real del crédito en la economía y afectar la estabilidad del sistema financiero. En un entorno de inflación alta y volátil, un acreedor enfrenta un mayor riesgo de que el retorno real sobre su inversión sea considerablemente menor de lo esperado. Para enfrentar este riesgo, el acreedor requiere aumentar el costo del financiamiento, afectando el crédito al sector privado. Por su parte, cuando la inflación es elevada, es posible que el rendimiento de los instrumentos de ahorro no compense los aumentos en precios. Ante ello, los agentes económicos pueden optar por

> destinar sus recursos a otros fines o canalizarlos hacia el sistema financiero internacional. Por otro lado, durante periodos inflacionarios, el riesgo de crédito a empresas y hogares aumenta y su evaluación es más incierta, lo que tiende a desalentar el otorgamiento de crédito, así como a generar mayores incumplimientos crediticios. Ello conlleva una menor intermediación financiera e incluso podría tener repercusiones sobre la estabilidad del sistema financiero.

En resumen, para el Banco de México son cuatro los daños que produce una inflación descontrolada:

- Reduce el poder adquisitivo de la moneda y de los salarios reales, lo que tiende a aumentar la desigualdad en la distribución del ingreso.
- Incrementa la incertidumbre, lo que afecta la planeación de mediano y largo plazo de los agentes económicos.
- Distorsiona las decisiones de los agentes económicos afectando la asignación de recursos en la economía.
- Propicia la desintermediación financiera e incrementa el costo real del crédito en la economía, lo que afecta la estabilidad del sistema financiero.

10.4.3. Riesgos de la Política Monetaria

El Banco de México ha señalado que las medidas antiinflacionarias deben atender los siguientes riesgos:

- **Al alza** (inflación elevada). Destacan los siguientes riesgos:
  - La persistencia en la inflación subyacente
  - Que el aumento reciente a los salarios mínimos conduzca a incrementos salariales generales
  - Que la cotización de la moneda nacional se vea presionada por factores externos o internos, si bien la mitigación de algunas de las tensiones externas y la ratificación del T-MEC por el Senado estadounidense han reducido este riesgo; no obstante, recientemente se han incrementado los factores geopolíticos

- Aumentos mayores a lo previsto en los precios agropecuarios, o en los energéticos
- Que se deterioren las finanzas públicas

- **A la baja** (deflación o inflación negativa). Destacan:

- Que se aprecie en mayor magnitud la cotización de la moneda nacional
- Que la amplitud en las condiciones de holgura o su efecto en la inflación subyacente sea mayor al previsto

10.5. Instrumentos de Política Monetaria en México

Para llevar a cabo la Política Monetaria, el Banco de México tiene los siguientes instrumentos:

- El Programa Monetario anual
- Los objetivos de inflación
- Los pronósticos de inflación
- El tipo de cambio
- La tasa de interés de referencia
- El manejo de la oferta y la demanda monetaria
- Los Depósitos de Regulación Monetaria (DRM)
- El Régimen de Saldos Acumulados

10.5.1. El Programa Monetario anual del Banco de México

Para cumplir con sus atribuciones, el Banco de México elabora cada año un **Programa Monetario** que guía sus actividades durante el ejercicio fiscal, una vez que han sido publicados la Ley de Ingresos de la Federación, la Miscelánea Fiscal y el PEF anual. Así, el artículo 51 de la LBM establece, en su fracción I:

> ARTICULO 51.- El Banco enviará al Ejecutivo Federal y al Congreso de la Unión y, en los recesos de este último, a su Comisión Permanente, lo siguiente:

> I. En enero de cada año, una exposición sobre la política monetaria a seguir por la Institución en el ejercicio respectivo, así como un informe sobre el presupuesto de gasto corriente e inversión física de la Institución, correspondiente a dicho ejercicio, (...)

10.5.2. Objetivos de Inflación

A partir de 2001, el Banco de México adoptó formalmente un régimen de **Objetivos de Inflación** como marco para conducir la Política Monetaria y cumplir así con el mandato constitucional de procurar la estabilidad del poder adquisitivo de la moneda nacional.

Este objetivo se transformó desde el año 2003 en una la meta permanente de inflación, que consiste en una variación anual del Índice Nacional de Precios al Consumidor (INPC) de un máximo del 3%. El Banco de México definió un intervalo de variabilidad de más/menos un punto porcentual alrededor de esa meta.

10.5.3. Pronósticos de Inflación

Otra de las herramientas del Banco de México para llevar a cabo la Política Monetaria es el **pronóstico de inflación**, que consiste en una prospectiva de la evolución esperada del INPC a lo largo del año, según los antecedentes históricos, las variaciones de temporada recurrentes y las contingencias internas y externas a las que se da seguimiento sistemático. Cuando la trayectoria pronosticada para la inflación se desvía de la meta de inflación, el banco evalúa la naturaleza, magnitud y persistencia previstas de los choques inflacionarios y, en caso de ser necesario, ajusta la postura de política monetaria conforme al procedimiento siguiente:

- Considerando toda la información adicional disponible, se elabora un nuevo pronóstico de inflación. Si el nuevo pronóstico de inflación es similar al pronóstico anterior y se ubica alrededor de su meta, entonces la política monetaria original se mantendrá.

- Si el nuevo pronóstico de inflación llevaría a rebasar la meta permanente de inflación anual, se evalúan los cambios a la política monetaria que se necesitan para que el nuevo pronóstico alcance la meta de inflación bajo las nuevas condiciones.
- Se publica el nuevo pronóstico de inflación y se explican las modificaciones a la política monetaria que servirán para ajustarse a la meta de inflación.

10.5.4. El manejo del tipo de cambio

El tipo de cambio es el precio de una moneda en términos de otra. En algunos países, el tipo de cambio peso-dólar está sujeto a un decreto gubernamental de carácter obligatorio. El problema de un régimen como éste, que se denomina Tipo de Cambio Fijo es que, si el tipo de cambio se aleja de la realidad económica, se crea un mercado negro fuera de control, lo que puede tener graves consecuencias para la economía de ese país.

En México hay un Tipo de Cambio Flexible en el que, si bien éste es determinado por el Banco de México y se utiliza para solventar obligaciones denominadas en dólares liquidables en la República Mexicana, existe un mercado libre de dólares que fija el tipo de cambio conforme a las reglas de la oferta y la demanda.

10.5.5. La tasa de interés de referencia

La tasa de interés es el precio del dinero que un acreedor presta a quien requiere liquidez o recurre a la adquisición de bienes o servicios a crédito, esto es, con pago en un plazo posterior. La tasa de interés establece el costo del servicio del crédito, que es un porcentaje por arriba del monto de dinero o del precio del producto o servicio vendido a crédito.

De manera similar al régimen a que se sujeta el tipo de cambio, en México la tasa de interés está sujeta a las leyes de la oferta y la demanda, aunque el banco de México establece las tasas de interés pagaderas en los bonos emitidos por el gobierno, que se constituyen en tasas de referencia (no obligatoria) para los negocios privados.

Así, la tasa de interés fijada por el Banco de México acumuló ocho recortes consecutivos entre 2019 y el año 2020. Pasó de 8.25% en julio de 2019 a 5.50% en mayo de 2020.

Esta medida de reducir la tasa de interés en ese lapso se debió, según explicó la propia institución bancaria,[58] a las afectaciones a la actividad económica, causadas por los siguientes factores:

- Las medidas adoptadas para evitar la propagación del COVID-19, han afectado considerablemente las expectativas de crecimiento económico global
- En el ámbito financiero, el aumento en la volatilidad ha llevado a una reconfiguración de las inversiones de menor riesgo
- Depreciación de la moneda local (peso mexicano)
- Proveer liquidez y garantizar el correcto funcionamiento del sistema financiero ante la coyuntura actual

10.5.6. El manejo de la oferta y la demanda monetaria

En su informe *La Conducción de la Política Monetaria del Banco de México a través del Régimen de Saldos Acumulados*, publicado el año 2017, el Banco de México (Banco de México, 2017) reporta las bases de su política de manejo de la oferta y la demanda monetaria. Ahí se explica que se crea dinero primario[59] cuando la Tesorería de la Federación gira contra su cuenta en el Banco Central, toda vez que el importe de dicho giro se abona en la cuenta corriente de algún banco, probablemente para que éste haga un pago por cuenta de algún organismo o entidad del Gobierno Federal. Se destruye base monetaria cuando alguna institución de crédito pide al Banco de México que con cargo a su cuenta corriente abone la de la Tesorería. Este es el caso, por ejemplo, cuando ese banco comercial ha recibido el pago de impuestos a cuenta del Gobierno.

---

58 CEFP (2020). *Reporte de la Tasa de Interés en junio de 2020. Consultado en:* http://www.cefp.gob.mx/new/index.php

59 Como ya se expuso antes, la expresión **dinero primario** es sinónimo del concepto de base monetaria. Es el dinero en efectivo que necesitan los actores económicos como el público, las empresas y los bancos, para realizar muchas de sus transacciones.

Una visión simplificada de los movimientos anteriores es la siguiente:

- Un movimiento superavitario de la Tesorería de la Federación que se refleje en su cuenta con el Banco Central destruye base. Por el contrario, un déficit la crea;
- Un pago neto de deuda de la banca comercial al Banco Central destruye base; un endeudamiento neto la crea; y
- La compra de divisas por parte del Banco Central crea base y la venta la destruye.

La demanda de moneda aumenta en los días previos a los fines de semana, cuando el público retira billetes de los bancos para hacer frente a sus necesidades de efectivo durante los días en que los bancos permanecen cerrados, y disminuye los lunes y martes cuando los comercios depositan en las instituciones de crédito el efectivo obtenido mediante la venta de sus productos o servicios durante esos días.

Asimismo, la demanda de billetes se incrementa en los períodos de vacaciones generales, en especial durante la semana santa y, de manera importante, durante el último mes del año cuando se concentran algunos pagos y el público realiza mayores gastos.

En forma paralela a los retiros o depósitos de efectivo que realiza el público en los bancos, las instituciones bancarias pueden obtener o depositar billetes y monedas en el Banco de México. Así, cuando el público retira billetes de un banco y éste no dispone de suficiente moneda, puede obtener el efectivo del Banco Central, el cual en contrapartida efectúa un cargo en la cuenta que le lleva a esa institución de crédito. De igual manera, cuando el público deposita efectivo en un banco, éste lo puede depositar a su vez en el Banco de México, quien hará un abono en la cuenta corriente de dicho banco, lo que sirve de base para el control que ejerce la Banca Central a través del Régimen de Saldos Acumulados.

La intervención del Banco de México en el mercado de dinero se realiza todos los días hábiles a partir de las 12:00 horas. Esta intervención se realiza a través de reportos, subastas de crédito o de depósito y compra o venta de títulos gubernamentales.

10.5.7. Los Depósitos de Regulación Monetaria (DRM)

Uno de los instrumentos que el Banco de México ha utilizado para controlar grandes cantidades de liquidez o dinero circulante a plazos largos, los cuales podrían tener efectos inflacionarios, son los Depósitos de Regulación Monetaria (DRM).

Los DRM son un instrumento de esterilización de largo plazo que permite al Banco de México modificar la liquidez del sistema bancario para facilitar la conducción de la Política Monetaria. Dependiendo de las circunstancias de liquidez, el depósito puede ser obligatorio o voluntario, y los bancos no pueden disponer de éste durante el plazo del mismo. El Banco de México paga intereses a tasas de mercado por los depósitos constituidos.

El monto del DRM se prorratea en base a la participación de cada uno de los bancos en la captación tradicional total del sistema bancario. No existen fechas fijas para la constitución de los DRM. El monto de los depósitos constituidos por esta obligación se muestra en los estados de cuenta semanales que publica el Banco de México bajo el rubro Depósito de Regulación.

Un instrumento similar al DRM que utilizan otros bancos centrales para retirar liquidez de largo plazo es el encaje legal,[60] como se revisó en el apartado correspondiente. Sin embargo, a diferencia de este último, el DRM no se ajusta continuamente por las fluctuaciones de los pasivos de referencia de los bancos contra los cuales está constituido.

El monto total del DRM se fija de acuerdo con la liquidez que el Banco de México necesite retirar y se prorratea en base a ciertos pasivos de referencia de los bancos a una fecha determinada (por ejemplo: monto total de captación bancaria).

---

[60] El término **encaje legal** se refiere a la fracción obligatoria y mínima de los depósitos de los ahorradores que los bancos comerciales deben mantener como reservas, para poder atender los retiros de los depositantes. Es decir, es la proporción de los depósitos que los bancos no pueden prestar. El encaje legal es un requerimiento que el Banco Central puede hacer a los bancos y que generalmente se deposita en éste. En la legislación mexicana no existe esta figura desde 1989.

10.5.8. Régimen de Saldos Acumulados

En México, cada institución de crédito, por ley, debe tener una cuenta corriente en el Banco Central, a través de la cual éste solventa los requerimientos de moneda que cada banco necesita.

Los actores económicos enfrentan un costo de oportunidad por mantener moneda, ya que es posible obtener mayores beneficios en cuanto a rendimiento y seguridad conservando la riqueza en otros activos (como inversiones o cuentas bancarias). De ahí que la tendencia sea evitar tener saldos de dinero en efectivo por arriba de los necesarios para la realización de las transacciones.

Los aumentos o las disminuciones en la demanda de billetes y monedas (retiros o depósitos de billetes y monedas), que se revisaron en el Apartado del Manejo de la oferta y la demanda Monetaria, se reflejan en cambios en los saldos de las cuentas de las instituciones de crédito en el Banco Central.

El Régimen de Saldos Acumulados establece períodos de cómputo de 28 días naturales, en los que a cada banco le conviene procurar que la suma de los saldos diarios de su cuenta corriente en el Banco Central resulte cero al finalizar el periodo.

A los bancos les conviene que la suma de sus saldos diarios sea de cero al final de mes por lo siguiente:

- De resultar negativa dicha suma, el banco en cuestión deberá pagar una tasa elevada por el importe respectivo. al cierre del periodo se cobra por los saldos acumulados negativos una tasa de interés equivalente a dos veces la tasa promedio.
- En el caso inverso, de resultar positivo el saldo, el banco perderá el rendimiento que pudo haber obtenido de haber invertido los recursos respectivos.

10.6. Evolución de la Política Monetaria en México

En los siguientes apartados se ofrece un panorama general de la evolución de la Política Monetaria en México, visión que coadyuvará a una comprensión de la situación actual y de las perspectivas que en esta materia tiene el país.

Es común en este tipo de recuentos se tomen los periodos sexenales como criterio de identificación y diferenciación de las distintas etapas. En esta investigación se adoptó como criterio de periodización uno que permite agrupar la evolución de la Política Monetaria de México en etapas relativamente más extensas que son:

- De 1920 a 1934. Surgimiento de los instrumentos e instituciones de la Política Monetaria, que coincide con la formación y consolidación del Estado Nacional surgido de la Revolución Mexicana.
- De 1934 a 1954. Desarrollo de los instrumentos e instituciones de la Política Monetaria, durante la etapa cardenista y en el inicio de la Política de Sustitución de Importaciones.
- De 1954 a 1982. Política Monetaria expansionista, que coincide con la Política de Desarrollo Estabilizador y el inicio de las crisis económicas recurrentes.
- De 1982 a 2000. Establecimiento del programa monetarista, que concurre con la aplicación de la política neoliberal.
- De 2000 a la fecha. Autonomía constitucional del Banco de México y continuación de la política neoliberal.

Dado que no se trata de un recuento exhaustivo de la economía nacional, los datos históricos a que se hacen referencia en las distintas etapas solo buscan enmarcar la evolución de la Política Monetaria.

10.6.1. De 1920 a 1934. Surgimiento de los instrumentos e instituciones

Durante los gobiernos posteriores a la Revolución Mexicana,[61] el incremento porcentual del PIB anual mostró un dificultoso avance, luego de la destrucción económica de la guerra civil. Esta tendencia se vio

---

[61] La **Revolución Mexicana** fue una guerra civil que primero confrontó a grandes sectores sociales y la dictadura de Porfirio Díaz. Una segunda etapa de la misma se produjo por el golpe de Estado encabezado por Victoriano Huerta en contra del presidente Francisco I. Madero y luego devino en una confrontación militar entre las distintas facciones revolucionarias. Se prolongó de 1910 a 1917.

afectada por recurrentes crisis económicas, particularmente las de los años 1924, 1927, 1929 y la acaecida de 1930 a 1932, que fue secuela de la Gran Depresión.[62]

El 25 de agosto de 1925 se aprobó la *Ley Constitutiva del Banco de México* que, de acuerdo con la investigación de Eduardo Turrent, preveía una "autonomía reglamentaria" que, aunque no constaba en la Constitución, estaba contenida en la Exposición de Motivos de dicha Ley, como se citó y describió en apartados previos de este libro. De acuerdo la cita que este autor hace de dicho documento, la decisión del Congreso garantizaba que la naciente institución bancaria se organizara y funcionara como una empresa mercantil, independientemente de la porción accionaria del Estado. En función de esta determinación, se conformó una sociedad anónima en la cual el gobierno tenía la mayoría, aunque no la totalidad de las acciones.

La función de emisión de billetes se reservó al Banco de México, atribución que, según Turrent, debería ejercerse con base en procedimientos estrictos para proteger los intereses patrimoniales de la Nación y promover el crédito en un nivel que propiciara el desarrollo económico. La disciplina quedó vinculada al patrón oro, pues su vigencia determinó que la expansión monetaria dependiera de la obtención de oro mediante excedentes en la balanza de pagos y/o de la extracción de metal precioso nuevo a cargo de la industria minera.

El redescuento solo podría ser realizado por bancos asociados al Banco de México mediante la adquisición de acciones de este por al menos el 6 por ciento de su propio capital exhibido, además de que debían contar con la autorización de la Comisión Nacional Bancaria.

Además de las normas que establecieron limitaciones a la emisión de billetes y al redescuento, Turrent recuerda que la Ley determinó también que no pudiera rebasar el 10 por ciento del capital exhibido del banco central el saldo de los préstamos otorgados al Gobierno Federal.

---

[62] Una nota sobre la **Gran Depresión** o "Crack de 1929" aparece en el Capítulo 2 de este libro, Apartado 2.5.1.

El programa de trabajo de Alberto Pani como titular de la SHCP, quien tomó posesión el 28 septiembre 1923 y ejerció tal cargo hasta el 8 enero 1927, consistió en los siguientes puntos:

a. Nivelación presupuestal y la eliminación del creciente déficit de las finanzas públicas.

b. Reforma fiscal, que inició cuando en 1924 se creó el Impuesto Sobre la Renta.

c. Reforma bancaria, también iniciada en 1924, que tenía por objeto proveer al país de una moneda sana, regular su circulación y mantener en buen estado el monto del circulante.

d. Reestructuración del crédito del gobierno.

La Gran Depresión se tradujo en México en una severa disminución de las exportaciones que afectó tanto al sector minero y petrolero como a la agricultura de exportación. El crecimiento del PIB no sólo se detuvo entre 1930 y 1934, sino que tuvo una caída de 0.5%. La crisis económica mundial originó en México la agudización de los conflictos sociales que aún no estaban resueltos desde la Revolución, lo que impulsó el ascenso de los movimientos obreros y campesinos y obligó a una mayor intervención del Estado en la economía, como una forma de paliar los efectos de la crisis.[63]

El impacto de la Gran Depresión se resintió tanto en el intercambio económico de México con el exterior como en la limitación que demostró el modelo exportador, que había sido motor del crecimiento económico nacional. La caída de la economía internacional desplomó las exportaciones mexicanas y ello desembocó en un fuerte desequilibrio económico interno, caracterizado por:

- Descenso de la producción, particularmente la destinada a la exportación como la minería y la industria petrolera.
- Desempleo, sobre todo en sus centros urbanos industriales.

63 Así describe el historiador Lorenzo Meyer la evolución económica de México luego de la guerra civil en el ensayo "De la estabilidad al cambio", que aparece en la *Historia General de México, de El Colegio de México, páginas 884-889* (Meyer, 2000).

- Reducción de los ingresos fiscales, que en 1930 representaban el 5.1% del PIB al 4.3% en 1933.
- Caída en el gasto público, particularmente el de inversión en caminos y obras de irrigación.
- Instauración de una política monetaria restrictiva, consistente en la reducción del circulante y en la contracción de la liquidez.

Para Carlos Tello, la acción del gobierno ante los efectos de la Gran Depresión se redujo a frenar el gasto público, buscando balancear presupuestalmente al país, lo que significó una caída en la demanda agregada y, por tanto, una desocupación adicional de la mano de obra.

Lo anterior implicó la devaluación de la moneda nacional. En 1930 la paridad estaba en 2.26 pesos por dólar, 2.65 en 1931, 3.16 en 1932 y, en el año 1933, quedó en 3.50 pesos por dólar. Junto con ello, la política monetaria, que se había basado en el patrón oro, se incorporó en los hechos al patrón de cambio dólar.

Durante la etapa de 1927 a 1932 en México se instrumentó una política fiscal y monetaria ortodoxa que no pudo sacar a la economía de los efectos negativos que tuvo la Gran Depresión en México.

Las condiciones económicas determinadas por la Gran Depresión, así como las presiones políticas que sufrió, hicieron que el Consejo de Administración del Banco de México se apartara de las reglas de control monetario e incurriera en una política crediticia y monetaria expansionista, lo que ocasionó la necesidad de un nuevo marco jurídico. De 1932 a 1936, la SHCP puso en práctica una política anticíclica en busca de que la economía mexicana saliera de la depresión, iniciándose así la recuperación sostenida del PIB.

10.6.2. De 1934 a 1954. Desarrollo de los instrumentos e instituciones

Es difícil caracterizar la política monetaria de un periodo tan largo como el que va de 1934 a 1954, durante el cual hubo altibajos, virajes, ajustes. Pero en un esfuerzo de síntesis, se puede afirmar que la política monetaria aplicada en México fue heterodoxa en dicho lapso se caracteriza, en general, por su orientación desarrollista, de largo aliento y anticíclica. Fue una política para superar la recesión económica de los años 30 y, a partir de 1946, los desajustes económicos de la posguerra, como coinciden autores como los economistas Enrique Cárdenas y Carlos Tello y el historiador Lorenzo Meyer. También hay consenso entre ellos al señalar que esta política sentó bases para un crecimiento sostenido de la economía mexicana.

Carlos Tello señaló que la política económica implementada por Lázaro Cárdenas durante su presidencia (1934-1940) se concentró en los instrumentos indirectos para incidir en el ciclo económico respondiendo a una intensa participación del Estado en la economía y en la promoción del desarrollo nacional, por lo que se orientó el gasto público al fomento económico y al desarrollo social. En lo que hace a la política monetaria, se buscó fortalecer al sistema financiero y establecer instituciones nacionales de crédito agrícola, industrial y de servicios públicos (Tello, 2007).

Para Méndez Morales (Méndez, S., 2016), durante el sexenio cardenista se aplicaron las siguientes orientaciones de política monetaria:

- Aumento del circulante monetario sin respaldo alguno.
- Préstamo del Banco de México al gobierno federal.
- Creación de instituciones financieras nacionales.
- Reformas monetarias de 1935 y 1936.
- Devaluación decretada en 1968 (se fijó la paridad en 4.80 pesos por dólar).

Según el mismo autor, a partir de 1941 se aplicaron las siguientes medidas:

- Aumento del circulante (incluye moneda metálica, billetes y cuentas de cheques), que tuvo un incremento sostenido prácticamente en todos los años de 1941 a 1954, con la excepción de 1946, cuando observó un pequeño ajuste a la baja.
- La paridad peso-dólar fue de 4.85 durante el sexenio de Manuel Ávila Camacho (1940-1946).

En el sexenio de Miguel Alemán el peso se devaluó a 5.74 por dólar en 1948, tuvo una segunda devaluación al año siguiente (5.74 pesos por dólar) y una tercera en 1950, cuando se fijó en 8.65.

Durante gobierno de Adolfo Ruiz Cortínes (1952-1958) hubo un ajuste que llevó a 11.34 pesos por dólar en 1954, en un proceso devaluatorio que concluyó dos años después para fijar la paridad en 12.50 pesos.

En opinión del historiador Lorenzo Meyer, la II Guerra Mundial creó condiciones favorables para acelerar la industrialización, la exportación y la acumulación capitalista. El crecimiento sobre todo fue industrial, aunque la agricultura también alcanzó una gran expansión (Meyer, 2000).

Como consecuencia del conflicto mundial, las exportaciones mexicanas aumentaron en 100% entre 1939 y 1945. Al final de la contienda el monto de las reservas en divisas en el Banco de México permitió proseguir un tipo de industrialización que requería importaciones relativamente fuertes de bienes de capital.

Cuando la guerra terminó, la dinámica exportadora también, pero no así la demanda de importaciones para alimentar a la industria con bienes de capital e intermedios. Quedó entonces claro que el sector externo era uno de los puntos más débiles del modelo de crecimiento adoptado por México.

El desarrollo de las fuerzas productivas a partir de 1940 transformó a México de un país predominantemente agrícola en otro, centrado en la actividad industrial producto de la sustitución de importaciones.

Siguiendo con Lorenzo Meyer, "la historia de los cambios ocurridos en México a partir de 1940 es básicamente la historia del desarrollo de una base industrial moderna, aunque poco competitiva, propia de un país subdesarrollado".

En la década de los cuarenta se establecieron plenamente las tendencias fundamentales de la industrialización del país en los dos sentidos: de crear una planta industrial creciente bajo el poderoso estímulo de la sustitución de importaciones; y de transformar en industriales todos los procesos y relaciones del país: agricultura, comercio, administración.

Desde que inició la industrialización a base de sustitución de importaciones, la dependencia se elevó respecto a las compras en el exterior de insumos para la operación de la planta productiva y de bienes de capital para su ampliación y reposición.

Pero según De la Peña, "la rigidez creciente en la dependencia de las importaciones se fue acentuando a lo largo de la década 1940-1950 y aún más en la siguiente. Los incrementos en la productividad permitían generar grandes ganancias, acumular y aún elevar gradualmente los salarios industriales, aunque en forma modesta frente al aumento de precios, pero el margen de excedentes se erosionaba al no suceder el esperado incremento en la competitividad y eficiencia de la planta productiva, o sea la culminación de la sustitución de las importaciones" (De la Peña, S., 1975).

Tello da cuenta también que la economía mexicana creció a un ritmo acelerado entre los años 1940 a 1954 y tuvo las siguientes características:

- Incremento del PIB a una tasa media anual del 6%. El autor señala que en un primer momento la demanda externa provocada por la Segunda Guerra Mundial fue el motor de este crecimiento y que, a partir de 1946, fue la demanda interna la que empujo el crecimiento económico.
- Inflación anual de dos dígitos, pues en promedio fue de entre 10 y 11%.
- Continuación de las políticas de fomento agrícola, industrial e inversión pública en infraestructura.
- Control selectivo del crédito para apoyar la formación de capital.

10.6.3. De 1954 a 1982. Desarrollo estabilizador y crisis económica

El tercer periodo de este recuento de la política monetaria en México se puede dividir en dos partes claramente diferenciadas: la primera, de 1954 a 1970, en la que se expande la economía bajo una política conocida como "desarrollo estabilizador" o de sustitución de importaciones. A partir de la década de los setenta, la segunda se caracteriza en cambio por ser una etapa de crisis económicas con fases de recesión económica, devaluaciones de la moneda y altos índices inflacionarios. En esta segunda parte se siguió un modelo similar llamado "desarrollo compartido", se incrementó la deuda pública externa y se dio paso a la "administración de la abundancia" basada en el espejismo del alza de los precios internacionales del petróleo.

Desarrollo estabilizador (1954-1970)

Como se dijo en el anterior apartado, este periodo arrancó con las devaluaciones de 1954 y 1955, que terminaron por fijar la paridad en 12.50 pesos por dólar. A partir de esa decisión, entre 1954 y 1970 se aplicó una política que otorgó la mayor importancia a la estabilidad macroeconómica que fue identificada como "una condición indispensable para lograr un desarrollo económico y social sostenido", como lo dijo Antonio Ortiz Mena, quien fue titular de la SHCP durante dos sexenios a partir de 1958.[64]

Además de los objetivos de incrementar el crecimiento económico, elevar la inversión, mejorar la productividad del trabajo y del capital y aumentar los salarios de los trabajadores, aparecen como parte de esta estrategia las siguientes orientaciones de política monetaria:

- Detener las presiones inflacionarias.
- Elevar el ahorro voluntario.
- Mantener el tipo de cambio peso-dólar.

Carlos Tello señala que para los gobiernos de Adolfo López Mateos (1958-1964) y Gustavo Díaz Ordaz (1964-1970) se requerían equilibrios que facilitaran las inversiones productivas que traerían el crecimiento. Tales equilibrios eran:

- Estabilidad de los precios internos.
- Estabilidad del tipo de cambio y libre convertibilidad de la moneda.
- Financiamiento no inflacionario del gasto público.
- Propiciar el ahorro a la inversión productiva con una orientación selectiva del crédito, a través del encaje legal, los fondos de fomento y las institucionales nacionales de crédito.

Durante este periodo, se mantuvo un crecimiento moderado del circulante en México. El crecimiento anual del PIB promedió 6.8% en los años de desarrollo estabilizador, en tanto que la inflación se contrajo al 2.5% en promedio cada año. El tipo de cambio peso-dólar se mantuvo en 12.50 durante dos décadas.

Para 1970, la política de desarrollo estabilizador mostraba signos de agotamiento. La sustitución de importaciones se aplicó en la manufactura de bienes de consumo, en tanto que la industria era dependiente de

---

64 Ortiz Mena, A. (1969). *Desarrollo Estabilizador. Conferencia impartida en la reunión anual del FMI y el Banco Mundial, realizada en Washington, D.C., Estados Unidos, en septiembre de 1969.*

importaciones de equipos, bienes intermedios y de capital. Las políticas de fomento del Estado, a través de subsidios a la agricultura y la industria, se fue agotando al reducirse su capacidad financiera, que se veía cada vez más dependiente de la deuda pública interna y externa.

10.6.3.1. Desarrollo compartido y espejismo petrolero (1970-1982)

El gobierno de Luis Echeverría Álvarez (1970-1976) decidió dar continuidad al desarrollo estabilizador con algunos ajustes, rebautizándola como "desarrollo compartido", en tanto que el presidido por José López Portillo (1976-1982) se propuso administrar la abundancia que arrojaba el alza de los precios internacionales del petróleo.

Autores como Enrique Cárdenas caracterizan a política económica mexicana de esta etapa como un "populismo económico" (Cárdenas, 1996), concepto que se refiere a una política que pretende impulsar la actividad económica en el corto plazo mediante la expansión excesiva del gasto público. A juicio del crítico, esta política tiene efectos inflacionarios posteriores, produce la sobrevaluación de la moneda y origina que el país requiera ingresos de capital del exterior para financiar sus déficits en la cuenta corriente de la balanza de pagos.

Según los datos que aporta Cárdenas, la expansión del gasto público impulsó el crecimiento del PIB en 1972 a una tasa de 8.5% y en 1973 creció el 8.4%, pero el déficit fiscal se incrementó hasta llegar al 6.9% del PIB, casi el triple del observado en 1970. Igualmente, la inflación acumulada entre 1970 y 1975 llegó al 76%, la balanza comercial se deterioró y en 1975 llegó a 3,600 millones de dólares, cuando en 1971 el déficit era de tan sólo 890 millones de dólares. Para financiar el déficit público se recurrió a la deuda externa, la cual se multiplicó al pasar de 3,280 millones de dólares a 29,500 entre 1970 y 1976. En septiembre de 1976 el tipo de cambio, que estuvo fijo en 12.50 desde 1954, fue devaluado para llegar a 15.69, para después entrar a una flotación que lo llevó a 22.69 pesos por dólar un año después.

Durante el gobierno de José López Portillo, la economía mexicana se reactivó gracias a los ingresos petroleros y al crédito externo que los recursos petroleros impulsaron. Sin embargo, la política económica siguió el mismo modelo del sexenio previo. Según diversos autores, toda la política económica del gobierno de López Portillo estuvo basada en el supuesto de que el mercado petrolero internacional seguiría dominado por los vendedores. Sin embargo, en mayo de 1981, el precio internacional del petróleo inició una tendencia a la baja que rompió las expectativas optimistas del gobierno mexicano.

El déficit fiscal pasó de 8% en 1980 a 14.3% en 1981, se incrementó el déficit de la balanza de pagos y se desató una masiva fuga de capitales, misma que se estima entre 6 y 14 mil millones de dólares. El 18 de febrero de 1982 se devaluó el peso, que había iniciado el sexenio de López portillo en 26.91 y lo terminó en 57 pesos por dólar.

Cárdenas refiere que, para enfrentar la crisis de 1982, el gobierno decretó el control de cambios y destapó la crisis de la deuda, pues el Banco de México no contaba con reservas para pagar el principal de la deuda de corto plazo que se vencía en agosto de 1982. El 1° de septiembre de ese año se decretó la nacionalización de la banca.

En 1982, el PIB se contrajo –0.5% y el crecimiento de la deuda externa del país puso en entredicho su viabilidad para los siguientes años. Su saldo llegó a 84,100 millones de dólares. En noviembre de 1982 el gobierno mexicano debió firmar un nuevo acuerdo con el FMI.

10.6.4. De 1982 a 2000. Establecimiento del programa monetarista

La economía se encontraba en una situación bastante grave al iniciar el gobierno de Miguel de la Madrid (1982-1988). Los planes de ajuste fueron infructuosos y la crisis económica se prolongó hasta 1987, etapa que terminó con el colapso del mercado petrolero.

Los planes económicos de De la Madrid buscaron reducir el déficit fiscal y controlar la inflación, para lo cual redujo el gasto público y paralizó la actividad económica, según el estudio de Enrique Cárdenas. Mantuvo estancados los salarios y, en el ámbito internacional, renegoció la deuda externa.

Entre 1983 y 1987, el PIB disminuyó en términos reales 0.03%, mientras que el PIB por habitante se contrajo 1.9%. La inflación, que en 1982 había alcanzado el 100%, para 1987 registró un nivel de 131%, después de haber decrecido un poco durante 1983 y 1984. La deuda externa continuó aumentando hasta llegar a 107,470 millones de dólares en 1987.

El presidente De la Madrid anunció durante su toma de protesta en 1982 los puntos básicos del Programa Inmediato de Reordenación Económica (PIRE). En cuanto a política macroeconómica, el gobierno atacó tres frentes fundamentales:

- Abatir el déficit fiscal
- Renegociar la deuda externa para lograr plazos más amplios y nuevos créditos.
- Proteger el empleo.

En 1983 el déficit público se redujo de 16.9% del PIB en 1982 a 8.6%. La inflación bajó de 117% a 80%. El PIB se contrajo fuertemente con –4.2%. El gobierno consiguió una renegociación de la deuda externa con la que se ganó tiempo, además de un crédito *jumbo* de 5 mil millones de dólares.

El gobierno de De la Madrid llevó a cabo la privatización masiva de las empresas públicas, que pasaron de 1,115 en 1982 a solo 617 en 1987. Por otro lado, se relajó el sistema proteccionista al liberar el 64% de las importaciones del requisito de permiso previo y reducir las tarifas de importación. Asimismo, se decidió el ingreso de México al GATT en 1985.

Pese a la política contraccionista, la economía no reiniciaba su recuperación. Ello se debió, a la dificultad de llevar a cabo ajustes macroeconómicos al mismo tiempo que debían transferirse fuertes cantidades de dinero al exterior como pago del servicio de la deuda externa. Más aún, la economía había caído en un círculo vicioso en el que la inflación repuntaba con cada medida de política económica.

El colapso petrolero de 1986-1987 tuvo como resultado inmediato la reducción de la actividad económica del país. El PIB se contrajo 3.8%, mientras que la inflación se disparó hasta el 105% en 1986.

En junio de 1986 se presentó un nuevo programa económico denominado Plan de Aliento y Crecimiento (PAC). El nuevo programa tuvo como resultado cierta reactivación de la economía en 1987, con un crecimiento del PIB de 1.9%, en parte alentado por la recuperación del precio del petróleo que llegó a 16 dólares por barril.

Sin embargo, en octubre de 1987 el *crack* de la Bolsa de Nueva York tuvo repercusiones en nuestro país, en donde la bolsa sufrió una caída estrepitosa que llegó a una reducción del índice de cotizaciones de 16.5% en un solo día. Por otro lado, la inflación alcanzó el récord de 131% en 1987.

El problema central, en opinión de Enrique Cárdenas, fue el enorme lastre heredado del auge petrolero que representó el compromiso del pago de la deuda externa. El gobierno equivocó el diagnóstico de la crisis de la deuda de 1982, que fue concebida como un problema meramente de flujo de caja, sin observar que el problema de fondo era la insolvencia.

Las transferencias al exterior entre 1983 y 1987 sumaron un total de 53,601 millones de dólares. Pese a ello, el saldo de la deuda externa se incrementó de 91,500 millones de dólares en 1982 a 107,470 en 1987. Para fines de 1987, la situación económica de México era delicada. Pese a los sacrificios que implicaron 5 años de estancamiento, la inflación seguía creciendo, al igual que la deuda externa y el desempleo.

En diciembre de 1987 el presidente Miguel de la Madrid lanzó el Pacto de Solidaridad y Crecimiento (PSE) que buscaba reducir la inflación y recuperar el crecimiento económico. Los resultados iniciales del PSE fueron positivos, pues la inflación, que en 1987 había llegado al 400%, bajó al 25% en 1988. El PIB creció un 1.4%.

Carlos Salinas de Gortari tomó posesión en diciembre de 1988, continuó con los programas de estabilización y lanzó el Pacto para la Estabilidad y el Crecimiento Económico (PECE), el cual, sin descuidar la lucha contra la inflación, se planteó como prioridad el crecimiento de la economía.

A partir de ese año, se emprendieron nuevos programas de estabilización junto con la profundización de los programas de cambio estructural iniciados años atrás y que consistían en la apertura comercial y la reducción del tamaño del sector público. Algunos autores, como Enrique Cárdenas y varios simpatizantes del salinismo, llaman a estos cambios la "revolución salinista" (Cárdenas, 1996).

En marzo de 1989 el Tesoro de los Estados Unidos anunció el Plan Brady, por medio del cual el gobierno estadounidense apoyaría la reducción de la deuda de los países más endeudados. México se adhirió a este plan y, aunque el monto del ahorro no fue muy significativo (algunos analistas calculan que fue de 5 mil millones de dólares a lo largo de 5 años), su importancia radicó en que generó confianza entre los inversionistas.

En 1989, el PIB creció 3.3.%. El déficit público se redujo del 12.5% del PIB a sólo 5.6%. En mayo de 1990 se anunció la reprivatización de la banca y la decisión de México de negociar un acuerdo de libre comercio con Estados Unidos y Canadá. En ese año el PIB se incrementó en 4.5%.

El anterior modelo de desarrollo se había dirigido siempre hacia el mercado interno, con una gran participación del Estado y restricciones al capital extranjero. La reforma estructural iniciada por De la Madrid y profundizada por Salinas de Gortari implicó cambiar este esquema de desarrolló en torno a cuatro ejes: apertura comercial, desincorporación de entidades del sector público, reforma a la tenencia de la tierra y la lucha contra la inflación.

- Apertura comercial

Se revirtió el esquema proteccionista que prevalecía en México. Nuestro país se adhirió al GATT y firmó el Tratado de Libre Comercio de América del Norte (TLCAN), además de acuerdos comerciales con otros países.

El TLCAN vino a establecer un cambio estructural en la economía, que de hecho plantea un camino de desarrollo diametralmente opuesto al anterior.

Se abrieron al capital extranjero sectores que hasta entonces estaban restringidos a mexicanos o al Estado, como la petroquímica y otros. La nueva Ley de Inversión Extranjera de 1993 amplió los límites de participación máxima de los extranjeros en las empresas, incluida la banca y las compañías de seguros.

- Desincorporación de entidades del sector público (privatizaciones)

Entre los principales cambios se encuentran la reprivatización de la banca comercial, la de Telmex, la venta de compañías mineras, siderúrgicas, aeronáuticas, de ingenios azucareros, de las autopistas, etc.

De 1,155 empresas públicas que existían en 1982, en diciembre de 1988 quedaban 618, y para fines de 1993 ya solo quedaban 257, de las cuales 48 estaban en proceso de desincorporación.

- Reforma a la tenencia de la tierra

A juicio de Enrique Cárdenas, la reforma al sistema de tenencia de la tierra es quizá el cambio estructural más trascendente del salinismo. Esta reforma consistió en una reforma al artículo 27 de la Constitución para permitir la venta de tierras ejidales a particulares. En su forma de ver, era una condición necesaria para mejorar la productividad del campo en forma significativa, aunque posiblemente tomará muchos años para dar un resultado adecuado.

- La lucha contra la inflación

La prioridad máxima del PECE era la lucha contra la inflación. Así, el déficit público se eliminó hacia 1993 y la inflación, que en 1988 era de 51%, bajó al 8% en 1993. El gobierno tomó la decisión de mantener el control de la inflación y el tipo de cambio, a pesar de que ello implicaba continuar la recesión, mientras que un efecto de la apertura comercial fue que el aparato productivo nacional enfrentó en desventaja la competencia internacional.

La economía mexicana comenzó a mostrar nuevos signos de debilidad a mediados de 1991, tendencia que continuó en 1992 y que llegó a niveles de estancamiento absoluto en 1993. El PIB creció solo 3.6%, 2.8% y 0.6% en esos años, respectivamente.

La crisis económica de 1994-1995 se conoce popularmente como "el error de diciembre" o el "efecto tequila". Según los especialistas que la han estudiado, cinco causas de fondo de la misma fueron:

- Apertura comercial y financiera.
- Crecimiento incontrolable del déficit en cuenta corriente de la balanza de pagos.
- Alta vulnerabilidad frente a los flujos de capital provenientes del exterior.
- Aumento de las tasas de interés (del 2 al 7.7%).
- Bajas reservas internacionales.

Las características de la crisis de 1994-1995 fueron:

- Devaluación del peso.
- Salida de capitales.
- Disminución de las reservas internacionales.
- Quiebra de bancos.
- Caída del producto interno bruto (PIB) en un 6.9% en 1995 respecto del año anterior.
- Crecimiento de la inflación anual al 51.7% en 1995.
- Pérdida de 933,431 empleos, es decir, -9.2% en 1995.

El gobierno explicó en aquel momento que la devaluación de la moneda se debió al exceso de demanda de divisas. El diagnóstico gubernamental sobre el déficit de la cuenta corriente se explicó por el incremento de la diferencia entre las importaciones y las exportaciones de mercancías y servicios. La crisis de 1994-1995 quebró al sistema bancario, a cientos de miles de pequeños ahorradores y a millones de usuarios de la banca.

El gobierno de Ernesto Zedillo (1994-2000) creó el Fondo Bancario de Protección al Ahorro (Fobaproa), que luego devino en Instituto de Protección al Ahorro Bancario (Ipab), institución que efectuó el "rescate bancario" adquiriendo las deudas impagables que diversos deudores habían contraído con la banca.

El Gobierno Federal aplicó el Fobaproa para absorber las deudas ante los bancos, capitalizar el sistema financiero y garantizar el dinero de los ahorradores. Los pasivos del Fobaproa ascendieron a 552,000 millones de dólares por concepto de cartera vencida que canjeó por pagarés ante el Banco de México. Dicho monto equivale al 40% del PIB de 1997, a las dos terceras partes del Presupuesto de Egresos para 1998 y al doble de la deuda pública interna.

Los programas económicos de emergencia que emprendió el gobierno mexicano en 1995 fueron:

- Acuerdo de Unidad para Superar la Emergencia Económica (AUSEE, enero de 1995).
- Programa para Reforzar el Acuerdo de Unidad para Superar la Emergencia Económica (PARAUSEE, marzo de 1995).

Estos programas observaron las siguientes medidas:

- Reducción del déficit de la cuenta corriente.
- Devaluación de la moneda.
- Contención de los salarios.
- Limitar al 10% el incremento de los precios.
- Política de austeridad en las dependencias gubernamentales.
- Ajuste de ingresos fiscales para abatir la inflación (reducción o condonación de impuestos.

- Fomentar la inversión privada en áreas como: ferrocarriles, telecomunicaciones, puertos, aeropuertos e instituciones financieras (privatizaciones).

Los gobiernos de Vicente Fox Quezada, Felipe Calderón Hinojosa y Enrique Peña Nieto, continuaron la aplicación del programa monetarista que trazaron sus antecesores inmediatos.

Los resultados son la estabilidad macroeconómica (una inflación anual menor al 3%) y finanzas públicas sanas (salud medida por la mitigación del déficit fiscal), pero el crecimiento económico se limitó a un incremento anual del PIB del 2% en promedio, excepción hecha de los años de crisis económica de 2008.

Agustín Carstens, quien fue titular de la SHCP en el sexenio de Peña Nieto, evalúa que el programa monetarista tiene las características principales siguientes:

- Reconocimiento de la estabilidad de precios como objetivo de la política monetaria.
- Anuncio de objetivos de inflación de largo plazo.
- Autonomía del Banco Central.
- Régimen de tipo de cambio flexible.
- Mantenimiento de finanzas públicas sanas.

El ex Secretario de Hacienda añade también la necesidad de una estrategia de comunicación transparente y rendición de cuentas, como elementos de persuasión de los agentes económicos, que con información transparente pueden tomar con mayor claridad decisiones de emprendimiento, de producción e inversiones (Carstens, 2015).

10.6.5 La crisis de la pandemia (2020-2021)

En su *Programa Monetario 2022*, el Banco de México abordó su balance de la que se conoce como "la crisis de la pandemia" que se desarrolló entre los años 2020 y 2021 y que todavía muestra secuelas en el 2022. En ese documento se señaló que:

> El entorno para la inflación en nuestro país se tornó más complejo e incierto durante 2021. Mientras que en 2020 los choques derivados de la pandemia presionaron a la inflación en direcciones opuestas y en cierta medida se contrarrestaron entre sí, durante 2021, ante los desbalances entre la oferta y la demanda a nivel global previamente descritos, las presiones al alza se intensificaron, en tanto que aquellas a la baja tendieron a revertirse. (...)
>
> En particular, la inflación general anual pasó de 3.15% en diciembre de 2020 a 7.36% en diciembre de 2021, influida por presiones al alza tanto en la inflación subyacente como en la no subyacente. El nivel de la inflación general en diciembre de 2021 fue el más alto para un cierre de año desde el 2000. La inflación subyacente anual presentó incrementos en todos y cada uno de los meses del año, y pasó de 3.80% en diciembre de 2020 a 5.94% en diciembre de 2021. Ello, reflejo de los choques descritos que llevaron a que la inflación de las mercancías pasara de 5.52% al cierre de 2020 a 7.40% al cierre de 2021, en tanto que la de servicios se incrementó de 1.95% a 4.3% en la misma comparación. Por su parte, la inflación no subyacente se incrementó de 1.18% en diciembre de 2020 a 11.74% al cierre de 2021, presionada tanto por la inflación de los productos agropecuarios, como por la de energéticos.

El Presidente Andrés Manuel López Obrador estableció medidas de austeridad ante la crisis económica 2020 mediante el "Decreto por el que se establecen medidas de austeridad...", publicado el 3 de abril de 2020. Las medidas que contiene ese Decreto, son las siguientes:

- No será despedido ningún trabajador (del gobierno federal).
- No se ejercerá el 75% del presupuesto disponible de las partidas de servicios generales y materiales y suministros.
- Deberán de permanecer cerradas la mitad de las oficinas.
- Se posponen las acciones y el gasto del gobierno, con excepción de 38 programas prioritarios.
- Se cumplirá cabalmente con la entrega de participaciones federales a los estados, el pago de nómina, el pago de pensiones y la amortización y servicio de la deuda pública.
- Se protegerá a 25 millones de familias mexicanas, que equivalen al 70% de los hogares de la República, donde habitan los más pobres y la mayoría de los integrantes de las clases medias del país.

De manera particular, el gobierno mantendrá los apoyos a los beneficiarios de sus programas sociales, pues el Decreto dice que:

i. Se mantienen los programas sociales, que son parte de los 38 programas prioritarios.

ii. Se "blindarán" los programas sociales y de los proyectos prioritarios con 622 mil 556 millones de pesos.

Para apoyar a empresas y trabajadores, el gobierno proyectó:

- Se otorgarán 3 millones de créditos a microempresas y a pequeñas empresas familiares.
- Se crearán 2 millones de empleos.

El Presidente de la República ha rechazado el incremento del gasto público para enfrentar la crisis económica, pues determinó que su plan ante la emergencia se realizará sin aumentar el precio de los combustibles, sin aumentar impuestos o crear impuestos nuevos y sin endeudar al país.

CAPÍTULO 11. Ingresos locales y federalismo fiscal

Como se expuso desde los primeros capítulos de este libro, las personas que habitan en el país tienen la obligación de pagar contribuciones para cubrir los gastos del Estado. Pero en su forma de gobierno, el Estado tiene órdenes jurídicos nacionales o federales y subnacionales. En lo que respecta a los órdenes jurídicos subnacionales, se trata de ordenamientos que tienen validez y vigencia en territorios determinados. Asimismo, los órdenes de gobierno nacional y subnacional determinan la existencia de esferas de gobierno, dentro de las cuales las respectivas autoridades ejercen actos de autoridad con fundamento en el ordenamiento jurídico respectivo.

11.1. Órdenes jurídicos y esferas de gobierno

Como se sabe, México es una república federal. La república federal implica que los Estados miembros delegan su soberanía exterior y algunas facultades o funciones internas, en favor del Gobierno Federal que se crea, representado por un ente general, conservando los Estados miembros el ejercicio de las facultades internas no cedidas al Gobierno Federal.

En el caso de México, la Constitución expedida en 1917 señaló que los Estados Unidos Mexicanos se conforman por 28 Estados, dos territorios y un distrito federal. En 1952, se erigió el Estado de Baja California y, en 1974, se decretó la creación de los Estados de Quintana Roo y Baja California Sur, constituyéndose a partir de esa fecha, la actual división territorial del país. Más recientemente, en 2016, desapareció el Distrito Federal al convertirse en la Ciudad de México y la denominación general de los estados subnacionales se modificó al denominarse todos ellos como "entidades federativas".

Por otra parte, el Municipio Libre está reconocido constitucionalmente como la unidad básica de división territorial. El territorio de cada entidad federativa está dividido en municipios (se denominan alcaldías en el caso de la Ciudad de México) y están reconocidos 2 mil 471 en la actualidad.

Ignacio Pichardo Pagaza llama rasgos a las características del Estado Federal de México (Pichardo Pagaza, I., 2002). Este autor, con amplia experiencia en la administración pública federal y local, resume tales rasgos de la siguiente manera:

a. Coexistencia de dos órdenes jurídicos y tres esferas de gobierno: el orden jurídico Federal y el Estatal; las esferas de Gobierno Federal, la de los Estados–Miembros y la de los Municipios.
b. Sujeción al orden constitucional Federal de los Estados miembros (Art. 41 CPEUM).
c. Prohibición de contravención de las constituciones locales con la federal (Art. 41 CPEUM).
d. Estados autónomos en su régimen interior, sin contravenir el pacto federal.
e. Los elementos constitutivos de los Estados miembros, son al igual que para la Federación, la población, el territorio y el gobierno o poder público.
f. Los Estados miembros adoptan la forma de gobierno federal, es decir, republicano, representativo y democrático (Art. 40 CPEUM).
g. La base de la organización política y administrativa y de la división territorial en los Estados miembros, es el Municipio libre (Art. 115 CPEUM).
h. Prohibiciones y limitaciones específicas a los Estados miembros (Arts. 117, 118 y 131 CPEUM).
i. Vigencia de la legislación local, sólo en su propio territorio (Art. 121 CPEUM).
j. Facultades no reservadas a la Federación se entienden derivadas a los Estados (Art. 124 CPEUM).

Figura 11-A.

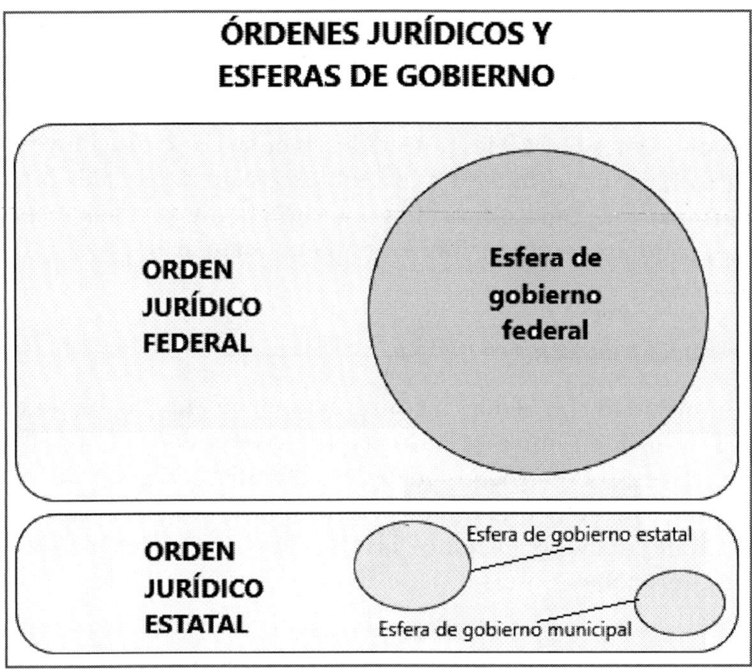

FUENTE: Elaboración propia con base en: (Pichardo Pagaza, I., 2002)

En resumen, la estructura política de México establece dos órdenes jurídicos (el federal y los locales) y tres esferas de gobierno: gobierno federal, gobiernos estatales y gobiernos municipales. La existencia de órdenes jurídicos y de esferas de gobierno determina las potestades tributarias que poseen esos componentes de la República.

11.2. Las potestades tributarias

La potestad tributaria es la facultad que el Estado tiene de crear tributos y es el propio Estado el que establece la obligación de los gobernados de contribuir con los gastos requeridos para el cumplimiento de sus funciones. Esta potestad, como también ya se vio en capítulos anteriores, se ejerce por el Poder Legislativo al expedir la Constitución y las leyes que fijan los impuestos, normas de las que se desprenden las atribuciones del Poder Ejecutivo y la administración pública para determinar o comprobar cuándo se han concretado los hechos o situaciones que generan la obligación de pagar contribuciones, determinar la cuantía de los pagos que corresponde a cada contribuyente y hacer la recaudación de esas obligaciones.

En los diferentes países, las potestades tributarias se distribuyen entre el gobierno nacional o federal y los gobiernos subnacionales o locales. Ello determina que cada esfera de gobierno cuente con sus respectivas potestades tributarias y sus atribuciones para recaudar impuestos.

11.3. Potestades tributarias en México

De conformidad con el marco constitucional de México, las potestades tributarias se dividen entre la Federación y las entidades federativas. Se ejercen a través del Poder Legislativo de cada esfera de gobierno al expedir las normas jurídicas que establecen los impuestos y señalan los casos en que se generan las obligaciones, las tasas impositivas, los plazos que los contribuyentes deben observar para su pago y las autoridades encargadas de recaudarlos.

En el ámbito federal, la potestad de determinar las contribuciones federales corresponde al Congreso de la Unión (Cámara de Diputados y Senado de la República), así como al Constituyente permanente cuando para dar vigencia a esa determinación se requiera de una reforma constitucional. Para el caso de la competencia en el cobro de impuestos, ésta corresponde a la SHCP y a sus órganos técnicos especializados como el SAT.

En el ámbito local, la potestad tributaria corresponde a las legislaturas estatales, que tienen atribuciones para expedir leyes locales en materia de impuestos. Los impuestos locales pueden ser de carácter estatal o municipal. Por esto último, la capacidad de realizar la recaudación de los impuestos del ámbito local se divide entre el gobierno estatal a través de las autoridades hacendarias estatales y los gobiernos municipales, a través de sus respectivas tesorerías.

11.3.1. Potestades tributarias concurrentes y exclusivas

En México las potestades tributarias, entendidas como la facultad de imponer contribuciones tributarias, se distribuyen entre el orden jurídico federal y el que corresponde a las entidades federativas. La Constitución determina en su artículo 73, fracciones VII y XXIX, que el Congreso de la Unión tiene facultades para para imponer las contribuciones necesarias para cubrir el presupuesto federal y para establecer contribuciones sobre el comercio exterior; sobre el aprovechamiento y explotación de los recursos naturales; sobre instituciones de crédito y sociedades de seguros; sobre servicios públicos concesionados o explotados directamente por la Federación, y para fijar una serie de impuestos especiales participables a los Gobiernos locales.

Los artículos 115, 116 y 122 constitucionales facultan a las legislaturas de las entidades federativas para establecer leyes de impuestos para sufragar la hacienda local y municipal, pero los artículos 73, fracciones IV,V,VI,VII y IX, el 118 y 131, prohíbe a las entidades federativas el gravar directa o indirectamente la entrada o la salida de su territorio de mercancías nacionales o extranjeras, establecer aduanas locales, gravar la producción, acopio o venta de tabaco en rama, o imponer contribuciones sobre importaciones o exportaciones. Se entiende así, que las materias tributarias mencionadas son exclusivas de la Federación.

Con base en lo anterior, se puede concluir lo siguiente:

- **Potestades tributarias exclusivas**. Son aquellas potestades tributarias que la Constitución reserva en favor de la Federación.
- **Potestades tributarias concurrentes**. Son las potestades tributarias que no están reservadas por la Constitución en favor del orden federal y, por lo tanto, son materias en las que pueden concurrir la Federación, las entidades federativas y municipios.

11.3.2. Potestades tributarias originales, delegadas y competencia tributaria

Además de lo anterior, para el caso mexicano se debe tener en cuenta lo planteado por la maestra Clementina Guerrero Sánchez en su *Ejercicio de potestades tributarias por entes distintos de los Congresos Locales* (Guerrero, 2000). La especialista propone la distinción entre potestad tributaria original, potestad tributaria delegada y competencia o capacidad tributaria, de la siguiente manera:

Cuadro 11.1.

POTESTADES TRIBUTARIAS		
Potestad Tributaria Original	Potestad Tributaria Delegada	Competencia o Capacidad Tributaria
El ente posee la facultad o atribución para fijar los tributos necesarios para el cumplimiento de sus fines, fundamentándose para tal efecto, en el reconocimiento expreso que le otorga el texto de la Constitución.	*El ente posee la facultad o atribución para fijar los tributos, en virtud de que ésta le ha sido transmitida por otra entidad que tiene la Potestad Original.*	*El ente posee la facultad o atribución para recaudar (cobrar) el tributo, cuando se haya producido el hecho generador; o sea, es el acreedor de la prestación (pago) tributaria.*

FUENTE: *Ejercicio de potestades tributarias por entes distintos de los Congresos Locales* (Guerrero, 2000)

La puntualización expresada en el cuadro permite diferenciar la potestad tributaria en su sentido original, que corresponde al orden jurídico federal o local, de aquella que es delegada en favor del otro por la esfera de gobierno al que originalmente corresponde. Además, independientemente de que el orden correspondiente ejerza la potestad original o delegada, éste puede convenir que la competencia o capacidad para hacer la recaudación la lleve a cabo una esfera de gobierno distinta.

11.3.3. El Sistema Nacional de Coordinación Fiscal

Puesto que, como se ha visto, la Constitución dejó un amplio margen de concurrencia de potestades tributarias entre los órdenes federal y local, se ha hecho necesario establecer una coordinación intergubernamental que evite la doble tributación. Es por ello que se han realizado convenciones fiscales y se han expedido leyes que contienen reglas de coordinación.

La primera convención de la materia fue infructuosa (1925). La Segunda Convención Nacional Fiscal (1932) acordó impulsar reformas constitucionales que establecieron como facultad exclusiva de la Federación las contribuciones especiales, de cuyo rendimiento tendrían participación los estados y municipios. Tal reforma dio origen a los IEPS actuales.

La Tercera Convención Nacional Fiscal (1947) redundó en la expedición de la Ley Federal del Impuesto Sobre Ingresos Mercantiles de 1948 (impuesto que luego fue sustituido por el IVA), la Ley que Regula el Pago de Participaciones en Ingresos Federales a las Entidades Federativas promulgada en 1948, y la primera Ley de Coordinación Fiscal entre la Federación y los Estados, de 1953. Se acordó también la constitución de la Comisión Nacional de Árbitros, integrada por tres representantes Federales, cinco de las entidades federativas y dos de los causantes (estos últimos sólo con voz), la cual tenía la función de proponer medidas para coordinar la acción impositiva Federal y Local, actuar como consultor técnico y gestionar el pago oportuno de las participaciones.

Con el objeto de simplificar el sistema de participaciones de los impuestos federales que corresponden a las entidades federativas, se promulgó una nueva Ley de Coordinación Fiscal que entró en vigor el 27 de diciembre de 1978,, lo que dio lugar a la constitución del Sistema Nacional de Coordinación Fiscal SNCF.

11.3.4. La concentración de potestades tributarias en la Federación

Los términos actuales de la coordinación fiscal centralizan la mayor cantidad de potestades tributarias en el ámbito federal, sea por la vía de la delegación por parte de las entidades federativas, que se abstienen de potestades concurrentes con la Federación, o por el camino de delegar la competencia o capacidad tributaria o de cobro.

Los objetivos de esta centralización son:

- Redistribuir los ingresos tributarios entre las regiones, apoyando las que enfrentan más carencias.
- Evitar la doble tributación en materias como el ISR y el IVA.
- Disuadir la creación desordenada de impuestos locales en materias concurrentes con la Federación u otros impuestos.

Pero un efecto colateral de la concentración de las potestades tributarias es que no alienta el desarrollo de la capacidad recaudatoria de los gobiernos estatales y municipales, aunque no sea esa la intención. La dependencia de las transferencias federales es en los hechos un obstáculo para el desarrollo de la autosuficiencia hacendaria y, por tanto, coadyuva a la extrema debilidad de las autoridades locales para emprender sus planes de desarrollo y atender los problemas de sus respectivas poblaciones. Además, ha generado una alta dependencia de las participaciones y aportaciones federales que reciben y que, en algunos casos, representan hasta más del 80% de sus ingresos totales.

11.3.5. El federalismo fiscal en México

La distribución de potestades tributarias descrita en el apartado anterior es la base del federalismo fiscal que existe en nuestro país.

Por **federalismo fiscal** debe entenderse el arreglo institucional sobre las potestades tributarias entre las diferentes esferas de gobierno (federal, estatal y municipal), la interrelación en las funciones recaudatorias, la recaudación de impuestos propiamente dicha y la distribución de los recursos públicos entre los distintos niveles.

El federalismo fiscal en México se concreta en la Ley de Coordinación Fiscal (LCF), en disposiciones de otras leyes reglamentarias y en los convenios suscritos entre la SHCP y las entidades federativas.

- **Recaudación Federal Participable (RFP)**. La RFP "será la que obtenga la Federación por todos sus impuestos, así como por los derechos sobre la extracción de petróleo y de minería disminuidos con el total de devoluciones por los mismos conceptos" (artículo 2 de la LCF).

En opinión de autores como Astudillo Moya y Fonseca Corona, la RFP es "una gran bolsa de recursos fiscales que obtiene la Federación por concepto de ingresos tributarios -ISR, IVA, IEPS, impuestos al comercio exterior, etc.-, así como por concepto de ingresos no tributarios relacionados con la extracción petrolera (un porcentaje del derecho ordinario sobre hidrocarburos, entre otros" (Astudillo, M. y Fonseca, F.J., 2017).

- **Gasto Federalizado**. El Gasto Federalizado es la suma total de las transferencias de la Federación hacia las entidades federativas y los municipios. Se conforma de los recursos contenidos en el Ramo 28 (Participaciones Federales), el Ramo 33 (Aportaciones Federales) y otros acordados en convenios de descentralización.
- **Transferencias**. Las transferencias son los recursos que se trasladan de una esfera de gobierno a otra.
- En el caso de los recursos federales transferidos a las entidades federativas, municipios y alcaldías de la Ciudad de México, puede tratarse de recursos etiquetados o no etiquetados pero, en ambos casos, los recursos son susceptibles de fiscalización por la ASF.

- **Transferencias no condicionadas**. Las transferencias no condicionadas son aquellas cuyo uso y destino pueden ser determinadas libremente por las autoridades del ámbito o espacio que las recibe.
- **Transferencias condicionadas**. Las transferencias condicionadas son aquellas que deben ser aplicadas con un fin determinado.

11.4. Ingresos públicos estatales

Los ingresos públicos estatales son los recursos que ingresan a la hacienda estatal para sufragar el gasto público de los gobiernos estatales.

Como ocurre con los ingresos de la Federación, se clasifican como;

- **Ingresos tributarios**, producto de la recaudación de impuestos locales.
- **Ingresos no tributarios**, que se producen por fuentes locales no tributarias (como son los derechos, productos, aprovechamientos y financiamiento). Dentro de esta clasificación se ubican las transferencias federales, que la hacienda estatal percibe en virtud de la Ley de Coordinación Fiscal.

Según la esfera de gobierno en que los ingresos públicos estatales se originan, se desagregan en dos vertientes,

- Recursos federales transferidos.
- Recursos producto de la recaudación local.

Figura 11-B.

INGRESOS PÚBLICOS ESTATALES	
Recursos federales	**Recaudación local**
Participaciones Aportaciones Transferencias Otros subsidios	Ingresos tributarios Ingresos no tributarios

FUENTE: Elaboración propia con base en la LCF

Los recursos federales que el gobierno federal transfiere a las entidades federativas se integran por los siguientes conceptos:

- **Participaciones federales.** Son los recursos que tienen derecho a percibir los Estados y los Municipios por la adhesión al Sistema Nacional de Coordinación Fiscal y el rendimiento de las contribuciones especiales. Una vez que los montos correspondientes son transferidos a su hacienda, los gobiernos estatales tienen autonomía en su administración, es decir, son transferencias no condicionadas.
- **Aportaciones federales.** Son los recursos que la federación transfiere a las haciendas públicas de los Estados, Distrito Federal, y en su caso, de los Municipios, condicionando su gasto a la consecución y al cumplimiento de los objetivos fijados en la Ley de Coordinación Fiscal.

Se trata de recursos que quedan etiquetados para su empleo en materias determinadas desde que se aprueba el PEF, lo que implica que son transferencias condicionadas.

- **Transferencias** que utilizan la figura de convenio (descentralización, reasignación y diversos programas de subsidios).
- **Otros subsidios** (incluidos aquellos que derivan de ingresos excedentes, en su caso, de acuerdo con la norma vigente).

Las participaciones federales están consideradas en el Ramo 28 del PEF de cada año, en tanto que las aportaciones se integran en el Ramo 33 del mismo.

Las transferencias por convenios, al igual que los otros subsidios, derivan de decisiones de la administración pública y de los excedentes de ingresos que se obtengan durante el ejercicio, respectivamente.

En la siguiente tabla se puede observar la desagregación de las transferencias de recursos federales a Estados y Municipios en sus diferentes conceptos, así como el monto de las mismas entre los años 2017 al 2021.

Cuadro 11.2.

TRANSFERENCIA DE RECURSOS A ENTIDADES FEDERATIVAS Y MUNICIPIOS 2017-2021 (millones de pesos de 2022)							
Concepto	2017	2018	2019	2020	2021	Variación % 2021 respecto de:	
						2017	2020
Total (aprobado)	2,153,547.5	2,177,030.2	2,180,546.4	2,197,157.7	2,014,183.5	-6.5	-8.3
Participaciones Federales	920,161.8	958,695.9	1,042,956.6	1,048,356.7	955,580.3	3.8	-8.8
Aportaciones Federales para Entidades Federativas y Municipios	871,272.5	875,025.3	895,563.5	900,338.1	867,318.1	-0.5	-3.7
Aportaciones Federales para Entidades Federativas y Municipios	807,764.0	812,765.9	834,257.1	837,138.9	806,695.5	-0.1	-3.6
FONE	441,023.3	435,696.7	432,847.6	433,619.7	423,193.4	-4.0	-2.4
FASSA	108,657.9	110,266.1	112,776.5	113,899.5	113,563.0	4.5	-0.3
FAIS	83,544.8	86,693.1	94,317.4	94,597.7	87,924.1	5.2	-7.1
FASP	8,674.2	8,265.3	8,175.2	8,202.1	7,981.1	-8.0	-2.7
FAM	26,886.0	27,899.2	30,352.8	30,443.0	28,295.3	5.2	-7.1
FORTAMUN	84,631.4	87,820.7	95,544.2	95,828.1	89,067.8	5.2	-7.1
FAETA	8,105.2	8,141.1	8,039.4	8,189.7	8,005.6	-1.2	-2.2
FAFEF	46,241.3	47,983.8	52,203.8	52,359.0	48,665.2	5.2	-7.1
Previsiones y Aportaciones para los Sistemas de Educación Básica, Normal, Tecnológica y de Adultos	63,508.5	62,259.4	61,306.4	63,199.2	60,622.6	-4.5	-4.1

Salud Pública (antes Sistema de Protección Social en Salud)	85,133.7	81,442.4	78,208.5	86,615.7	77,540.0	-8.9	-10.5
Convenios	215,318.8	211,862.8	148,613.5	145,114.2	104,260.2	-51.6	-28.2
Descentralización	215,318.8	211,862.8	148,613.5	145,114.2	104,260.2	-51.6	-28.2
Gobernación	151.7	243.1	473.1	768.9	249.8	64.7	-67.5
Agricultura y Desarrollo Rural	68,494.4	66,502.8	15,214.5	9,818.3	0.0	-100	-100
Educación Pública	119,490.6	121,300.8	114,565.5	120,018.4	98,520.4	-17.5	-17.9
Salud	12,739.4	9,620.4	7,415.3	4,778.7	4,442.5	-65.1	-7.0
Trabajo y Previsión social	0.0	0.0	0.0	693.8	673.1		-3.0
Desarrollo Agrario, Territorial y Urbano	0.5	0.5	0.0	0.0	0.0	-100.0	
Medio Ambiente y Recursos Naturales	6,019.6	5,889.3	5,578.3	4,115.4	0.0	-100	-100
Bienestar	0.0	0.0	0.0	9.5	0.0	-100	-100
Turismo	705.0	691.9	0.0	0.0	0.0	-100	
Función Pública	0.1	0.2	0.2	0.2	0.0	-100	-100
Seguridad y Protección Ciudadana	6,195.8	6,258.0	4,545.8	4,407.4	0.0	-100	-100
Entidades no Sectorizadas	463.6	408.4	401.3	397.8	374.4	-19.2	-5.9
Cultura	1,058.1	947.6	419.5	105.8	0.0	-100	-100
Otros subsidios	61,660.8	50,003.8	15,204.4	16,733.0	9,484.8	-84.6	-43.3

FUENTE: SHCP (2021). Exposición de Motivos del PPEF 2022.

Como puede observarse en el cuadro, en el año 2021 decrecieron las transferencias de recursos federales a las entidades federativas y los municipios. Si se compara el monto total de las transferencias del año 2021 con las del 2017, la reducción es de -6.5%, en tanto que la comparación de 2021 con el 2020 muestra un -8.3%.

También se puede distinguir que los rubros más castigados en la compulsa 2021 con el ejercicio anterior son los Otros Subsidios (-43%) y los Convenios (-28%), a la vez que las Participaciones Federales muestran un -8.8% y las Aportaciones un -3.7%.

11.4.1. Dependencia de las entidades federativas respecto de las transferencias

Como se dijo líneas arriba, gran parte de los ingresos estatales no son generados o recaudados directamente por las entidades federativas. Pese al decrecimiento que han experimentado las transferencias federales, su peso sigue siendo relevante e incluso se incrementa debido a que los ingresos propios que generan la mayoría de las entidades federativas siguen siendo escasos. Es por ello que el gasto público estatal depende en gran medida de las transferencias federales.

Como lo hace ver la asociación Instituto Mexicano de la Competitividad, en su estudio Reporte de Ingresos Estatales, históricamente las transferencias de la Federación a los estados han representado alrededor del 70% de los ingresos estatales, pero en los últimos 20 años se ha observado que la dependencia tiende a incrementarse (IMCO, 2021).

Según las *Estadísticas de las finanzas públicas estatales y municipales* del INEGI, en 2021 el 85.6% de los ingresos estatales provino de transferencias federales. El 48% de estas transferencias provino de las aportaciones federales (recursos etiquetados), mientras que el 37% fue por participaciones federales (recursos no etiquetados).

Cuadro 11.3

INGRESOS DE LAS ENTIDADES FEDERATIVAS 2021		
Concepto	**Monto**	**%**
Aportaciones federales	513,018,777,559	48.3%
Participaciones federales	396,588,700,746	37.3%
Impuestos	54,306,105,523	5.1%
Financiamiento	42,231,561,711	4.0%
Derechos	28,292,301,415	2.7%
Otros ingresos	14,581,827,000	1.4%
Aprovechamientos	10,841,418,385	1.0%
Productos	2,440,969,668	0.2%
Contribuciones de mejoras	107,486,335	0.0%
Total	**1,062,409,148,342**	**100.0%**

FUENTE: INEGI. Estadísticas de finanzas públicas estatales y municipales.

Sólo el 14.4% de los ingresos estatales fueron ingresos propios, de los cuales el 4% fue por financiamiento (contratación de deuda pública estatal). Tan solo el 11% de los ingresos de las entidades federativas fueron recaudados por medio de impuestos estatales (5.1%), cobro de derechos (2.7), otros ingresos (1.4), productos y aprovechamientos (1.2).

A nuestro juicio, esta dependencia es una condición estructural ocasionada por la desigual distribución de los recursos en la geografía nacional y los distintos niveles de desarrollo económico regional, pero también está determinada por el centralismo que caracteriza la distribución de las potestades tributarias entre las esferas de gobierno.

11.4.2. Ingresos Estatales propios

Los Ingresos Estatales propios son los recursos que los estados generan a través de sus potestades tributarias o de bienes patrimoniales. Es decir, es todo lo que se recauda por medio de impuestos, cuotas y aportaciones, contribuciones de mejoras, derechos, productos, aprovechamientos y por la contraprestación cobrada por bienes y servicios. Como ya se expuso, los ingresos propios de las entidades representan apenas el 12% del total de sus ingresos.

La correlación entre los recursos federales y los provenientes de recaudación propia se expresa de manera diversa entre las distintas entidades federativas, dado que algunas son más o menos dependientes de las transferencias federales que otras. Esta diferencia expresa también el hecho de que algunas cuentan con mayor capacidad recaudatoria propia en comparación con las demás.

Sólo siete estados de la república obtienen más del 30% de sus ingresos mediante mecanismos propios. Estas son:

- Ciudad de México
- Sonora
- Nuevo León
- Estado de México
- Quintana Roo
- Chihuahua).

En contraste con estas entidades, hay cuatro estados cuyos ingresos propios apenas representan el 10% de sus Ingresos Estatales, lo que significa que su hacienda depende en un 90% de las transferencias federales:

- Guerrero
- Tamaulipas
- Tlaxcala
- Morelos

Figura 11-C MARCO

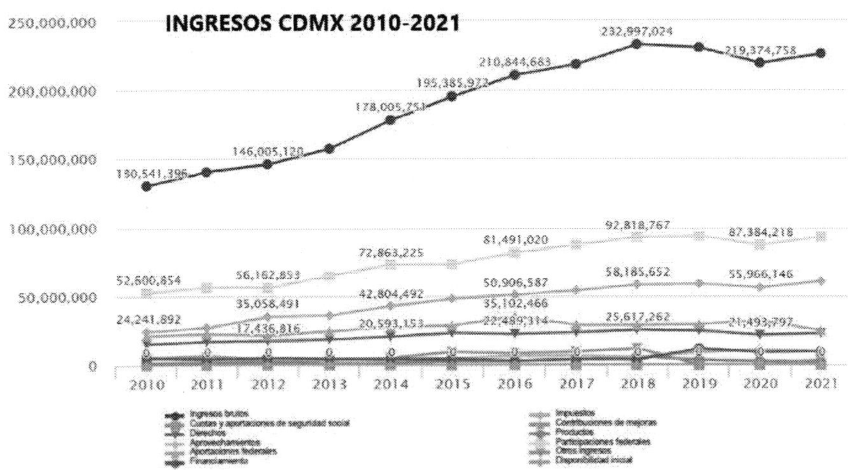

FUENTE: INEGI. *Estadísticas de finanzas públicas estatales y municipales.*

La gráfica anterior muestra la evolución de las fuentes de los ingresos de la Ciudad de México entre 2010 y 2021. Con el fin de mostrar un panorama completo, se muestran a continuación las gráficas correspondientes al Estado de México (otra de las entidades con mayor generación de recursos propios), las correspondientes a Jalisco y Baja California (que tienen una posición intermedia en la relación entre transferencias federales e ingresos propios) y, finalmente, las de Tamaulipas y Guerrero (que son algunos de los estados con mayor dependencia de las transferencias federales).

Figura 11-D [65]

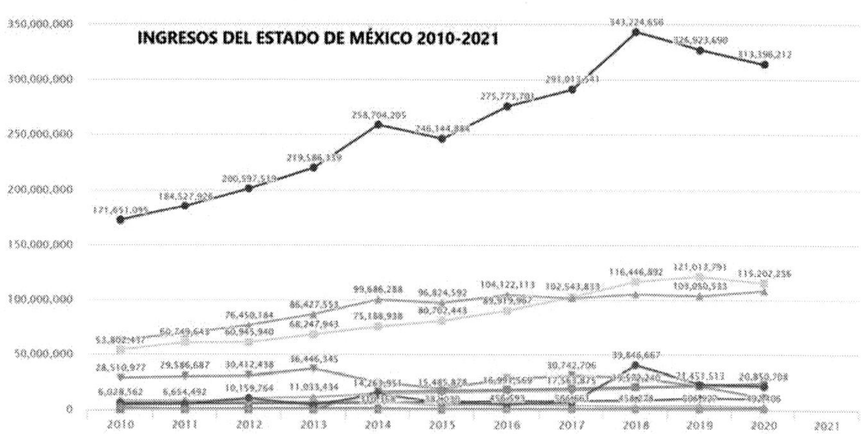

Figura 11-E

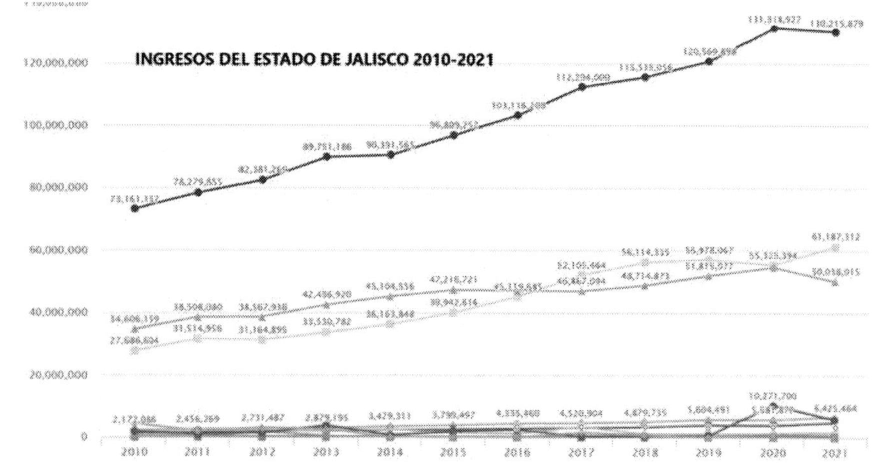

65 La fuente de los datos de ésta y las figuras siguientes es: INEGI (2022). *Las finanzas públicas estatales y municipales. La paleta de colores de los distintos rubros es la misma que la utilizada en la Figura 11-C.*

Figura 11-F

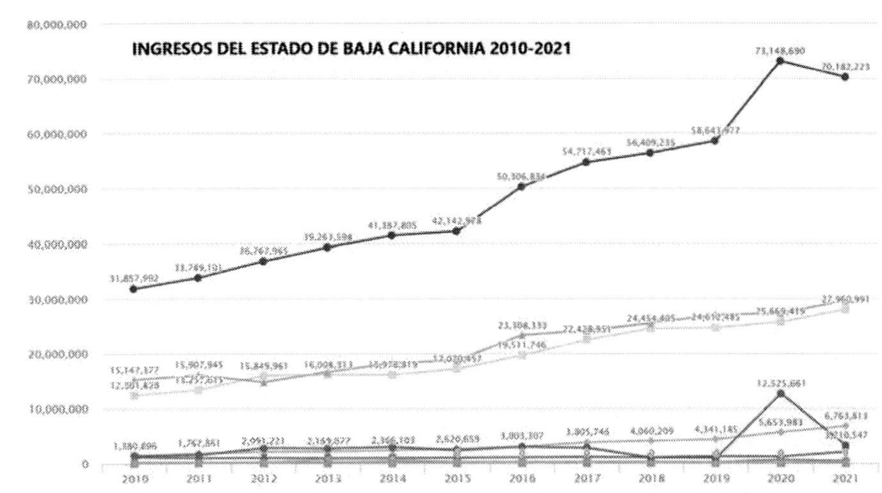

Figura 11-G

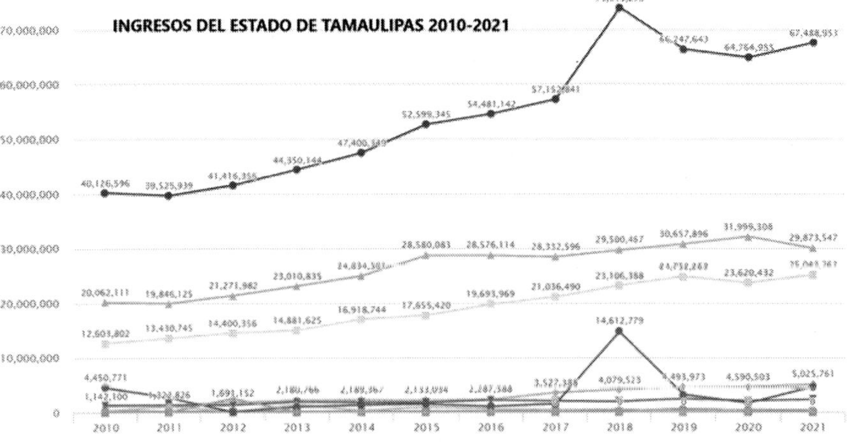

Figura 11-H

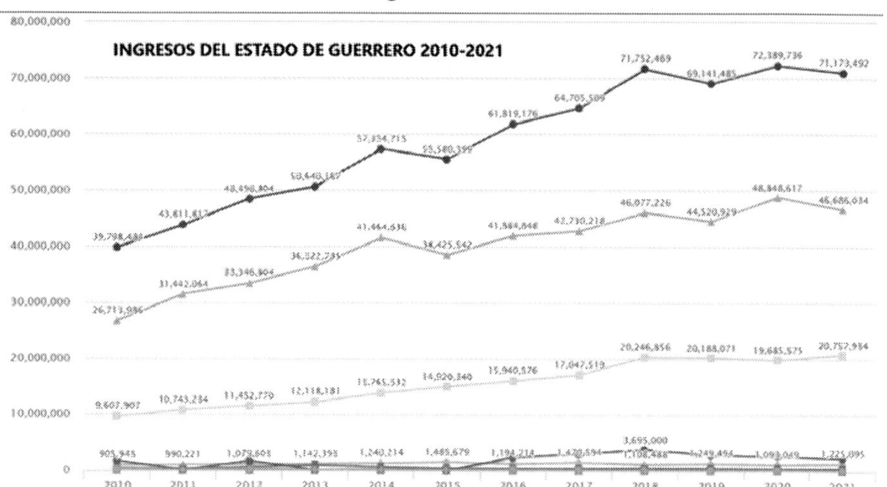

11.4.3. Los ingresos tributarios locales

La fuente de los ingresos tributarios locales son los impuestos estatales. Éstos son determinados por las respectivas legislaturas locales al emitir las leyes de impuestos, por lo que, si bien hay cierta homogeneidad en su estructura, también existe una amplia variedad que depende tanto de las condiciones locales, como de la libertad de configuración legislativa de cada entidad federativa.

Al respecto, el INEGI reporta la existencia de un total nacional de 17 impuestos estatales diferentes, aunque cada entidad federativa recauda un promedio de siete.

Los impuestos estatales que están vigentes en todas o en la mayoría de las entidades federativas son los siguientes:

- Impuesto sobre Nómina
- Impuesto sobre Prestación de Servicios de Hospedaje
- Impuesto sobre Loterías, Rifas, Sorteos, Concursos u Juegos Permitidos
- Impuesto sobre Tenencia o Uso de Vehículos

11.4.3.1. Impuesto sobre Nómina

El Impuesto sobre Nómina (ISN) es un impuesto local que obliga a los empleadores por las transacciones correspondientes a las relaciones laborales que tengan. La recaudación por el ISN es la fuente de ingresos que más aporte tiene para las entidades federativas, calculándose que representan hasta el 70% de los ingresos tributarios estatales.

Los congresos de cada entidad federativa legislan respecto de las características del impuesto en su territorio, por lo que existen variantes de la denominación y elementos del impuesto. Para efectos didácticos, en este libro se asignó la denominación ISN como genérica, identificando además rasgos comunes de esta contribución estatal.

Cuadro 11.4.

IMPUESTO SOBRE NÓMINA (ISN) *Elementos*				
Sujeto activo	**Sujeto pasivo**	**Objeto**	**Base gravable**	**Tasa**
Hacienda o tesorería estatal	Las personas físicas y morales que son empleadores en unidades económicas radicadas en la entidad federativa respectiva.	Transacciones consistentes en el pago de nómina y prestaciones laborales a los empleados subordinados.	*Monto nominal del pago de la nómina y prestaciones laborales en favor de los empleados subordinados.*	*La tasa de la contribución varía de acuerdo con la demarcación estatal en la que esté constituida la empresa. La tasa del Impuesto sobre Nómina oscila del 0.5 al 3% de la base gravable.*

FUENTE: Elaboración propia con base en las disposiciones vigentes de las leyes estatales respectivas.

A reserva de las variantes presentes en algunas entidades federativas, la base gravable del ISN considera sueldos, horas extra, bonos, primas de antigüedad, comisiones, compensaciones, aguinaldo, primas vacacionales y los pagos a los administradores, directivos y servicio de vigilancia.

También es importante señalar que generalmente no grava los gastos funerarios del personal, las aportaciones para el Sistema de Ahorro para el Retiro, SAR,, gastos por instalación de equipos, infraestructura o materiales necesarios para el trabajo, jubilaciones o pensiones, primas correspondientes al IMSS o ISSSTE, viáticos, cuotas de seguros, prestaciones de previsión social ni reparto de utilidades.

En algunos estados de la república existen subsidios o exenciones al ISN, bajo determinados requisitos.

En el siguiente cuadro se puede observar el ISN del estado de Guanajuato, de conformidad con la ley local.

Cuadro 11.5.

GUANAJUATO. IMPUESTO SOBRE NÓMINA Elementos				
Sujeto activo	Sujeto pasivo	Objeto	Base gravable	Tasa
Contribuyente retenedor que traslada el impuesto. (artículo 6 de la LHEG)	Son sujetos de este impuesto las personas físicas y morales que realicen erogaciones por nómina en establecimientos dentro del territorio del estado o cuando el servicio se preste dentro del mismo. La Federación, el Estado, los Municipios, sus entidades paraestatales, paramunicipales, y los organismos autónomos, están obligados al pago de este impuesto. (artículo 7 de la LHEG)	Son objeto de este impuesto las erogaciones efectuadas en dinero o en especie, por concepto de remuneraciones al trabajo personal subordinado, independientemente de la designación que se les dé, prestado dentro del territorio del estado; los pagos en dinero o en especie realizados a administradores, directores, comisarios o miembros de los consejos directivos, de vigilancia o de administración de cualquier especie o tipo de sociedades o asociaciones; y los pagos a personas físicas por concepto de honorarios, por la prestación de servicios personales independientes o por actividades empresariales. (artículo 6 de la LHEG)	Se consideran remuneraciones al trabajo personal subordinado, los siguientes pagos: - sueldos y salarios - tiempo extraordinario - premios, primas, bonos, estímulos, incentivos y ayudas - compensaciones, gratificaciones y aguinaldos - fondo de ahorros - primas de antigüedad; - utilidades - servicios de comedor para los trabajadores - despensa ya sea en dinero, especie o vales - transporte de personal - cualquier otro pago que se entregue a cambio del trabajo personal subordinado, independientemente de la denominación que se le otorgue (artículo 6 de la LHEG)	Este impuesto se determinará de acuerdo con la tasa del 3 por ciento (artículo 10 de la LHEG)
DEDUCCIONES Y EXENCIONES: Dentro de las erogaciones que no causarán este impuesto están las siguientes: - Indemnizaciones por riesgos o enfermedades profesionales - Pensiones y jubilaciones en casos de invalidez, vejez, cesantía y muerte - Indemnizaciones y primas de retiro por rescisión o terminación de la relación laboral - Pagos por gastos funerarios;				

FUENTE: Elaboración propia con base en la Ley de Hacienda para el Estado de Guanajuato.

11.4.3.2. Impuesto sobre Prestación de Servicios de Hospedaje

El Impuesto sobre la Prestación de Servicios de Hospedaje es un impuesto de carácter estatal y grava los servicios de hospedaje. Este impuesto es un impuesto indirecto, es decir, se traslada al huésped y es éste quien paga el impuesto. Siendo un impuesto estatal, los congresos de cada entidad federativa legislan sobre el impuesto, lo que determina una variedad de características. Con fines didácticos se pueden señalar los elementos comunes:

Cuadro 11.6.

IMPUESTO SOBRE SERVICIOS DE HOSPEDAJE (ISSH) Elementos				
Sujeto activo	Sujeto pasivo	Objeto	Base gravable	Tasa
Contribuyente retenedor que traslada el impuesto.	Las personas físicas y morales que sean los administradores o propietarios de inmuebles instalados en el territorio de la entidad federativa, destinados a ofrecer el servicio de hospedaje.	Transacciones comerciales o de servicios que realicen las personas físicas o morales en la prestación de servicios de hospedaje.	Precio nominal de los bienes o servicios que fueron sujetos de las transacciones por el pago de la prestación de servicios de hospedaje.	La tasa del ISSH varía en las diferentes entidades federativas. La tasa es del 2 al 5% de la base gravable.

FUENTE: Elaboración propia con base en las disposiciones vigentes de las leyes estatales respectivas.

El ISSH se aplica a los servicios prestados por hoteles, moteles, albergues, posadas, mesones, hosterías, campamentos, paraderos de casas rodantes y otros establecimientos que presten servicios de esa naturaleza.

La base del impuesto es neta sobre el servicio de hospedaje, sin considerar los alimentos, bebidas y demás servicios consumidos durante la estancia. Su cálculo opera con el monto pagado antes del IVA.

El ISSH tiene importantes niveles de recaudación en entidades que cuentan con sitios de interés turístico, como Quintana Roo, Guerrero y Baja California Sur, así como aquellas que son destino de viajes de negocios o estudios, tales como Baja California, Ciudad de México, Guanajuato, Jalisco y otras.

11.4.3.3. Impuesto sobre Loterías, Rifas, Sorteos, Concursos y Juegos Permitidos

El Impuesto sobre Loterías, Rifas, Sorteos, Concursos y Juegos Permitidos es un impuesto estatal que deben cubrir las personas físicas y morales que organicen o exploten loterías, rifas, sorteos, concursos y juegos permitidos con cruce o captación de apuestas. También obliga a quienes distribuyan o vendan los billetes o cualquier modalidad de rifas, así como a quienes reciban, registren, crucen o capten apuestas.

Este impuesto estatal también impone obligaciones a las personas que obtengan los premios derivados o relacionados con estas actividades.

Generalmente, la tasa de este impuesto estatal es del 12% sobre precio de los billetes y premios y la misma tasa se aplica al monto total de los ingresos obtenidos por las personas físicas o morales que emprendan estas actividades.

Las leyes locales respectivas establecen por lo regular exenciones a los partidos políticos con registro, las instituciones de asistencia privada, las asociaciones religiosas, entre otros sujetos, así como los organismos públicos descentralizados de la administración pública estatal o municipal, cuyo objeto social sea la obtención de recursos para destinarlos a la asistencia pública.

11.4.3.4. Impuesto sobre Tenencia o Uso de Vehículos

El Impuesto sobre Tenencia o Uso de Vehículos (ISTUV) es un impuesto que grava el hecho de tener o usar un vehículo automotor, mismo que debe pagar el dueño o usuario del bien mueble. Originalmente, se trató de un impuesto federal. Con el tiempo, el monto recaudado era parcial o totalmente transferido a las entidades federativas. En el ejercicio 2012 se eliminó como impuesto federal y se dejó a los estados la facultad de su imposición y cobro.

Actualmente, 26 entidades federativas cobran el ISTUV, algunas con modalidades como la del pago mínimo por refrendo dentro de cierto plazo o la exención para vehículos eléctricos o híbridos. En las entidades que lo cobran, dicho impuesto es la segunda fuente de recaudación tributaria más importante, luego del Impuesto sobre Nómina.

Seis entidades federativas no contemplan al ISTUV en su esquema tributario (Chihuahua, Jalisco, Michoacán, Morelos, Sonora y Tabasco).

11.4.4. Ingresos no tributarios estatales

Como ya se ha definido, los ingresos no tributarios no son producto de impuestos, sino que los que recibe la esfera de gobierno, en este caso la entidad federativa, por concepto de Derechos, Productos, Aprovechamientos, Transferencias y Financiamiento.

Como ocurre con los impuestos estatales, los ingresos no tributarios son determinados por las legislaturas locales en las leyes que expiden, lo que implica una variedad que responde a las características regionales y económicas, las costumbres y los recursos de cada entidad.

Para fines didácticos, se presenta a continuación un esquema genérico, recordando a los lectores que, para un estudio preciso, se deben conocer las leyes estatales de ingresos y las normas estatales de las distintas materias.

Cuadro 11.7.

INGRESOS NO TRIBUTARIOS ESTATALES				
Derechos	Productos	Aprovechamientos	Transferencias	Financiamiento
Contribuciones por el uso o aprovecha-miento de bienes del dominio público del estado y por recibir servicios del gobierno estatal en sus funciones de derecho público.	Contraprestaciones por los servicios que preste el gobierno estatal en sus funciones de derecho privado, así como por el uso, aprovechamiento o enajenación de bienes del dominio privado.	Son los ingresos estatales por funciones de derecho público distintos de las contribuciones, de los ingresos derivados de financiamientos y de los que obtengan los organismos descentralizados.	Son los Ingresos Estatales Derivados del Sistema Nacional de Coordinación Fiscal y de otras transferencias federales.	Son los ingresos producto de la contratación de deuda pública autorizada por el Congreso local.
- Uso, goce, aprovechamiento o explotación de bienes de dominio público - Acreditación, Certificación y Control Escolar - Catastro - Medio Ambiente, Movilidad y Planeación Urbana - Registro Civil - Registro Público de la Propiedad y del Comercio Servicios de Gobierno Control Vehicular - Base de Datos de Máquinas de Juegos y Apuestas	- Productos del H. Tribunal Superior de Justicia - Academia Estatal de Seguridad Pública - Productos Relaciones Federales, Consulares y Atención al Migrante - Productos TV Estatal y Radio - Dirección de Recaudación - Productos Patrimonio - Productos Contabilidad y Cuenta Pública - Productos varios	- Multas y recargos - Aprovechamientos patrimoniales - Patrimonio - Venta de Bienes Inmuebles - Venta de Bienes Muebles - Accesorios de aprovechamientos - Aprovechamientos no comprendidos en la Ley de Ingresos vigente, causados en ejercicios fiscales anteriores pendientes de liquidación o pago	- Participaciones federales (Ramo 28) - Aportaciones Federales (Ramo 33) - Convenios - Subsidios	- Endeudamiento Interno - Endeudamiento Externo - Financiamiento Interno

FUENTE: Elaboración propia con base en las disposiciones vigentes de las leyes estatales respectivas.

11.5. Ingresos Públicos Municipales

El artículo 115 de la Constitución establece el Municipio Libre como forma de gobierno encargada de administrar y suministrar servicios públicos básicos, tales como el de agua potable, drenaje y alcantarillado, alumbrado público, limpia, mercados, panteones, rastros, seguridad pública, entre otros. En su fracción IV, dicho dispositivo constitucional dispone lo siguiente:

IV. Los municipios administrarán libremente su hacienda, la cual se formará de los rendimientos de los bienes que les pertenezcan, así como de las contribuciones y otros ingresos que las legislaturas (estatales) establezcan a su favor, y en todo caso:

a) Percibirán las contribuciones... Los municipios podrán celebrar convenios con el Estado para que éste se haga cargo de algunas de las funciones relacionadas con la administración de esas contribuciones.

b) Las participaciones federales, que serán cubiertas por la Federación a los Municipios con arreglo a las bases, montos y plazos que anualmente se determinen por las Legislaturas de los Estados.

c) Los ingresos derivados de la prestación de servicios públicos a su cargo.

(...) Los ayuntamientos, en el ámbito de su competencia, propondrán a las legislaturas estatales las cuotas y tarifas aplicables a impuestos, derechos, contribuciones de mejoras y las tablas de valores unitarios de suelo y construcciones que sirvan de base para el cobro de las contribuciones sobre la propiedad inmobiliaria.

Las legislaturas de los Estados aprobarán las leyes de ingresos de los municipios, revisarán y fiscalizarán sus cuentas públicas.

(...) Los recursos que integran la hacienda municipal serán ejercidos en forma directa por los ayuntamientos, o bien, por quien ellos autoricen, conforme a la ley;

De lo anterior, se desprenden las siguientes normas de la hacienda municipal:

- A través del Ayuntamiento (que es la forma de gobierno municipal), los municipios administran libremente sus recursos.
- Los municipios recaudan impuesto y perciben transferencias federales.
- Aunque los Ayuntamientos pueden proponer a las legislaturas estatales las cuotas y tarifas aplicables a impuestos, derechos, contribuciones de mejoras y las tablas de valores unitarios de suelo y construcciones que sirvan de base para el cobro de las contribuciones sobre la propiedad inmobiliaria y dictar reglamentos y bandos para

la recaudación de los impuestos, éstos son aprobados en todo caso por los Congresos locales.

- Los Congresos locales tienen atribuciones para revisar la Cuenta Pública de los municipios.

Por otro lado, las alcaldías de la Ciudad de México tienen un régimen peculiar normado por el artículo 122 de la Constitución federal y la Constitución Política de dicha entidad federativa. Las alcaldías de la capital del país no cobran los impuestos locales, tarea que se concentra en la Tesorería del gobierno central. Cobran, sí, contribuciones y derechos. Con todo y sus particularidades, el esquema es parecido al del régimen municipal.

11.5.1. Ingresos tributarios municipales

Para revisar los ingresos municipales, se debe recordar que éstos se clasifican en Ingresos Tributarios e Ingresos no Tributarios.

Puesto que la estructura impositiva municipal de cada estado es determinada por la respectiva legislatura estatal, la que atiende a las características e historia local, existe una diversidad de impuestos y de sus elementos. Sin embargo, se pueden señalar características comunes, entre ellas la existencia general de los siguientes impuestos municipales:

- Impuesto Predial, que se cobra mensual o bimestralmente por la propiedad inmobiliaria.
- Impuesto sobre Adquisiciones de Inmuebles y otras operaciones Traslativas de dominio de inmuebles, que se impone a las transacciones de compra-venta de inmuebles.
- Impuesto sobre Conjuntos Urbanos, que se cobra a constructoras y fraccionadoras.
- Impuesto sobre Anuncios Publicitarios, que deben pagar los anunciantes a través de espectaculares, vallas electrónicas fijas y otras modalidades de publicidad.
- Impuesto sobre Diversiones, Juegos y Espectáculos Públicos, que se impone a la instalación de las ferias, circos y concursos.

A efecto de ilustrar los impuestos municipales, se puede revisar el caso del Impuesto Predial.

11.5.1.1. El Impuesto Predial

El impuesto predial es un tributo municipal con el cual se grava una propiedad o posesión inmobiliaria. Es una contribución periódica que hacen los ciudadanos que son dueños de un inmueble, ya sea vivienda, despacho, oficina, edificio o local comercial. Este impuesto se sustenta en la idea de que todos aquellos que son propietarios de un bien inmueble, deben aportar una cuota anual al Estado en forma de tributo.

Para ilustrar los elementos de este impuesto, el siguiente cuadro muestra los correspondientes al del Estado de México.

Cuadro 11.8.

ESTADO DE MÉXICO. IMPUESTO PREDIAL *Elementos*				
Sujeto activo	**Sujeto pasivo**	**Objeto**	**Base gravable**	**Tasa**
Tesorerías de los Ayuntamientos del Estado de México (artículo 107 del CFEMM).	Las personas físicas y morales que son propietarias o poseedoras de inmuebles en el Estado de México (artículo 107 del CFEMM).	*Es la propiedad o posesión de inmuebles ubicados en el Estado de México, trátese de casas habitación unifamiliares o multifamiliares, copropiedades o condominios, departamentos, factorías, talleres, accesorias comerciales, lotes, terrenos urbanos, etc.*	*La base del impuesto predial será el valor catastral declarado por los propietarios o poseedores de inmuebles, mediante manifestación que presenten ante la tesorería municipal de la jurisdicción que le corresponda y que esté determinado conforme a las tablas de valores unitarios de suelo y construcciones publicadas en el periódico oficial (artículo 108 del CFEMM).*	*El impuesto a pagar será la cantidad que resulte de aplicar al valor catastral la Tarifa contenida en el artículo 109 del CFEM, que establece 13 rangos de valor catastral según el límite inferior y superior y establece para cada rango una Cuota Fija y el respectivo Factor para aplicarse a cada rango (artículo 109 del CFEMM).*

FUENTE: Elaboración propia con base en el Código Financiero del Estado de México y Municipios (CFEMM).

11.5.2. Ingresos no tributarios municipales

La esfera de gobierno municipal cuenta con ingresos no tributarios consistentes en Derechos, Productos, Aprovechamientos, Participaciones y Aportaciones Federales y Financiamiento. De entre tales ingresos, sobresalen los siguientes Derechos:

- Agua Potable, Drenaje, Alcantarillado, Tratamiento y Disposición de Aguas Residuales
- Registro Civil

- Servicios de Panteones
- Estacionamiento en la Vía Pública y de Servicio Público
- Expedición o Refrendo Anual de Licencias para la Venta de Bebidas Alcohólicas al Público
- Servicios Prestados por Autoridades de Seguridad Pública
- Servicios de Alumbrado Público
- Servicios de Limpia, Recolección, Traslado y Disposición Final de Residuos Sólidos Industriales y Comerciales
- Servicios Prestados por las Autoridades de Catastro

Debido a la centralización de las potestades tributarias en la Federación (fenómeno que se ha analizado en apartados anteriores), los ingresos municipales dependen en gran parte de las participaciones y aportaciones federales, las que representan altos porcentajes de los ingresos de esta esfera de gobierno.

Índice de cuadros y figuras

CAPÍTULO 5. METODOLOGÍA DE LA PLANEACIÓN

CAPÍTULO 6. INGRESOS PÚBLICOS

Bibliografía

Aguilar Villanueva, L. (1992). *El Estudio de las Políticas Públicas.* México:: Ed. Miguel Ángel Porrúa.

Anguiano, R. (1968). *Las Finanzas del Sector Público en México.* México: Universidad Nacional Autónoma de México.

Arriaga Concha, Enrique. (2001). *Finanzas Públicas de México.* México: Instituto Politécnico Nacional.

Astudillo, M. y Fonseca, F.J. (2017). *Finanzas Públicas para todos.* México: Editorial Trillas.

Banco de México. (2017). *La Conducción de la Política Monetaria del Banco de México a través del Régimen de Saldos Acumulados.* Obtenido de Banxico: https://www.banxico.org.mx/politica-monetaria/d/%7BF1F505B3-53B7-218A-17B9-EB63E543EFA1%7D.pdf

Banco de México. (2021). *Programa Monetaria 2021.* Obtenido de Banco de México: https://www.banxico.org.mx/publicaciones-y-prensa/programas-de-politica-monetaria/%7BA504AB28-7C7C-374A-DD52-7977CBC0489B%7D.pdf

Camacho Vargas, J.L. (2008). *El ABC de la Cámara de Diputados.* México: Instituto Mexicano de Estudios sobre el Poder Legislativo.

Carbonell, M. (2002). *Diccionario de derecho constitucional.* México: Editorial Porrúa / UNAM.

Cárdenas, E. (1996). *La política económica en México, 1950-1994.* México: El Colegio de México-Fondo de Cultura Económica.

Carstens, A. (2015). Los últimos 60 años de política monetaria y el papel del Banco de México. En C. d. Públicas, *Los avances del México contemporáneo 1955-2015, Tomo I. La economía y las finanzas públicas* (págs. 43-68). México: CEFP-INAP.

CEFP. (2007). *Plan Nacional de Desarrollo 2007-2012. Escenarios, Programas e Indicadores. México.* . Obtenido de CEFP. Cámara de Diputados: http://www.cefp.gob.mx/intr/edocumentos/pdf/cefp/cefp0962007.pdf

CEFP. (2020). *Decreto sobre la extinción de fideicomisos públicos.* Obtenido de Centro de Estudios de Finanzas Públicas de la Cámara de Diputados: https://www.cefp.gob.mx/publicaciones/nota/2020/notacefp0232020.pdf

Congreso de la Unión. (31 de Diciembre de 1968). *Ley que establece, reforma y adiciona las disposiciones relativas a diversos impuestos.* Obtenido de Cámara de Diputados: http://www.diputados.gob.mx/comisiones/comrtc/CRYT/k.htm

Congreso de la Unión. (31 de Diciembre de 1976). *Ley Federal de Deuda Pública.* Obtenido de Cámara de Diputados: http://www.diputados.gob.mx/LeyesBiblio/pdf/136_300118.pdf

Congreso de la Unión. (29 de Diciembre de 1978). *Ley del Impuesto al Valor Agregado. última reforma: 23/04/2021.* Obtenido de Cámara de Diputados: http://www.diputados.gob.mx/LeyesBiblio/pdf/77_230421.pdf

Congreso de la Unión. (30 de Diciembre de 1980). *Ley del Impuesto Especial sobre Producción y Servicios, última reforma: 09/12/2019.* Obtenido de Cámara de Diputados: http://www.diputados.gob.mx/LeyesBiblio/pdf/78_241220.pdf

Congreso de la Unión. (31 de Diciembre de 1981). *Código Fiscal de la Federación.* Obtenido de Cámara de Diputados: http://www.diputados.gob.mx/LeyesBiblio/pdf/8_230421.pdf

Congreso de la Unión. (31 de Diciembre de 1982). *Ley Federal de Responsabilidades de los Servidores Públicos.* Obtenido de Cásmara de Diputados: http://www.diputados.gob.mx/LeyesBiblio/pdf/115_180716.pdf

Congreso de la Unión. (5 de Enero de 1983). *Ley de Planeación, última reforma:16 de febrero de 2018.* Obtenido de Cámara de Diputados: http://www.diputados.gob.mx/LeyesBiblio/pdf/59_160218.pdf

Congreso de la Unión. (23 de Diciembre de 1993). *Ley del Banco de México.* Obtenido de Cámara de Diputados, última reforma: 10/01/2014: http://www.diputados.gob.mx/LeyesBiblio/pdf/74.pdf

Congreso de la Unión. (30 de Diciembre de 1996). *Ley Federal del Impuesto Sobre Automóviles Nuevos, última reforma: 30/11/2016.* Obtenido de Cámara de Diputados: http://www.diputados.gob.mx/LeyesBiblio/pdf/123_190121.pdf

Congreso de la Unión. (4 de Enero de 2000). *Lery de Adquisiciones, Arrendamientos y Servicios del Sector Público, última reforma DOF 20-05-2021.* Obtenido de Cámara de Diputados: http://www.diputados.gob.mx/LeyesBiblio/pdf/14_200521.pdf

Congreso de la Unión. (30 de Marzo de 2006). *Ley Federal de Presupuesto y Responsabilidad Hacendaria.* Obtenido de Cámara de Dipuitados: http://www.diputados.gob.mx/LeyesBiblio/pdf/LFPRH_061120.pdf

Congreso de la Unión. (11 de Diciembre de 2013). *Ley del Impuesto Sobre la Renta.* Obtenido de Cásmara de Diputados: http://www.diputados.gob.mx/LeyesBiblio/pdf/LISR_230421.pdf

Congreso de la Unión. (11 de Agosto de 2014). *Ley de Ingresos Sobre Hidrocarburos, última reforma: 09/12/2019.* Obtenido de Cámara de Diputados: http://www.diputados.gob.mx/LeyesBiblio/pdf/LIH_110121.pdf

Congreso de la Unión. (18 de Julio de 2016). *Ley general de responsabilidades administrativas.* Obtenido de Cámara de Diputados: http://www.diputados.gob.mx/LeyesBiblio/pdf/LGRA_130420.pdf

Congreso de la Unión. (1 de Julio de 2020). *Impuestos Generales de Importación y Exportación. última reforma: 22/02/2021.* Obtenido de Cámara de Diputados: http://www.diputados.gob.mx/LeyesBiblio/pdf/LIGIEx_220221.pdf

Congreso de la Unión. (11 de Marzo de 2021). *Constitución Política de los Estados Unidos Mexicanos.* Obtenido de Cámara de Diputados: http://www.diputados.gob.mx/LeyesBiblio/pdf/1_110321.pdf

Cordera, R. y Provencio, M. (coord.). (2016). *Informe del Desarrollo en México 2015* . México: PUED/UNAM.

Cordera, R. y. (2018). *Propuestas estratégicas para el desarrollo 2019-2024.* México: PUED/UNAM.

Córdova, M. (2014). *Finanzas Públicas. Soporte para el desarrollo del Estado.* Bogotá: ECOE Ediciones.

Cruz Covarrubias, E.E. (2012). *El Federalismo y la Coordinación Fiscal. federal y estatal en México.* México: Editorial Porrúa.

De la Peña, S. (1975). *La formación del capitalismo en México.* Madrid: Siglo XXI Editores.

El Colegio de México. (2012). *Los grandes problemas de México.* México: El Colegio de México.

Escalante, F. (2016). *Historia mínima del neoliberalismo.* Madrid, España: Turner Publicaciones, S.L.

FUNDAR. (2000). *El ABC del Presupuesto de Egresos de la Federación. Retos y espacios de acción.* México: FUNDAR.

Giddens, A. (1998). *Sociología.* Madrid: Alianza Editorial.

Gordon Childe, V. (1954). *Los orígenes de la civilización.* México: Fondo de Cultura Económica.

Guerrero, C. (2000). *Ejercicio de potestades tributarias por entes distintos de los Congresos Locales.* México: INDETEC.

Hernández, R. (10 de Abril de 2020). *AMLO y su devolución de los tiempos oficiales de radio y televisión.* Obtenido de Blog "El juego de la Corte" de la revista Nexos: https://eljuegodelacorte.nexos.com.mx/author/rafael-hernandez-estrada/

IMCO. (2021). *Hablemos de ingresos 2021. Reporte Ingresos Estatales.* México: Instituto Mexicano de la Competitividad, A.C.

INEGI. (julio de 2022). *Interpretación del reloj de los ciclos económicos.* Obtenido de INEGI: https://www.inegi.org.mx/app/reloj/documentos/AyudaReloj.pdf

Kelsen, H. (1960). *Teoría Pura del Derecho.* Buenos Aires: Eudeba, Editorial Universitaria de Buenos Aires.

Locke, J. (1997). *Ensayo sobre el gobierno civil, 2a. ed.* México: Porrúa.

Martínez Le Clainche, R. (1970). *Curso de la Teoría Monetaria y del Crédito*. México: UNAM.

Martínez, R. (2008). *Diccionario Jurídico. Teórico Práctico.* México: Iure Editores.

Méndez Morales, S. (2012). *Problemas Económicos de México y Sustentabilidad.* México: Mc Graw Hill.

Méndez, S. (2016). *Problemas económicos de México y sustentabilidad, 8a. edición.* México: Mc Graw Hill Education.

Meyer, L. (2000). De la estabilidad al cambio. En E. C. México, *Historia General de México* (págs. 884-889). México: El Colegio de México.

Mijangos, M. (1997). Conceptos generales de derecho financiero. En D. C. Bonifaz, *Derecho financiero* (págs. 1-9). México: McGraw Hill-UNAM.

Miklos, T. (2000). Criterios básicos de planeación. En V. autores, *Las decisiones políticas. De la planeación a la acción* (págs. 9-25). México: Coedición Siglo XXI Editores / IFE.

Molina Enríquez, A. (2016). *Los Grandes Problemas Nacionales.* México: INERHM.

Montelongo, O. (2012). *Introducción al Derecho de las Finanzas Publicas. Manual.* México: Flores Editor y Distribuidor.

Montesquieu. (2000). *El espíritu de las leyes, 13a. edición.* México: Porrúa.

Nava Escudero, O. (2014). *Derecho Presupuestario Mexicano.* México: Editoprial Porrúa.

Pichardo Pagaza, I. (2002). *Introducción a la nueva administarción pública de México, Vol. I.* México: INAP.

PrattFairchild,H. (1949). *DiccionariodeSociología.* México:FondodeCulturaEconómica.

Presidencia de la República. (20 de Mayo de 2013). *Plan Nacional de Desarrtollo 2013-2018.* Obtenido de Diario Oficial de la Federación: http://www.dof.gob.mx/nota_detalle.php?codigo=5299465&fecha=20/05/2013

Presidencia de la República. (12 de Julio de 2019). *Plan Nacional de Desarrollo 2019-2024.* Obtenido de Diario Oficial de la Federación: https://www.dof.gob.mx/nota_detalle.php?codigo=5565599&fecha=12/07/2019

Ricossa, S. (2002). *Diccionario de Economía, 3a ed. en español.* México: Siglo XXI Editores.

Robbins, S. & Coulter, M. (2009). *Administración.* Madrid: Editorial Pearson.

SHCP. (2012). *Guía para el diseño de la matriz de indicadores para resultados.* Obtenido de SHCP: http://www.shcp.gob.mx/EGRESOS/PEF/sed/Guia%20MIR.pdf

SHCP. (2019). *Distribución del pago de impuestos. Resultdos para 2018.* Obtenido de SHCP: https://www.finanzaspublicas.hacienda.gob.mx/work/models/Finanzas_Publicas/docs/congreso/infoanual/2020/ig_2020.pdf

SHCP. (2019). *Guía para la elaboración de programas derivados del Plan Nacional de Desarrollo 2019-2024.* Obtenido de Gobierno de México: https://www.transparencia-presupuestaria.gob.mx/work/models/PTP/Capacitacion/enfoques_transversales/Guia_programas_derivados_PND_2019_2024.pdf

SHCP. (8 de Septiembre de 2020). *Criterios Generales de Política Económica para el Ejercicio Fiscal 2021.* Obtenido de SHCP: https://www.finanzaspublicas.hacienda.gob.mx/work/models/Finanzas_Publicas/docs/paquete_economico/cgpe/cgpe_2021.pdf

Smith, A. (1996). *Investigación de la Naturaleza y Causas de la Riqueza de las Naciones.* México: Ed. Instituto Politécnico Nacional,.

Sousa. D. y Arbesú. I. (2015). *Planificación gubernamental. Manual para elaborar planes de desarrollo.* Toluca: Oxford University Press.

Tello, C. (2007). *Estado y desarrollo económico. 1920-2006.* México: UNAM.

Turrent, E. (Julio de 2007). *Las Tres Etapas de la Autonomía del Banco Central en México.* Obtenido de Banco de México, documento de investigación No. 2007-10: https://www.banxico.org.mx/publicaciones-y-prensa/documentos-de-investigacion-del-banco-de-mexico/%7B3A75C481-3A22-4FA6-EB93-CC38663829BC%7D.pdf

Villarreal, R. (1986). *La Contrarrevolución Monetarista. Teoría, política económica e ideología del neoliberalismo.* México: Fondo de Cultura Económica.

Villegas Herrera, C. (2015). Teorías y Política Fiscal. En Quintero J. L. y Plaza N., *Investigación en economía: reflexiones y casos de estudio* (págs. 95-105). Ecuador: Universidad Técnica de Manabí-Centro de Investigación y Desarrollo Ecuador. Obtenido de Págsinas Personales UNAM: http://paginaspersonales.unam.mx/app/webroot/files/4447/Publica_20160113053947.pdf

Vizcarra Cifuentes, J.L. (2007). *Diccionario de Economía.* México: Grupo Editorial Patria.